Inhalt

La République française

Le paysage politique de France

(Fortsetzung nächste Seite)

La France et l'Europe

Les relations franco-allemandes

Tendances de la société française

Aspects de la vie culturelle en France

Autoren:
Götz Bubenhofer,
Hans-Georg Matthes

Vorwort

Liebe Kollegiatin, lieber Kollegiat,

mit diesem Band wollen wir Ihnen eine Hilfe an die Hand geben, die es Ihnen erleichtert, schnell Zugang zu den wesentlichen Informationen über die landeskundlichen Themenbereiche zu erhalten, die in den Lehrplänen der meisten Bundesländer für die Grund- und Leistungskurse im Fach Französisch aufgeführt sind.

Neben **historischen Rückblicken** wurde das Hauptaugenmerk auf die **Darstellung aktueller Verhältnisse** und **Entwicklungstendenzen** gelegt, weshalb wir uns bemüht haben, möglichst moderne Texte, Karikaturen, Schaubilder, Organigramme und Tabellen zu verwenden. Folgende Themenbereiche bilden den Schwerpunkt des vorliegenden Materialienbandes:

- Die V. Republik in ihrer Entwicklung seit 1958 mit aktuellen Problemstellungen (Parteienlandschaft, Zentralisierung und Dezentralisierung, v. a. die Entwicklung ab 1982 mit Ausblick auf die 90er Jahre)
- Die Stellung Frankreichs in und zu Europa unter besonderer Berücksichtigung der deutsch-französischen Beziehungen
- Wirtschaftlicher und gesellschaftlicher Wandel
- Aspekte des französischen Kulturlebens (Paris als kulturelles Zentrum, Sprache und Frankophonie)

Dieses Buch soll zur konkreten **Unterrichts-** und **Prüfungsvorbereitung** dienen, was sich auch in seinem Aufbau widerspiegelt:

- Kurze thematische **Einführung** am Anfang jedes Kapitels
- **Vokabelhilfen** im Anschluß an den jeweiligen Text
- **Fragestellungen** mit ausgearbeiteten **Lösungen** zur Einübung

Für die Arbeit mit diesem Band wünschen wir Ihnen Spaß und viel Erfolg!

Die Verfasser

La République française

1 Vue d'ensemble des régimes politiques en France

La Monarchie absolue (Louis XIV, 1643–1715, qui aurait dit: «L'Etat, c'est moi») se termine sous Louis XVI.

1789	Révolution: 14 juillet, prise de la Bastille
1791–1792	**Monarchie constitutionnelle**
1792–1795	**Première République**
(1793–1794)	Terreur (Comité du salut public avec Robespierre, Marat, Danton)
1795–1799	**Directoire**
1799–1804	**Consulat** sous le Premier consul Napoléon Bonaparte
1804–1814	**Premier Empire** sous Napoléon Ier
1814–1830	Restauration (rétablissement de la **Monarchie constitutionnelle**) sous Louis XVIII
(1815)	Cent-Jours: Napoléon Ier définitivement battu à Waterloo
1830	Révolution de Juillet
1830–1848	**Monarchie de Juillet**: Louis Philippe (1830–1848)
1848	Révolution de Février
1848–1851	**IIe République** (élections au suffrage universel)
fin 1851	Coup d'Etat de Louis – Napoléon Bonaparte
1852–1870	**Second Empire** sous Napoléon III
1870/71	Guerre franco-allemande
1870	Gouvernement de la Défense nationale; Commune à Paris
1871–1940	**IIIe République**
1940–1944	occupation allemande – **Etat français** à Vichy: Maréchal Philippe Pétain; – **France Libre** à Londres: Charles de Gaulle
1944–1946	Gouvernement provisoire de la République française
1946–1958	**IVe République** (guerre d'Indochine 1946–1954; guerre d'Algérie 1954–1962)
1958	élection du Président Charles de Gaulle qui obtient le pouvoir pour fonder la
1958–?	**Ve République** Ses Présidents:
1958–1969	Charles de Gaulle

1969–1974	Georges Pompidou
1974–1981	Giscard d'Estaing
1981–	François Mitterrand

2 La Ve République

En 1988, la Ve République fêta son trentième anniversaire et dépassa ainsi de loin ses prédécesseurs en longévité. Seule la IIIe République dura encore plus longtemps. En 1958, la Ve République remplaça la précédente dans une situation de crise. Déjà affaiblie par la succession des 23 gouvernements qui dépendaient entièrement de la confiance de l'Assemblée, et l'incapacité de résoudre les grands problèmes de politique intérieure et extérieure, la IVe République fut définitivement ébranlée par la révolte des Français en Algérie et de l'armée.
Le 13 mai, le général de Gaulle fit sa rentrée sur la scène gouvernementale qu'il avait quittée au début de la IVe République.
Muni de pleins pouvoirs pour six mois par l'Assemblée, il fait rédiger la constitution de la nouvelle république qui est approuvée par référendum en septembre. De Gaulle est élu Président de la République en décembre. En 1962, un référendum introduit l'élection du Président au suffrage universel. A part quelques autres révisions de moindre importance, le Parlement (c'est-à-dire l'Assemblée nationale et le Sénat réunis en Congrès) décide en octobre 1974 qu'une loi peut être référée au Conseil constitutionnel, avant sa promulgation soit par le Président de la République, le Premier ministre, le Président de l'Assemblée, le Président du Sénat ou encore 60 députés ou 60 sénateurs.
Depuis 1958, la France connut une stabilité politique qui lui permit d'accomplir des réformes à l'intérieur et de maintenir sa position d'influence puissante en Europe et dans le monde. Ceci malgré les changements de majorité en 1981, en 1986 et dernièrement en 1988.

Texte 1 – Olivier Duhamel: Trois régimes en un

... Derrière la continuité se cachent d'importantes variations, qui ont le double mérite de montrer à quel point notre système a changé depuis 1958 et de mettre en valeur les exceptionnelles capacités d'adaptation de notre régime.
La première Ve République fut, à n'en point douter, celle du Général. Des institutions, leur fondateur eut une conception toute personnelle, qu'aucun de ses successeurs ne reprit jamais à son compte, quelle qu'ait été sa fer-

meté dans la préservation des prérogatives du chef de l'Etat. Une conception toute monarchiste, qu'aucun gaulliste ne défendrait aujourd'hui, puisque le Général n'est plus là pour en bénéficier. Songeons à ce qu'il déclarait lors de sa conférence de presse du 31 janvier 1964 et imaginons les réactions que semblables propos auraient déclenchées s'ils avaient été tenus par un quelconque candidat à l'élection présidentielle de 1988:
«Le président, suivant notre Constitution, est l'homme de la nation, mis en place par elle-même pour répondre de son destin ... Le président est évidemment seul à détenir et à déléguer l'autorité de l'Etat.» Et, pour qui n'aurait pas compris:
«Il doit être évidemment entendu que l'autorité indivisible de l'Etat est confiée tout entière au président par le peuple qui l'a élu ...»
Dans une telle vision, le Parlement n'est qu'un organisme subalterne, le Conseil constitutionnel et, plus généralement, les juges ne comptent pas ("aucune autorité judicaire que ne soit maintenue par lui"), le gouvernement se réduit à un organe de gestion, indispensable mais subordonné, et la Constitution à un instrument de la puissance souveraine du Chef.
... La domination du président ne vaut qu'avec la confiance renouvelée du peuple. La référendum plébiscitaire est ici indispensable. Il investit le Guide, à travers l'adoption de la Constitution, en septembre 1958. Il lui renouvelle son adhésion en janvier 1961, pour la politique d'autodétermination en Algérie, en avril 1962, pour entériner l'indépendance, et en octobre 1962, pour élire désormais directement le président et maintenir de Gaulle aux commandes après l'étappe algérienne. Si le référendum disparaît quelque temps, c'est que l'élection présidentielle de 1965 en tient lieu. A peine plus de trois années se seront écoulées que le peuple sera à nouveau sollicité. La confiance étant cette fois refusée, le Général partira aussitôt et s'enfermera dans le silence jusqu'à sa mort.
Pour survivre à son fondateur sans maintenir une doctrine «constitutionnelle» aussi anachronique et une pratique aussi néfaste, il fallait que le régime inventât quelque chose, ou plus exactement qu'il en eût en son sein des ressorts susceptibles de suppléer la légitimation plébiscitaire. Il les avait, à partir du moment où le président est forcément élu par plus de 50 % des Français, où il peut dissoudre l'Assemblée et où, avec environ 40 % des voix, un parti peut y recueillir près de 60 % des sièges, les conditions sont réunies pour favoriser une bipolarité électorale tout au bénéfice du chef de l'Etat. Sa victoire présidentielle lui assure la soumission de son parti et la résignation de ses alliés. La dissolution, un peu avant, la consultation

(Pompidou l'arracha à de Gaulle le 30 mai 1968) ou juste après (Mitterrand, en 1981 et en 1988), confère au parti du président une majorité à l'Assemblée nationale.

La Ve postgaullienne demeura ainsi aux antipodes de la IVe République, quels qu'aient été les rêves de tous ceux qui ne se rallièrent à de Gaulle en 1958 qu'avec l'idée qu'une parenthèse un peu rude s'imposait pour régler le conflit algérien, mais qu'ensuite le bon vieux régime parlementaire, à peine rénové, recouvrerait ses droits. Au lieu de quoi les Français bénéficièrent, comme les Américains, les Britanniques, les Allemands ou les Espagnols, d'un système dans lequel les élections désignent un leader pour appliquer une politique. Et qui a la faculté de le faire jusqu'aux élections générales suivantes, qui renouvellent la confiance ou sanctionnent l'échec.

... Le mécanisme fontionna parfaitement bien durant le qinquennat pompidolien et durant le premier quinquennat socialiste. Il s'altéra sous Valéry Giscard d'Estaing. D'abord, le jeune président libéral ne voulut pas dissoudre. Il pécha également et par excès d'orgueil – il croyait vraiment giscardiser le parti gaulliste et inaugurer une «nouvelle ère de la politique» française – et par excès de modestie – il craignait de ne pas gagner des législatives dans la foulée d'une présidentielle emportée de justesse. Le ressort ne se brisa vraiment qu'en 1986: ou, plus exactement, c'est la logique du système majoritaire qui perdura (malgré l'éphémère instauration de la proportionnelle), mais amputée de sa composante présidentielle. Les électeurs investirent en mars 1986 un leader et une coalition pour mener une nouvelle politique jusqu'à l'échéance suivante, fixée deux ans plus tard. A ceux qui l'ignoraient, cette expérience fit découvrir une troisième dimension de la Ve République.

Notre régime est composé de quatre éléments, nos institutions distinguent quatre pouvoirs: le président, le gouvernement, le Parlement, le Conseil constitutionnel. Le gigantisme plébiscitaire du Général ne donnait à voir que le premier; les déboires de Valéry Giscard d'Estaing avec chiraquiens et gaullistes mirent en lumière le deuxième; et l'échec électoral des socialistes, en 1986, rappela le troisième au bon souvenir des Français. Mais c'est l'apparition du quatrième qui constitue la principale originalité de la Ve République, bien au-delà des voeux des rédacteurs de la Constitution.

L'émergence du quatrième pouvoir se fit dans les années 70 et résulta d'une double innovation. La première, due à l'institution elle-même, intervint lorsqu'elle osa étendre la notion de Constitution au préambule de 1958. Elle donnait ainsi valeur juridique aux libertés fondamentales consacrées par la

Déclaration des droits de l'homme et du citoyen de 1789, aux droits économiques et sociaux proclamés en 1946, ainsi qu'aux principes fondamentaux reconnus par les lois de la République, que le juge constitutionnel a la latitude de découvrir. Ainsi doté d'un vaste bloc de règles auxquelles confronter les lois, encore fallait-il que le juge constitutionnel soit saisi pour le faire. Valéry Giscard d'Estaing engagea à cet égard la réforme décisive qui adjoint aux quatre plus hauts personnages de l'Etat 60 députés ou 60 sénateurs – autrement dit l'opposition. La puissance du pouvoir majoritaire se voyait ainsi imposer une limite ... Le Conseil constitutionnel ne gouverne pas, il peut seulement empêcher. Mais, en cas d'alternance dure, cette capacité d'empêcher importe infiniment.

Dans les périodes plus «sereines», comme celle que nous vivons, les autres composantes de la République quaternaire tendent à remplir chacune son rôle. La cohabitation imposa une assez stricte distinction entre le domaine présidentiel et les prérogatives gouvernementales. ... Les traces laissées par la cohabitation tiennent ... au fait que ... l'hôte de l'Elysée perpétue au delà de la cohabitation son image de contre-pouvoir ... Un président de la République élu pour sept ans finit par comprendre tous les avantages induits d'une certaine distance. Voici le Premier ministre et le gouvernement détachés d'une tutelle trop constamment pointilleuse.

Reste le Parlement. Le Sénat découvrit au début des années 80 ses facultés de nuisance, donc ses aptitudes au compromis. Il ne les oubliera pas. Quant à l'Assemblée, le contexte inespéré d'une majorité seulement relative accordé au parti du président renforce toutes ses composantes. Le groupe socialiste peut se faire entendre, puisque tout commence par lui. On ne peut plus tenir les communistes pour quantité négligeable: leur appoint a été et sera nécessaire. Les centristes accèdent à l'existence: leurs voix comptent comme jamais. RPR et UDF ont une chance de peser un peu, puisque le degré de virulence de leur opposition rejaillit sur leurs voisins centristes et sur leurs collègues sénateurs.

La Ve République a ainsi survécu par ses métamorphoses ... Mais les rédacteurs de la Constitution de 1958 ont au moins deux motifs de satisfaction ... Au fil des années, leur texte est de plus en plus respecté. Tant et si bien qu'il n'est plus question d'en changer, mais tout au plus, ici et là, de le modifier. Tel est le critère du succès d'une Constitution.

Extrait de: Olivier Duhamel: Trois régimes en un; dans: L'Express, 14-10-88

Questions et travaux d'étude

1. Décrivez l'idée de la constitution conçue par de Gaulle et indiquez les raisons pour lesquelles ce régime ne peut pas être appelé totalitaire.
2. Une telle présidence serait-elle concevable de nos jours?
3. Informez-vous sur les événements suivants: le conflit entre le Conseil d'Etat et de Gaulle en 1962; la guerre d'Algérie et le traité d'Evian de 1962; les événements du mai 1968, le référendum en avril 1969.
4. Duhamel parle de bipolarité comme élément constitutif de la deuxième période de la Ve République. Expliquez ce que cela veut dire.
5. Quelles étaient les raisons des changements d'aspect de la Ve République malgré le maintien de la constitution?
6. De quelle nouvelle interprétation de la constitution faut-il aujourd'hui tenir compte?
7. Informez-vous sur le sens du terme «cohabitation» (1986–1988) telle qu'il est employé dans le texte (ll. 64–71; 93)

Solutions

1. D'abord la constitution était taillée sur mesure pour le général de Gaulle qui se voyait comme monarque démocratique à côté duquel tous les autres organes étaient réduits à un rôle subalterne. Le respect de la constitution par de Gaulle et le côté plébiscitaire garantissent , soit par l'élection soit par l'approbation lors d'un référendum, le maintien du régime démocratique. Cela se montre par le retrait du premier Président lors du refus des Français en 1969.
2. Les gaullistes d'aujourd'hui, les successeurs de l'électorat ne supporteraient plus une telle conception. Ceci d'autant moins qu'avec la disparition de de Gaulle personne ne pourrait plus assumer ce rôle.
3. –
4. Le fait d'être élu par la majorité de l'électorat et de disposer du pouvoir de dissoudre l'Assemblée assure au Président des députés de son parti et des partis alliés. A cela s'ajoute le fait que, à cause des élections à régime majoritaire, une minorité relative peut obtenir la majorité des sièges, si la rénommée présidentielle se joint à sa campagne. C'est-à-dire il s'agit de choisir un leader comme représentant d'une politique jusqu'à l'échéance du mandat.
5. Il s'agit d'abord d'une République à tendance plébiscitaire sous de Gaulle (v. réponse n° 1). Puis l'importance du gouvernement passe au premier plan, sous

la présidence de Giscard d'Estaing, à cause d'une certaine rivalité entre le Président et le Premier Ministre (Jacques Chirac). Après la défaite des socialistes aux législatives de 1986, c'est le tour de l'Assemblée et du Sénat. A partir de 1974, ces trois pouvoirs se voient cependant contrôlés de plus en plus par le quatrième pouvoir, le Conseil constitutionnel. C'est ce pouvoir auquel recourra surtout l'opposition.

6. L'extension de la valeur constitutionnelle sur le préambule introduit les droits fondamentaux basés sur la Déclaration des droits de l'homme et du citoyen (en 1789) et la proclamation des droits économiques et sociaux (en 1946). Le Conseil peut encore recourir aux principes fondamentaux que le législateur a reconnus.

7. –

Texte 2 – La constitution de la Ve République (Extraits)

Titre II Le Président de la République

Art. 5 Le Président de la République veille au respect de la Constitution. Il assure, par son arbitrage, le fonctionnement régulier des pouvoirs publics ainsi que la continuité de l'Etat.
Il est le garant de l'indépendance nationale, de l'intégrité du territoire, du respect des accords de Communauté et des traités.

Art. 6 Le Président de la République est élu pour sept ans ...

Art. 8 Le Président de la République nomme le Premier Ministre. Il met fin à ses fonctions sur la présentation par celui-ci de la démission du gouvernement. Sur la proposition du Premier Ministre, il nomme les autres membres du gouvernement et met fin à leurs fonctions.

Art. 12 Le Président de la République peut, après consultation du Premier Ministre et des présidents des assemblées, prononcer la dissolution de l'Assemblée nationale.
Les élections générales ont lieu vingt jours au moins et quarante jours au plus après la dissolution ...

Art. 15 Le Président de la République est le chef des armées ...

Art. 16 Lorsque les institutions de la République, l'indépendance de la Nation, l'intégrité de son territoire ou l'exécution de ses engagements internationaux sont menacées d'une manière grave et immédiate et que le fonctionnement régulier des pouvoirs publics constitutionnels est interrompu, le Président de la République prend les mesures exigées par les circonstances, après consultation officielle du Premier Ministre, des présidents des assemblées, ainsi que du Conseil constitutionnel.

Il en informe la nation par un message.

Ces mesures doivent être inspirées par la volonté d'assurer aux pouvoirs publics constitutionnels, dans les moindres délais, les moyens d'accomplir leur mission. Le Conseil constitutionnel est consulté à leur sujet.

Le Parlement se réunit de plein droit.

L'Assemblée nationale ne peut être dissoute pendant l'exercice des pouvoirs exceptionnels.

Titre III Le Gouvernement

Art. 23 Les fonctions de membre du gouvernement sont incompatibles avec l'exercice de tout mandat parlementaire, de tout emploi public ou de toute activité professionnelle ...

Titre IV Le Parlement

Art. 24 Le Parlement comprend l'Assemblée nationale et le Sénat.

Les députés à l'Assemblée nationale sont élus au suffrage direct.

Le Sénat est élu au suffrage indirect. Il assure la représentation des collectivités territoriales de la République. Les Français établis hors de France sont représentés au Sénat.

Titre V Des rapports entre le Parlement et le Gouvernement

Art. 34 La loi est votée par le Parlement ...

Art. 38 Le gouvernement peut, pour l'exécution de son programme, demander au Parlement l'autorisation de prendre par ordonnances, pendant un délai limité, des mesures qui sont normalement du domaine de la loi ...

Art. 49 Le Premier Ministre, après délibération du Conseil des Ministres, engage devant l'Assemblée nationale la responsabilité du Gouvernement sur son programme ou éventuellement sur une déclaration de politique générale.

L'Assemblée nationale met en cause la responsabilité du Gouvernement par le vote d'une motion de censure. Une telle motion n'est recevable que si elle est signée par un dixième au moins des membres de l'Assemblée nationale. Le vote ne peut avoir lieu que quarante-huit heures après son dépôt. Seuls sont recensés les votes favorables à la motion de censure qui ne peut être adoptée qu'à la majorité des membres composant l'Assemblée. Si la motion de censure est rejetée, ses signataires ne peuvent en proposer une nouvelle au cours de la même session, sauf dans le cas prévu à l'alinéa ci-dessous.

Le Premier Ministre peut, après délibération du Conseil des Ministres, engager la responsabilité du Gouvernement devant l'Assemblée nationale sur le vote d'un texte. Dans ce cas, ce texte est comme adopté, sauf si une motion de censure, déposée dans les vingt-quatre heures qui suivent, est votée dans les conditions prévues à l'alinéa précédent.

Le Premier Ministre a la faculté de demander au Sénat l'approbation d'une déclaration de politique générale.

Art. 50 Lorsque l'Assemblée nationale adopte une motion de censure ou lorsqu'elle désapprouve le programme ou une déclaration de politique générale du Gouvernement, le Premier Ministre doit remettre au Président de la République la démission du Gouvernement.

Extrait de: A. Barrillon et a.: Dictionnaire de la constitution, Paris [2]1978

ORGANIGRAMME DE LA Ve REPUBLIQUE

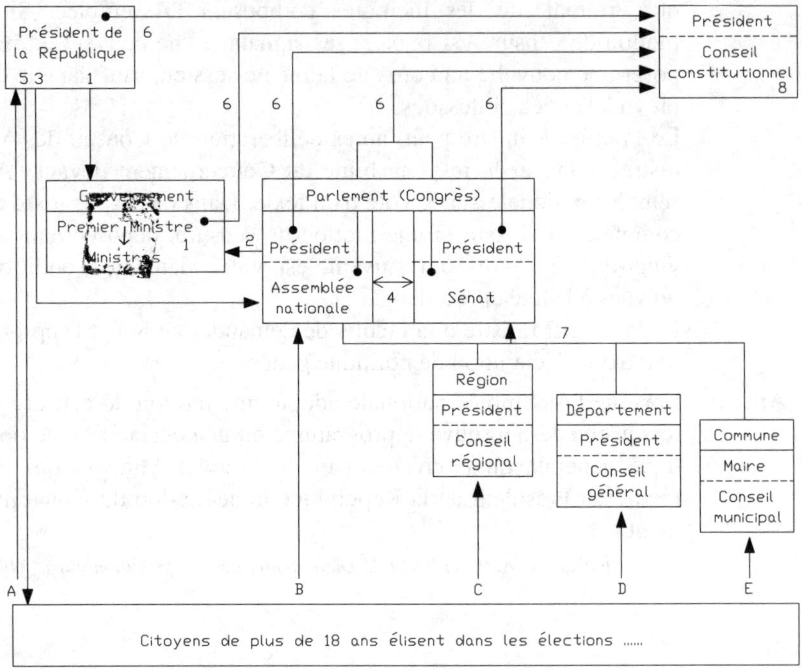

A présidentielles (7 ans)
B législatives (5 ans)
C régionales (6 ans)
D cantonales (6 ans)
E municipales (6 ans)

1 le Président nomme le Premier ministre et celui-ci les ministres
2 le gouvernement est responsable devant l'Assemblée
3 le Président peut dissoudre l'Assemblée
4 l'Assemblée et le Sénat doivent se mettre d'accord sur le texte d'une loi
5 le Président peut recourir au référendum
6 cf. introduction
7 dans le cadre du département, on élit dans un collège électoral, composé des députés, des conseillers régionaux, des conseillers généraux et des délégués des conseils municipaux, les sénateurs pour 9 ans. Tous les trois ans une partie du sénat est renouvelée
8 neuf membres nommés pour 9 ans par le Président de la République (3), par le Président du Sénat (3) et par le Président de l'Assemblée (3). Membres de droit à vie: les anciens Présidents de la République. C'est le Conseil constitutionnel qui surveille la régularité des référendums, des élections présidentielles et statue sur la régularité de l'élection des députés et des sénateurs. Il contrôle la conformité à la Constitution des lois organiques avant leur promulgation.

Travaux d'étude

Informez-vous sur les points suivants:

1. Le Président de la République:
   – Quelles sont ses tâches?
   – Quels sont ses pouvoirs?
   – Avec qui doit–il se concerter?
2. Le Parlement:
   – Quelles sont ses fonctions?
   – Comment peut–il exercer son contrôle du pouvoir exécutif?
3. Le Gouvernement:
   – Dépend-il entièrement de la confiance de l'Assemblée nationale?

Texte 3 – François Mitterrand: Equilibrer les institutions

Dans sa «lettre à tous les Français» le Président sortant François Mitterrand expose, en vue des présidentielles de 1988, ce qu'il envisage d'entreprendre dans un second septennat et essaie d'expliquer sa politique et ses actions surtout pendant les années de la cohabitation (1986 à 1988) où son concurrent actuel Jacques Chirac fut Premier ministre appuyé d'une majorité conservatrice et libérale à l'Assemblée.

J'achève un septennat qui, pour la première fois dans l'histoire de la Ve République, a connu l'alternance, c'est-à-dire le changement de majorité parlementaire, et ce à deux reprises, dont l'une, en 1986, aurait pu déboucher sur une crise grave. Tout en m'inclinant, comme c'était mon devoir, devant la volonté populaire, j'ai maintenu, grace à votre confiance, l'autorité de ma fonction. C'est de cette confiance que je me réclame aujourd'hui pour que nous tirions ensemble la leçon de ces événements. Je pense et j'espère que, quelles que soient les majorités futures, on ne retournera ni au Président «absolu» des débuts de la Ve République, maître en fait de tous les pouvoirs, ni au Président «soliveau» de la IVe République qui n'en avait aucun.

Un Président responsable et arbitre

L'intérêt de la démocratie, comme l'intérêt de la France, est que le Président élu au suffrage universel soit à la fois responsable et arbitre. Responsable de la route à suivre par la Nation quand sa sécurité et sa place dans le monde sont en jeu, responsable des grandes orientations de la politique extérieure et de la défense du pays. De 1981 à 1988, j'ai appliqué cette règle

en dépit des obstacles qui m'ont été opposés ces dernières années. Elu de nouveau à la magistrature suprême, c'est dans ce sens que je l'interpréterai.
Mais le Président de la République, gardien des institutions, assure aussi, par son arbitrage, le fonctionnement régulier des pouvoirs publics et la continuité de l'Etat. Chef des Armées, il est le garant de l'indépendance nationale et de l'intégrité du territoire. Il veille enfin au respect des traités. Voilà pour l'essentiel.
Je vous rappelle ces données parce qu'une confusion récente sur les compétences du Président de la République a ravivé le grand débat qui s'était ouvert en 1958 et que l'élection du chef de l'Etat au suffrage universel a rendu plus aigu en 1962. Cette confusion est apparue lors de l'entrée du Premier ministre, puis de la mienne, dans la campagne présidentielle. Bien que ni lui ni moi n'ayons cessé de remplir nos fonctions, on s'est interrogé: «Qui gardera l'Etat?» Les réponses de certains commentateurs sans responsabilités politiques n'engageaient qu'eux.
Plus inquiétante a été celle du Premier ministre, le 23 mars à TF 1: «Je garderai l'Etat, et s'il n'en reste qu'un, je serai celui-là.» S'il s'agissait d'une boutade et s'il ne s'agissait pas du Premier ministre, on rirait. Mais le sujet est trop important pour qu'on le traite à la légère. Depuis que coexistent dans notre République un chef de l'Etat et un Premier ministre (ou président du Conseil), c'est-à-dire depuis 1875, on n'avait jamais entendu pareille hérésie constitutionnelle et notre loi fondamentale n'avait jamais subi pareil affront ... verbal de la part d'un de ses dignitaires. Ce sont sans doute propos en l'air.
Mais je les crois révélateurs. On comprendra ma vigilance. Celui qui garde l'Etat, c'est le Président de la République. J'en ai l'honneur et la charge. Transiger sur ce point serait déjà manquer et à l'une et à l'autre.
Autorité, arbitrage, cette double fonction du Président de la République, croyez-moi, il faut la préserver. Ce n'est pas le moindre enjeu de l'élection du 8 mai.

Des révisions constitutionnelles

S'il ne paraît pas nécessaire de réviser la Constitution pour rendre moins ambigus les textes relatifs aux compétences respectives du Président et du gouvernement, deux réformes, en revanche, ne sont réalisables que par ce moyen: la réduction de la durée du mandat présidentiel et l'extension du champ du référendum à des problèmes de société.
Un projet de loi de 1973 prévoit de ramener de sept à cinq ans la durée du mandat présidentiel. Or, M. Pompidou, qui l'avait proposé, ne l'a soumis ni

au vote populaire ni au Congrès. Il est donc resté lettre morte. Pour ne pas être accusé de considérations personnelles, je ne prendrai pas l'initiative. Mais si une large majorité parlementaire et le gouvernement s'accordent sur une mesure de ce type, j'y souscrirai. A la seule condition que le mandat ainsi réduit ne soit renouvelable qu'une fois.

Quant à permettre aux Français de trancher par référendum les problèmes majeurs qui naissent de l'évolution de notre société, j'ai naguère souhaité (à propos de l'école) que cela fût possible. Je le souhaite toujours. Mais sous la garantie que le Conseil constitutionnel émette un avis public sur la conformité de la question référendaire à la Constitution et aux lois fondamentales de la République.

Extrait de: François Mitterrand: Lettre à tous les Français, 1988

Questions et travaux d'étude

1. Décrivez le rôle que F. Mitterrand croit avoir assumé dans les dernières années de son septennat.
2. Dressez une liste des tâches du Président de la République et cherchez à l'illustrer par des exemples tirés de la politique intérieure ou extérieure de la France (Vérifiez à ce sujet l'extrait de la constitution de 1958).
3. Montrez comment le Président sortant se sert d'un incident éphémère pour attaquer son Premier ministre concurrent et pour se présenter en vrai gardien de la Constitution.
4. Expliquez la différence qu'il y a entre la caricature de Gulliver (p. 14) et l'interprétation de F. Mitterrand.
5. Où F. Mitterrand voit-il une nécessité probable d'une révision constitutionnelle et à quelles conditions?

Cohabitation

Nécessité fait vertu. A l'applaudimètre des sondages, l'oecuménisme politique a largement réuni deux Français sur trois. Et ils ont toujours voulu qu'elle aille à son terme. Le copilotage du pays, une commande à l'Élysée, l'autre à Matignon, a souligné quelques consensus, décrispé quelques attitudes. Mais il ne faut pas confondre: ça n'a pas le goût de l'union nationale.

Ouest-France 29-3-88

Solutions

1. Mitterrand souligne son respect de la volonté de l'électorat et de la constitution qui définit les tâches du Président. Malgré les problèmes issus de la cohabitation, il dit avoir maintenu la fonction du Président responsable des grandes lignes de la politique française.
2. Le Président est responsable de l'orientation dans la politique extérieure et de la défense (il est le chef des armées), du fonctionnement des pouvoirs publics. Il est le garant de l'indépendance et de l'intégrité de la France. Il veille au respect des traités.
3. Le Premier ministre aurait avancé une «hérésie» en disant qu'il serait prêt à garder l'Etat pendant qu'il y avait un Président en fonction. Ceci est aux yeux de Mitterrand presque une usurpation de pouvoir qu'il saura réduire à zéro pour éviter toute crise constitutionnelle.

4. Contrairement à ce que F. Mitterrand expose dans sa Lettre à tous les Français, le Premier ministre et le Président sont assis dans une décapotable sur le même banc et donnent des ordres opposés au chauffeur de la voiture au pavillon tricolore. Mais c'est le Président qui donne l'orientation dans la politique de la France.
5. L'actuel Président se déclare prêt à deux révisions: la réduction de la durée du mandat présidentiel (on parle de 5 ans) et d'une application élargie du référendum. Pour la première, il demande une majorité parlementaire en accord avec le gouvernement et se prononce pour un seul renouvellement du mandat. Quant à la question du référendum, il exige que le Conseil constitutionnel déclare sa conformité à la constitution.

Texte 4 – 4.500 parrains publics pour les candidats à la Présidence

Dans chaque département, ce mercredi, nous publions la liste des élus locaux (maires, conseillers généraux et régionaux, parlementaires) qui ont donné leurs signatures à l'un des neuf candidats. Il ne s'agit que des élus dont les noms ont été rendus publics par le Conseil constitutionnel après tirage au sort.

Selon la loi, 500 parrains seulement sont nécessaires pour être candidat. Parmi toutes les signatures reçues, le Conseil constitutionnel a donc tiré au sort, pour chacun des candidats, les 500 noms nécessaires et suffisants. Seuls les 4.500 noms d'élus locaux, parrains retenus des neuf candidats, ont été publiés au Journal officiel mardi.

En fait, ce sont plus de 15.000 signatures qui sont parvenues au Conseil constitutionnel. Voici le nombre des parrainages recueillis par chaque candidat: Chirac 4.431, Mitterrand 3.465, Barre 2.947, Lajoinie 1.369, Juquin 680, Le Pen 614, Laguiller 570, Boussel 566, Waechter 504. Le candidat des Verts a donc failli ne pas pouvoir se présenter. Un peu moins de 40 % des élus locaux ont ainsi accordé leur signature à un candidat. Ils étaient 40.000 environ à en avoir la possibilité, dont 36.000 maires.

Extrait de: Ouest-France, 13-4-88

Question

1. Expliquez la fonction de ces parrains.

Solution

1. Pour pouvoir déposer sa candidature à la Présidence, on doit obtenir 500 signatures de parrain (maires, conseillers généraux et régionaux, députés, sénateurs). Le Conseil constitutionnel vérifie la valeur et le montant nécessaire des signatures et en publie 500 après tirage au sort avant les présidentielles.

Texte 5 – Pierre Lefranc: Le vrai vainqueur

Il est difficile de prévoir qui sera élu président de la République le 8 mai prochain, mais l'on sait dès maintenant qui est le grand vainqueur de la consultation: c'est Charles de Gaulle.

Situation sans précédent d'une élection se déroulant près de vingt ans après la retraite et la mort d'une personnalité politique et dans laquelle celle-ci occupe encore une si grande place.

C'est par rapport aux principes du fondateur de la Ve République que se situent les candidats; c'est autour des prises de position des uns et des autres à l'égard de ses options que tournent les commentaires.

Tout d'abord aucun des concurrents ne se risque à mettre en cause les institutions. Qu'ils les aient combattues dès l'origine ou voulu les réformer, les postulants sont prêts à se faire tuer pour les défendre.

Vient ensuite le grand commandement de l'indépendance nationale. Personne n'ose y porter ouvertement la moindre atteinte même si, sous le couvert de la défense de l'Europe, on a mis le doigt dans l'engrenage d'une réintégration dans l'organisation militaire de l'OTAN.

Il y a aussi la stratégie de la dissuasion à laquelle chacun affirme son attachement, ce qui n'empêche pas le renforcement progressif des forces conventionnelles au détriment de la force de frappe.

Quant au rôle de la France comme champion de la troisième voie entre l'Est et l'Ouest, c'est l'objectif affiché de notre politique étrangère, alors que, sans protester devant ce nouveau Yalta, l'on semble se laisser entraîner par des négociations entre l'URSS et les Etats-Unis qui se soucient fort peu du sort des autres.

Enfin, le rassemblement des Français, objectif suprême du général, qui y parvint à plusieurs reprises, est un thème exploité par tous. Mais ne rassemble pas qui veut, et quel candidat pourrait dire aujourd'hui sans se trouver en contradiction avec lui-même: «La France, c'est tout à la fois, c'est tous le Francais. Ce n'est pas la gauche, la France! Ce n'est pas la droite, la France!» (De Gaulle: 15 décembre 1965)

On le voit, l'unanimité apparente n'exclut pas les arrière-pensées et les concessions souterraines, mais le fait est éclatant: aucun des grands ténors ne conteste ouvertement la clairvoyance et la valeur des choix de de Gaulle, c'est le contraire qui se produit.

Les gaullistes de conviction ne peuvent que s'en réjouir, de Gaulle appartient à tout le monde, et chacun est en droit, comme il le prévoyait luimême déjà en 1959, de puiser dans son action et ses écrits «une source.d'ardeurs nouvelles».

Comment ne pas imaginer avec quel discret et ironique sourire il suivrait les présentes surenchères.

Dans: Le Monde, 12-4-88

Questions

1. Comment l'auteur décrit-il le rôle de Charles de Gaulle?
2. Quels sont les principes auxquels aucun candidat à la présidence française n'oserait toucher ouvertement? Pourrait-on cependant constater quelques changements dans l'orientation de la politique actuelle?

Solutions

1. En 1958, de Gaulle rassemble autour de lui les Français et peut, ainsi, définir les traits fondamentaux de la constitution et de la politique étrangère française: l'indépendance, la dissuasion et le rôle de la France comme troisième puissance entre l'Est et l'Ouest.
2. Personne n'oserait toucher aux institutions constitutionnelles tandis que, dans les domaines de la politique étrangère et de l'armement, la France cherche à modifier discrètement ses orientations, p. ex. par un rapprochement vers l'OTAN ou un renforcement des forces conventionnelles au détriment de l'armement nucléaire.

Texte 6 – C. Jamin, J.-R. Massimi: Ce qui menace vraiment la démocratie

La démocratie est en péril! Tel est le cri que l'on entend ici et là, face à quelques attaques rocambolesques de politiciens extrémistes! Le débat semble clair, les adversaires aisément repérables: d'un côté les défenseurs de la démocratie et des droits de l'homme, de l'autre, les partisans du fascisme et les ennemis du droit. A-t-on réfléchi au fait que cet antagonisme facile a fait long feu? S'est-on demandé quelle démocratie était en danger? A-t-on bien localisé la source de ce danger?

Pendant que les politiciens s'affrontent sur cette fragile démocratie représentative, objet des soins de tous, on ne s'aperçoit pas qu'une autre démocratie, plus profonde, plus concrète, est morte depuis longtemps. La représentation n'a-t-elle pas tué la démocratie?

La mise en place de multiples comités de sages, les débats sur l'égalité nous invitent à nous interroger sur l'état actuel du fontionnement de la démocratie et, plus encore, sur sa relation avec l'éthique. On pose toujours la question de l'éthique à propos de la science; c'est désormais à propos de la politique qu'il faudrait la poser. Le système de la représentation est-il une garantie suffisante de respect du droit et de l'éthique?

Quel constat peut-on établir? Il en est de la démocratie comme de la République: elle ne peut être qu'une et indivisible. Or la société est de moins en moins une et de plus en plus divisée. Cet écart croissant entre le fonctionnement officiel de la démocratie, de l'Etat et de la société civile est un leitmotiv que le libéralisme a mis à la mode. Mais quelle valeur peut avoir une forme vidée de son contenu?

En fait, c'est dans ce hiatus que se loge la question de l'éthique. C'est elle qui préoccupe les analystes de notre société.

Le vide, c'est la représentation elle-même qui l'engendre: l'Assemblée nationale est vide, le respect de l'autre y est absent, les grands problèmes de société sont confiés à des «sages».

Il n'est pas difficile d'établir la genèse de cette crise majeure de la démocratie. Elle est bien plus qu'une simple crise des institutions. Le constat est fort simple: d'une part, la société éclate, d'autre part, le pouvoir est de plus en plus secret et centralisé; et ce ne sont pas les médias qui comblent cette béance, tant s'en faut!

La réalisation sociale des années 70–80 est celle «du pluri», du «poly» que décrivent très bien la plupart des sociologues contemporains. Aucun modèle ne gouverne plus le social, aucune idéologie n'enivre plus les intellectuels, aucun idéal ne fait plus bouger les masses. Crise? Non. Multiplication, émiettement des modèles, des idéaux et des morales. Les luttes sont beaucoup plus des micro-résistances que des affrontements sur un projet global de société.

L'Etat, le système technocratique, les macrostructures qui existent encore tiennent-elles compte de cette diversification des idéaux et des pratiques? Telle qu'elle fonctionne actuellement, la démocratie ne peut pas penser le pluriel. Elle est fondée sur l'unité et l'égalité – en fait l'uniformité – et ce décalage est le véritable problème politique de notre temps. La réalité démocratique peut-elle durer alors qu'elle ne correspond plus au mouvement social?

Ce n'est pas seulement la société qui est en jeu. L'enchevêtrement des facteurs économiques et culturels, techniques et politiques, nous a fait entrer dans un univers d'extrême complexité. Est-ce un hasard si la complexité est un des thèmes majeurs de la réflexion philosophique et scientifique contemporaine? En faisant apparaître toute une logique des effets pervers et des bifurcations, l'analyse de la complexité a détruit toute prétention à l'universalité des décisions et des projets. La décision ne peut plus être hautaine et centralisée, générale et abstraite; elle doit être locale et ponctuelle pour éviter tout dérapage incontrôlé.

Face à une société éclatée, une complexité difficile à réduire, des aspirations plurales marquées par un individualisme croissant, la pratique de la démocratie demeure marquée par le principe d'unité renforcé par la confiscation hiérarchique. De quel droit sommes-nous exclus de la décision politique et administrative? Jusqu'à quel point l'intérêt général servira-t-il de masque aux corporatismes de toutes sortes?

Telles sont les questions que l'éthique se doit de poser au politique. Ainsi, l'ennemi n'est plus seulement à l'extérieur – fascisme ou totalitarisme – il est au coeur même de la pratique démocratique. La représentation ne suffit plus à garantir la démocratie: c'est au droit de le faire. Toutefois cela suppose une prise de conscience par les hommes politiques eux-mêmes. En refusant la réalité sociale polymorphe, en occultant cette émergence de volonté éthique, ils laissent se développer des mouvements pouvant détruire et les principes de l'éthique et la démocratie.

Ainsi, le droit et l'éthique sont-ils menacés de toutes parts et ce n'est pas seulement à Jean-Marie Le Pen qu'il faudrait poser la question cicéronienne: «Quousque tandem abutera Catilina patientia nostra ... mais à tous les hommes politiques».

Extrait de: Christophe Jamin et Jean-Robert Massimi: Ce qui menace vraiment la démocratie; dans: Le Monde, 29-3-88

Questions

1. D'après les auteurs, il y a deux démocraties. Définissez-les.
2. Pourquoi la démocratie est-elle en danger? Qu'est-ce que les auteurs reprochent aux hommes politiques?
3. A qui s'attaquent-ils aussi?
4. Quelle Ve République semblent-ils réclamer? (cf. texte 1 «Trois régimes en un»)
5. Que proposent les auteurs pour remédier à la crise des institutions et à la crise de la démocratie française?

Solutions

1. Une démocratie idéale, »une et indivisible« (l. 20), disposerait d'une société homogène où tout citoyen participerait aux décisions politiques et administratives et où les parlementaires, tout en se respectant, résoudraient eux-mêmes les problèmes auxquels ils se voient confrontés.
   L'Etat actuel cependant, champ de bataille sur lequel se confrontent les intérêts corporatistes et individuels d'une société émiettée et complexe en même temps, réserve l'exercice du pouvoir à un nombre réduit d'hommes politiques et délègue le soin de résoudre ses problèmes à des comités de sages. Cette démocratie manque d'idéal et ne correspond plus aux principes d'unité et d'égalité.
2. Ils proposent de réduire la centralisation et la démocratie de représentation pour retourner auprès du citoyen parce que c'est localement que les décisions doivent être prises. A leur avis, on devrait se rendre compte du fait que, dans la société actuelle, il ne s'agit plus de combats idéologiques mais plutôt de confrontations d'intérêts. La complexité des problèmes à résoudre ne permet plus de solutions à prétention universelle.
   Ils préviennent les hommes politiques que, s'ils persistent à ne pas vouloir voir la société «polymorphe» et son désir d'éthique, ils prépareront le déclin de la démocratie en ouvrant la voie d'accès à des mouvements qui ont pour but de la détruire.
3. Ils s'attaquent également aux citoyens français qui manquent d'esprit civique et préfèrent se vouer à la réalisation de leurs propres intérêts tout en soulignant leur individualité.

4. Il s'agirait plutôt de la Ve gaullienne mais avec la législation de décentralisation et de démocratisation de celle sous Mitterrand. (cf. III: Centralisation et décentralisation)
5. A part la régionalisation et un engagement fortifié des citoyens, ils demandent aux hommes politiques le retour à l'éthique de responsabilité et à la volonté de débattre et dé résoudre eux-mêmes les problèmes de la société.

3 La Ve République jugée par la classe politique

Texte 7 – Simone Veil: Les fausses vertus de la Ve République

L'Express: Toutes les enquêtes d'opinion attestent que les Français sont très attachés à la Ve République. Ce large accord vous paraît-il superficiel?

Simone Veil: En 1962, l'élection au suffrage universel du président de la République a fait l'objet de très vives oppositions, notamment de M. Mitterrand et de M. Mendès France, qui, lui, n'a jamais désarmé.

Mais il y a en effet, aujourd'hui, une belle unanimité sur la philosophie de la Ve République, en dépit des propositions de réduction de la durée du mandat et des souhaits sur le renforcement du rôle du Parlement. Cela s'explique par beaucoup de raisons: l'image de plus en plus dégradée de la IVe République; l'assimilation de la Ve République à la personne du général de Gaulle; l'attachement des citoyens au mode d'élection du président et la méfiance traditionnelle à l'égard du Parlement; l'espoir de chaque grand parti de devenir le parti du président et de bénéficier des avantages qui en résultent; enfin, le goût des Français pour tout ce qui, de près ou de loin, peut ressembler à la monarchie, sans l'être.

L'Express: Le président est élu directement par le peuple. Quels sont les vices de ce mode de désignation?

Simone Veil: La démocratie directe est très séduisante. Encore faut-il que l'équilibre des pouvoirs soit garanti. Or le président est à la fois chef de l'Etat, avec ce que cela suppose de protocole et de révérence, et chef de l'exécutif, décidant des grandes questions et parfois de moins grandes. Il est également, en pratique, le leader de la majorité parlementaire, sauf cohabitation. Cette concentration des pouvoirs, unique dans les démocraties modernes, est soulignée par le fait qu'en France l'Etat est omniprésent, même dans la société civile. Comment s'étonner, alors, que la stratégie des présidentiables pèse en permanence sur la vie politique, et que la personnalisation se substitue au débat d'idées?

L'Express: Quels défauts trouvez-vous à l'élection des députés au scrutin majoritaire?

Simone Veil: Le meilleur mode de scrutin n'est-il pas celui qui vous permet de gagner? Le scrutin proportionnel est un élément de flexibilité, alors que l'actuel scrutin impose une bipolarisation et des alliances qui perdurent, malgré la réalité politique, et qui ont failli faire tomber la droite dans le piège du Front national.

L'Express: La France doit-elle être gouvernée par un grand parti, ou par une coalition de partis?

Simone Veil: Depuis 1958, la plupart des gouvernements ont été, par nécessité, des gouvernements de coalition, même si le fait présidentiel a permis de l'ignorer ... En l'absence de contre-pouvoirs, une coalition de partis a le mérite de rééquilibrer le poids conféré au parti du président et de freiner la tentation d'un «tout-Etat» incarné par un parti. Actuellement, le seul Parti socialiste n'ayant pas la majorité, il est contraint de la chercher tantôt au centre, tantôt à gauche, ou, à défaut, d'avoir recours à l'artifice commode de l'article 49.3. Ce n'est pas sain.

L'Express: Comment conciliez-vous l'article 49.3 avec le respect du Parlement?

Simone Veil: Les pouvoirs du Parlement sont ainsi très limités, au nom de l'efficacité. Or cet argument me paraît largement contestable. Eviter le débat parlementaire, refuser d'éventuels compromis conduisent à ignorer la majorité réelle. Faute de pouvoir s'exprimer au Parlement, c'est dans la rue que cette majorité risque de se manifester. Le temps «perdu» pour dialoguer et convaincre est le prix nécessaire à payer pour la démocratie et la paix civile.

L'Express: Du total, quels sont les principaux défauts de la Ve République?

Simone Veil: La Constitution de la Ve République a administré la preuve de ses vertus: cohésion de l'exécutif, stabilité et capacité d'adaption à l'alternance. Mais on est passé d'un système trop faible à un système trop verrouillé, qui serait déjà très assoupli par le non-recours au 49.3: la concentration extrême des pouvoirs pourrait, dans certaines circonstances, s'avérer dangereuse.

Propos recueillis par Olivier Duhamel, (abrégé); dans: L'Express, 14-10-88

Texte 8 – Laurent Fabius: Le mérite de la stabilité

L'Express: La Ve République fête son trentième anniversaire. L'étudiant que vous étiez il y a une vingtaine d'années imaginait-il et souhaitait-il qu'elle ait une telle longévité?

Laurent Fabius: A l'époque, la Constitution avait 10 ans et je ne me posais pas la question dans ces termes. On était en 1968, la foule criait «Dix ans ça suffit» et je ne mesurais pas clairement s'il s'agissait seulement du Général ou du régime qu'il incarnait aussi. Depuis, les choses ont changé, avec l'alternance des hommes, des situations et des idées. Un point est demeuré: mon souhait d'institutions stables.

L'Express: Le ralliement de la gauche à la Constitution vous paraît-il superficiel ou profond?

Laurent Fabius: La Constitution a plusieurs lectures. L'une concentre à l'excès les pouvoirs entre les mains présidentielles et relègue le Parlement et le Premier ministre dans les rôles subalternes. L'autre assure un équilibre plus harmonieux des différents pouvoirs. Nous avons, malgré certaines réserves, accepté les institutions de la Ve République dans cette lecture équilibrée. La manière dont François Mitterrand l'a appliquée depuis 1981 a évidemment fait tomber bien des réticences de principe.

L'Express: Quelles sont les vertus de l'élection directe du président de la République par le peuple?

Laurent Fabius: Deux vertus majeures: une participation des citoyens aux choix essentiels, et une légitimité indiscutable pour le chef de l'Etat. Personnellement, mon objection principale tient à la durée du mandat: je suis plutôt favorable à un mandat présidentiel de cinq ans renouvelable une fois, afin d'éviter au maximum les risques de contradiction entre le scrutin présidentiel et l'élection des députés. Cela permettrait à la fois plus de souplesse et moins de conflits.

L'Express: Quels avantages trouvez-vous au scrutin majoritaire?

Laurent Fabius: On a longtemps répété que ce mode de scrutin, peu juste, présentait l'avantage de dégager une majorité absolue, alors que le scrutin proportionnel, plus équitable, signifiait l'absence de majorité. Les élections législatives de 1986 et de 1988 montrent que cette fameuse double évidence est doublement contestable. Pour moi, la question du mode de scrutin est distincte de celle des institutions.

L'Express: Estimez-vous préférable que la France soit gouvernée par un grand parti, comme en Grande-Bretagne, ou par une coalition de partis, comme en République fédérale d'Allemagne?

Laurent Fabius: Je souhaite qu'il existe un grand parti socialiste, parti de progrès, représentant autour de 40 % des suffrages, capable de gouverner durablement dans le cadre de l'alternance. Pour le reste, je suis attaché à la cohérence des majorités, qu'elles soient homogènes ou non.

L'Express: Comment conciliez-vous la procédure de l'article 49.3 avec le respect du Parlement?

Laurent Fabius: Il faut respecter le Parlement, sa liberté de décision et d'amendement. Quant au 49.3, il constitue une exception et doit permettre au gouvernement de faire prévaloir, dans certaines circonstances, une orientation absolument prioritaire pour la cohérence de son action. L'exception doit rester une exception.

L'Express: Au total, quelles sont les principales qualités de la Ve République?

Laurent Fabius: Avoir su concilier durabilité et souplesse. Une Constitution capable d'avoir résisté à la guerre d'Algérie, aux événements de 1968 et au départ du général de Gaulle (pour qui on disait qu'elle était taillée sur mesure), à l'alternance de 1981 et à la parenthèse de la cohabitation, voilà une stabilité qu'il faut saluer.

Elle permet aujourd'hui de gouverner notre pays de façon équilibrée, le président marquant les grandes perspectives, le gouvernement les mettant en oeuvre, le Parlement devant disposer d'un véritable pouvoir de décision et de contrôle: tout cela ne paraissait pas évident dans les années 1958 –1960, et peut-être moins encore quand a été décidée l'élection du président au suffrage universel. En ce qui concerne la dimension parlementaire, j'entends contribuer à cet équilibre, qui se pose cependant en termes un peu nouveaux avec les deux novations fortes que sont la construction européenne et l'approfondissement de la décentralisation.

Propos recueillis par Olivier Duhamel; dans: L'Express, 14-10-88

Questions et travaux d'étude

1. Comment les deux interviewés jugent–ils l'élection directe du Président?
2. Où voient-ils les raisons du succès de la Ve République?
3. Y a-t-il, d'après S. Veil et L. Fabius, un rapport entre la question de coalition et l'article 49.3 de la constitution (c. f. extraits de la constitution p. 8)?

Solutions

1. Si Fabius souligne la participation des citoyens et la légitimation du Président avec quelque réserve pour la durée du mandat, Veil voit plutôt dans la concentration des pouvoirs en la personne du chef de l'Etat un danger pour ce qu'elle appelle «le débat des idées», et l'équilibre des pouvoirs.
2. S. Veil cite l'instabilité de la IVe République, les désirs des Français de se rallier derrière un «monarque» démocratique qui dompterait le Parlement. L'opposition au système surtout du côté gauche du paysage politique lors du projet de l'élection directe du Président, en 1962, et des événements du mai 1968, dont parle Fabius, fut changé en consentement par l'amènement au pouvoir de la gauche en 1981. Pour Fabius, c'est l'interprétation de la constitution en faveur d'un «équilibre plus harmonieux» qui a de beaucoup attribué à un consentement général de tous les Français.
3. D'après S. Veil, le recours au 49.3 est un signe de la concentration du pouvoir et du manque de capacité au compromis de la part du Parlement, donc d'un «système trop verrouillé». Un gouvernement de coalition pourrait améliorer cet état de choses. L. Fabius, par contre, considère le problème du point de vue d'un ancien Premier ministre. Il préfère une majorité, de préférence socialiste, et voit dans l'application de cet article une possibilité exceptionnelle pour le gouvernement de forcer le Parlement au consentement.

Vocabulaire

l'Etat	Staat
le pays	Land
le peuple	Volk
la population	Bevölkerung
le citoyen, la citoyenne	Bürger, Bürgerin
le citadin, citadine	städtischer Bürger, Bürgerin
la patrie	Vaterland
la nation	Nation
la capitale	Hauptstadt bzw. Paris
la province; (en province)	Provinz
le territoire	(Staats-)Gebiet
la frontière	Grenze
la nationalité	Staatsangehörigkeit
une ambassade	Botschaft
le président	Vorsitzender
les élections f.	Wahl
– communales	Gemeindewahl
– cantonales	Wahlen zum Conseil général
– régionales	Regionalwahl
– législatives	Wahlen zur Abgeordnetenkammer
– présidentielles	Präsidentschaftswahl
un électeur, une électrice	Wähler, Wählerin
le référendum	Volksentscheid
le vote, voter	Abstimmung, abstimmen
s'abstenir	sich der Stimme enthalten
le bulletin (de vote)	Stimmzettel
le candidat	Kandidat
le mandat	Mandat
la classe politique	die Politiker
le gouvernement	Regierung
le ministre	Minister
le ministère	Ministerium
le ministre des Affaires étrangères	Außenminister
– de l'Intérieur	Innenminister
– des Finances	Finanzminister
le Premier ministre	Ministerpräsident

le secrétaire d'Etat	Staatssekretär
le conseil des ministres	Ministerrat
le porte-parole (du gouvernement)	Sprecher (Regierungs-)
l'Assemblée nationale	Nationalversammlung
le Sénat	Senat
la majorité	Mehrheit
l'opposition f.	Opposition
la séance	Sitzung
l'ordre du jour	Tagesordnung
la loi	Gesetz
voter une loi	ein Gesetz beschließen
promulguer une loi	ein Gesetz erlassen (durch Veröffentlichung im Journal officiel/Gesetzblatt)
la motion de censure	Mißtrauensantrag
le code	Gesetzbuch
un article	Paragraph
le régime	Regierungsform
la constitution	Verfassung
le coup d'Etat	Staatsstreich
le pouvoir	Macht
la crise	Krise
la réforme	Reform
les recettes	Einnahmen
les impôts; lever des impôts	Steuern; Steuern erheben
le déficit	Defizit
le budget	Staatshaushalt
la politique intérieure;	Innenpolitik
– extérieure	Außenpolitik
la politique de détente	Entspannungspolitik
les relations f.	Beziehungen
les rapports m.	Beziehungen
le traité	Vertrag

Le paysage politique de France

1 Les partis politiques

1.1 Quelques remarques sur le paysage politique

A première vue, le paysage politique en France semble incompréhensible à un Allemand habitué aux trois partis traditionnels et aux deux nouveaux dans son pays. Le nombre élevé des partis en France s'explique surtout par l'absence de freins électoraux comme celui du seuil de représentation (5 %) en RFA et par l'absence de nécessité de former des coalitions à l'Assemblée à cause des majorités stables jusque dans les années 70. Les Présidents ralliaient jusqu'alors un groupement derrière eux. Ceci changea sous la présidence de Giscard d'Estaing. Ce développement fut encore accéléré par la division de la droite et du centre et le ralliement de partis de gauche derrière François Mitterrand. Ce dernier permit à la gauche d'accéder au pouvoir en 1981. Depuis, il y a eu deux changements de majorité: en 1986, la victoire du centre et de la droite (RPR et UDF surtout), mais accompagnée de l'entrée en force du Front national à l'Assemblée, et, en 1988, la défaite de cette majorité et l'arrivée du gouvernement Rocard (PS) qui a besoin de l'appui ou de l'abstention soit du parti communiste, soit d'un groupe politique du centre.
Après la cohabitation d'un Président de gauche et d'un Premier ministre de la majorité parlementaire opposée, la question de la coalition est maintenant à l'ordre du jour. D'un autre côté, la discussion porte également sur le mode de scrutin. Actuellement, la discussion sur le nombre élevé des groupements politiques et une concentration, surtout au centre, s'est de nouveau engagée. Les présidents de l'UDF et du RPR. cherchent à s'emparer de la position de force dans une éventuelle réorganisation du paysage politique face à la gauche. En juin 1990, UDF et le RPR s'unirent dans une nouvelle confédération baptisée «Union pour la France» (UPF). Le but de l'UPF est de présenter un seul candidat aux prochaines présidentielles. (cf. aussi 2.1 A la recherche d'une majorité parlementaire)

Les résultats des élections législatives 1958 – 1988

Ergebnisse der Wahlen zur Nationalvervsammlung 1958 bis 1988
(abgerundete Werte in Prozent – jeweils 1. Wahlgang, außer 1986)

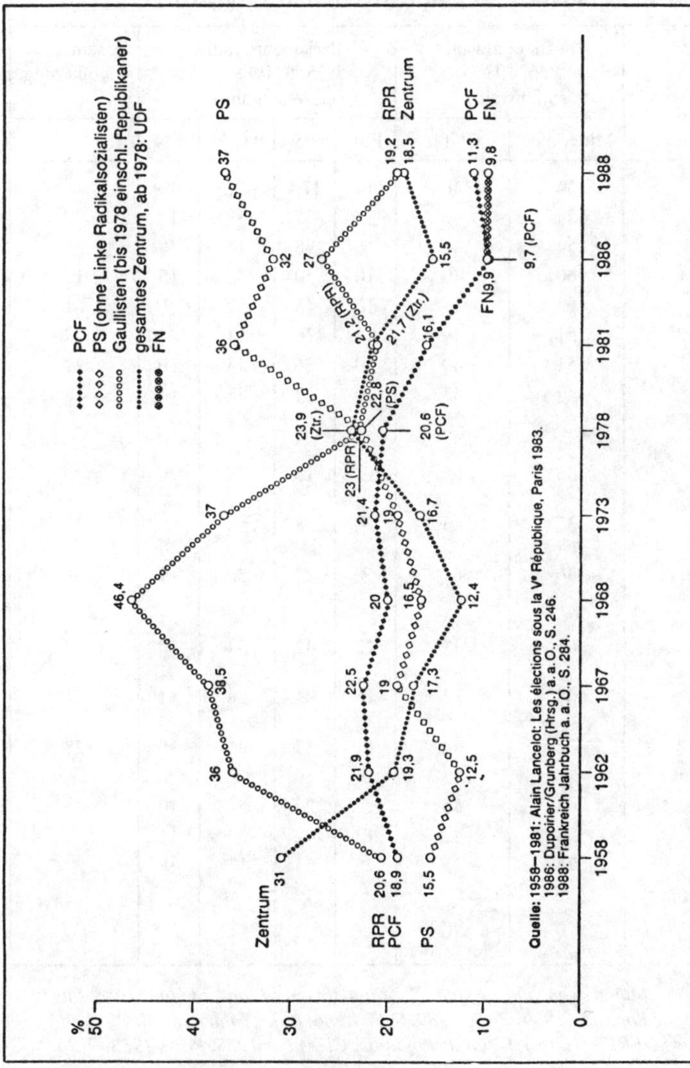

Aus: Kimmel, Adolf: Das französische Parteiensystem;
in: Aus Politik und Zeitgeschichte B39/1989, S. 15

Les groupes socio-professionnels et leurs votes

Wahlverhalten nach sozialen Gruppen (Angaben in Prozent)

	Präsidentenwahl 8. 5. 1988 (Stichwahl)		Parlamentswahl 5. 6. 1988 (1. Wahlgang)				Gesamt-bevölkerung
	Mitterand	Chirac	PSF	PS	URC	FN	
Gesamtergebnis	54	46	11	37,5	40,5	10	
Männer	54	46	13	37	38	12	47
Frauen	54	46	9	38	44	7	53
18–24 Jahre	60	40	10	40	32	15	15
25–34 Jahre	63	37	13	45	32	9	21
35–49 Jahre	51	49	11	36	44	8	24
50–64 Jahre	51	49	10	36	43	10	22
über 65 Jahre	47	53	10	32	47	10	18
Beruf des Haushaltsvorstands:							
Landwirt	35	65	2	13	79	5	6
Handwerker, Händler, Unternehmer	37	63	7	28	58	7	7
neue Oberschicht (cadre, prof. intellect. sup.)	36	64	3	34	50	11	9
neue Mittelschicht (prof. interméd. employé)	61	39	12	42	34	10	24
Arbeiter	68	32	16	44	28	11	26
Nicht-Erwerbstätige Rentner	52	48	11	37	41	10	28
regelmäßig prakt. Kath.	27	73	2	19	73	5	
gelegentl. praktizierend.	44	56	6	29	54	10	
nicht praktizierende	58	42	12	42	34	11	
religionslos	75	25	25	54	11	9	
(Ökologen und extreme Linke wurden nicht übernommen)							

Quellen: SOFRES-Nachwahlumfragen vom 19. und 25. Mai und vom 14. und 23. Juni 1988, aus SOFRES (Hrsg.), L'état de l'opinion 1989, Paris 1989, S. 82 f.; 86. f; die Zahlen für die Gesamtbevölkerung aus SOFRES (Hrsg.), L'état de l'opinion. Clés pour 1988, Paris 1988, S. 36.

Kimmel, Adolf: Das französische Parteiensystem; in: Aus Politik und Zeitgeschichte B39/1989, S. 20

1.2 Le Rassemblement pour la République (RPR)

885.000 adhérents en 1986. Né de l'UNR (Union pour la Nouvelle République) qui s'appelait, depuis 1968, UDR (Union des Démocrates pour la République). Il se réclame de la succession du gaullisme (néo-gaullisme). Depuis la fondation, fin 1976, Jacques Chirac est le leader du parti. Après sa rupture avec le Président Giscard d'Estaing, il essaya de rassembler le mouvement gaulliste derrière lui pour pouvoir se maintenir face au nouveau gouvernement du Premier ministre Barre, puis face à l'«Union de la gauche». L'ancien Premier ministre s'est servi de son élection en tant que premier maire de Paris depuis la Révolution pour renforcer sa position politique.

Organisation

Au niveau du département, les membres de la fédération élisent les délégués aux «Assises nationales» (tous les 2 ans), où l'on élit le président du parti et les membres du Comité central (100 membres). Entre les Assises, la direction du parti est assurée par le Conseil politique (composé de 15 membres, élus par le Comité central, et de personnalités choisies et nommées par le président), le président et le Secrétaire général, nommé également par le président.

Programme

- Partant des principes du gaullisme, le RPR met l'accent sur l'indépendance, la grandeur et l'unité de la nation, c'est-à-dire sur la réduction de l'influence américaine en Europe. Il se prononce seulement pour l'appartenance politique à l'OTAN en insistant sur l'indépendance militaire (basée sur la Force de frappe avec sa dissuasion tous azimuts). Il se prononce également contre l'organisation d'une Europe qui réclamerait l'abandon de plus de compétences nationales.
- Dans le domaine économique, le RPR s'oriente aujourd'hui vers les principes d'une économie de marché et la reprivatisation des entreprises nationalisées. L'influence exercée par l'Etat dans le domaine économique doit être réduite de façon importante.
- Quant à la politique dans les domaines militaire et européen, le parti se prononce pour des projets communs dans l'armement et l'industrie tout en veillant à l'indépendance nationale.

Electorat et adhérents

Le RPR remporte ses plus grands succès électoraux dans les régions plutôt catholiques de l'Ouest et de l'Est de la France (par exemple la Bretagne, la Lorraine, le Cantal ou la Corrèze) et Paris. Il recrute ses adhérents surtout dans les traditionnelles classes moyennes (commerçants et artisans), moins dans les couches moins aisées.

Texte 9 – Jacques Chirac: Ce que je veux

L'Express: En ce moment, dans l'opposition, le libéralisme a le vent en poupe. Est-ce que vous, vous acceptez l'étiquette de libéral?

Jacques Chirac: Je ne sais pas exactement ce qu'on appelle un libéral, car chacun met derrière ce mot une signification qui lui est propre. On ne sait jamais quel sens exact lui donner, élogieux ou péjoratif. Donc, j'ai du mal à me situer par rapport à un mot dont la définition n'est pas suffisamment claire. Si vous voulez, je dirai que je suis partisan d'une société de liberté au sein de laquelle l'Etat, dans son domaine de souveraineté, est fort et respecté ...

L'Express: Ne craignez-vous pas que, sur ce sujet (l'Europe), les thèses ne soient pas tout à fait assorties au sein de la liste unique de l'opposition pour les élections européennes?

Jacques Chirac: Je ne le crois pas. La divergence fondamentale qui existait entre le courant traditionnel centriste en France et le courant traditionnel gaulliste venait d'une période - les débuts de l'Europe – où les uns mettaient l'accent sur l'intégration, la supranationalité, et les autres refusaient toute concession en matière de transfert de souveraineté. Les choses ont beaucoup évolué. Ces querelles de principe n'ont pas résisté au déroulement de l'Histoire.

Ce qui importe, aujourd'hui, c'est que si l'Europe ne renforce pas sa solidarité, elle disparaîtra. La montée des nouveaux pays industriels dans la région du Pacifique, la force économique et politique américaine, la force militaire soviétique, tout cela crée des dangers considérables. Devant cette évidence, les vieilles querelles ne sont plus de mise aujourd'hui. Entre l'UDF et le RPR il n'y a plus aucune différence en ce qui concerne le renforcement des solidarités, la nécessité de relancer la construction européenne. Nous sommes tous d'accord sur les grands objectifs politiques, économiques, sociaux et de défense. Nous avons les mêmes analyses, les mêmes ambitions. Certes, sur un certain nombre de points techniques, il peut y avoir divergence de vues entre les uns et les autres. Mais je dirais que ce sont des modalités d'application. Elles ne mettent pas en cause la capacité d'agir ensemble et, ultérieurement, si le besoin apparaissait, elles feraient l'objet d'une négociation ou d'une discussion entre nous.

Extrait de: Jacques Chirac: Ce que je veux. Interview dans: L'Express, 13-04-84

Questions

1. Est-ce que Jacques Chirac se dit libéral?
2. Comment le leader du RPR voit-il les concordances et les différences entre le RPR et l'UDF?

Solutions

1. Il évite la difficulté de se placer bien distinctement du côté du libéralisme ou de s'appuyer sur ses idées en refusant d'en donner une définition. Mais il essaie de se situer en même temps non seulement du côté libéral par la «société de liberté» mais aussi du côté conservateur en soulignant que, dans une telle société, l'Etat aura une position forte.
2. Au fur et à mesure, ces deux partis se sont mis d'accord sur les grands principes et voient la nécessité d'une Europe unie. Ce qui les distingue, c'est plutôt ce qu'il appelle «les modalités d'application», donc la mise en pratique de buts politiques.

Texte 10 – Une communauté nationale mieux affermie dans son identité

L'assombrissement des perspectives économiques, la croissance du chômage, la montée continue de la délinquance et de la criminalité ont exacerbé les différences de moeurs et de culture. Elles ont rendu plus difficile la cohabitation avec une partie de la communauté de 4,5 millions d'étrangers vivant en France. Le laxisme du gouvernement depuis 1981 a, en réaction, alimenté des réponses simplificatrices, fondées sur un racisme ou une xénophobie si contraires à notre tradition nationale. Sans démagogie ni angélisme, il convient d'apporter des solutions raisonnables, efficaces et courageuses fondées sur une politique de régulation concertée des entrées de population étrangère en France et sur des mesures destinées à favoriser l'intégration de tous ceux qui le désirent.

A La maîtrise des flux migratoires

Le Gouvernement fera respecter les dispositions relatives aux entrées sur le territoire national par un dispositif strict de contrôle de la situation des étrangers. Tous ceux entrés clandestinement et ceux qui les y aident seront sanctionnés sans faiblesse. Une véritable concertation avec les Etats membres de la C.E.E. doit accompagner cette fermeté en vue d'harmoniser les contrôles aux frontières des ressortissants d'Etats-tiers, les règles applicables aux visas et les conditions de négociations d'un accord multilatéral de réadmission.
Les étrangers en situation irrégulière et ceux condamnés après avoir purgé leur peine, seront reconduits à la frontière. Les organisateurs comme les bénéficiaires de travail clandestin seront poursuivis. L'ouverture des droits sociaux sera réservée aux personnes en situation régulière. La qualité d'étudiant étranger et celle de réfugié ou d'apatride ne devront plus être dénaturées ou abusivement revendiquées.

B Le contrat moral pour les étrangers en situation régulière; intégration ou aide négociée au retour

On ne saurait contraindre les étrangers en situation régulière, qui souhaitent rester en France, à la quitter. Ce choix doit rester un acte volontaire. De nouvelles conditions au retour doivent cependant en faire une alternative sérieuse. La présence de l'étranger sur notre sol doit témoigner de l'acceptation d'une règle de jeu, composée de droits et de devoirs, créant ainsi un espace de tolérance dans une société qu'il peut enrichir mais dont il ne saurait mettre en cause l'identité. Aux étrangers en situation régulière, il est garanti la stabilité du séjour lorsqu'ils remplissent les conditions qui ont conduit à leur délivrer une carte de séjour et de travail, et à leur reconnaître l'essentiel des droits sociaux. Quant aux droits civiques et politiques, ils sont liés à la nationalité. Cette dernière devra être demandée et acceptée; son acquisition ne saurait résulter de mécanismes purement automatiques. A ceux qui ne désirent pas s'intégrer, il faut offrir les conditions d'un retour utile dans le cadre d'accords négociés avec les pays d'émigration. Pour intéresser tant l'étranger que son Etat d'origine et provoquer un nombre de retours significatifs, il faut que les incitations financières à l'aide au retour soient accompagnées par la mise en oeuvre de formations adaptées aux besoins du pays intéressé.

Extrait de: RPR/UDF: Plate-forme pour gouverner ensemble. 16-01-1986

Questions

1. Contre qui ce texte est-il dirigé?
2. Comment veut-on «affermir» la nation face à l'immigration?
3. Comment ce texte est-il à concilier avec l'idée de tolérance?

Solutions

1. A première vue, les deux partis s'attaquent au gouvernement, donc au PS, et au Front national qui trahiraient la «tradition nationale». Mais le texte contient une sérieuse menace contre tout étranger n'étant pas en règle ou tout citoyen voulant en profiter.
2. On plaide en faveur d'un Etat et d'un gouvernement qui sanctionnera toute effraction de la loi du côté des immigrés ou des citoyens, expulsera les immigrés clandestins et criminels et cherchera à mieux contrôler l'immigration en s'appuyant sur l'aide de la CEE. Cette rigueur touchera également les étudiants étrangers et les réfugiés politiques. On n'envisage pas de renvoyer ceux en situation régulière ou de leur refuser les droits sociaux , mais on les mettra quand même devant le choix de demander la nationalisation avec tous les droits et devoirs ou de profiter des offres financières et de formations qui faciliteraient le retour au pays d'origine. Bien entendu, on ne les y forcera pas, mais on s'attend cependant à un nombre croissant de retours.
3. L'afflux incontrôlé d'étrangers qui désirent profiter des droits sociaux et réclament en partie également des droits civiques a répandu des idées de racisme et de xénophobie chez les Français qui craignent pour l'identité nationale. Dans le but de conserver le rôle traditionnel de pays d'asile et de tolérance d'une part, et de pouvoir profiter de l'enrichissement culturel par les immigrés d'autre part, ces deux partis essaient de limiter l'accès aux immigrés pour mieux pouvoir les intégrer dans la civilisation française.

1.3 L'Union pour la Démocratie française (UDF)

300.000 adhérents en 1983. Au début de l'année 1978, l'UDF fut fondée dans le but d'une coalition en vue des élections législatives à venir par plusieurs petits partis pour pouvoir ainsi contrebalancer le RPR. Dans son nom, on retrouve le titre du livre servant de programme «Démocratie française» de l'ancien Président Giscard d'Estaing, qui est aujourd'hui le président de l'UDF. Elle est généralement considérée comme un groupement libéral et très proche de l'industrie et du monde de la finance. L'UDF est favorable à l'union européenne.

Elle aussi soutient la reprivatisation des entreprises nationalisées et la réduction de l'ingérence de l'Etat dans l'économie. L'adversaire commun de l'UDF et du RPR est le PS. L'UDF insiste néanmoins sur le pluralisme politique.
En juin 1990, l'UDF et le RPR fondèrent une nouvelle confédération baptisée «Union pour la France» (UPF). Les deux partis vont continuer, chacun de son côté, d'exister, et la confédération, sous forme de superstructure, servira comme organe de concertation et d'arbitrage des conflits. De plus, on envisage de présenter un seul candidat aux prochaines élections présidentielles qu'on veut désigner lors de primaires «à la française». Pour les autres scrutins, surtout les élections législatives, on prévoit une commission d'investiture. Le bureau politique (30 membres) de cette confédération est désigné pour moitié par le RPR et pour moitié par l'UDF, et les décisions y sont prises à la majorité des trois quarts.

Organisation

A côté des organisations et des clubs politiques que les partis membres gardent en propres, il y a 4 vice-présidents (François Léotard (PR), Pierre Méhaignerie (CDS), André Rossinot (PRS), Georges Donnez (PDS)) aux côtés du président (Valéry Giscard d'Estaing). Ce sont les groupements parlementaires et politiques qui délèguent les membres du Bureau politique et du Conseil national dont le Bureau politique fait partie.

Texte 11 – Dominique de Montvallon: UDF, année zéro

L'UDF agonise. La confédération giscardo-centriste a connu, en onze ans d'existence, bien des secousses et, parfois, elle a frisé le drame. Mais, cette fois, la voici touchée au coeur. Valéry Giscard d'Estaing et Simone Veil conduisent chacun leur liste, avec, il ne faut pas s'y tromper, une véritable férocité dans le combat. La férocité d'amis et d'alliés devenus rivaux, et peut-être pis. La férocité de deux chefs dont les analyses, hier cousines, sont devenues antagonistes. L'ancien président, qui refuse d'abdiquer et a «oublié» qu'il rêvait de «gouverner la France au centre», veut d'abord rassembler derrière lui la droite. L'ex-présidente du Parlement européen, profondément mal à l'aise depuis que s'est accentuée la «dérive droitière» de son camp, entend, elle, privilégier la reconquête de cet électorat du centre qui n'aurait jamais dû, à l'en croire, basculer chez les socialistes. Affrontement brutal. A mi-voix, Simone Veil suggère que Giscard serait infidèle à la stratégie dont il s'était lui-même fait le champion, au moment de la création de l'UDF.

La scène se passe le 2 février 1978, rue de la Bienfaisance, à Paris, au siège du Parti républicain, créé l'année d'avant, à Fréjus, dans la tempête, sur les décombres de ce club de notables: les Républicains indépendants. Comme chaque semaine, le subtil Jean-Pierre Soisson, secrétaire général du PR, et son bras droit, le caustique Jacques Douffiagues, viennent porter aux journalistes – à peine codée – la «bonne parole» élyséenne. Or, la veille au soir, au QG du Centre des démocrates sociaux, héritier du courant démocrate-chrétien, il s'est produit, sans flonflons ni télés, un petit événement: encouragés par le Château et aiguillonnés par Jean-Jacques Servan-Schreiber, alors patron du parti radical, les «non-RPR», comme on les baptisait à l'époque, ont décidé de se doter, dans la perspective des législatives des 12 et 19 mars, d'un sigle commun: UDF (Union pour la démocratie française), en référence au livre bible de Giscard. Du coup, tout le monde s'attend que le tandem Soisson-Douffiagues commente l'affaire d'abondance, voire avec enthousiasme. A peine en est-il question, et encore les deux hommes ne sont-ils pas sur la même longueur d'onde!

Convaincu qu'une élection se perd ou se gagne au centre – et allergique à l'enrégimentement RPR – Soisson, au fond de lui-même, croit passionnément à l'opération qui vient d'être concoctée. Mais, en bon tacticien, il se garde du moindre aveu. Il ne s'agirait pas que s'exaspère plus un Jacques Chirac qui va dénonçant ce qu'il appelle une «magouille partisane».

Son de cloche tout différent dans le bureau de Douffiagues: lui n'a pas le moindre goût pour les états d'âme centristes. Il campe résolument à droite. Union, voilà son maître mot. Sa fidélité giscardienne n'est pas en question, il n'a guère prisé les velléités réformatrices du début du septennat. De l'UDF, vague cartel voué, croit-il, à une pâle existence de quelques semaines, Douffiagues ne parle guère: il n'y croit pas. Lorsque Chirac, invité d'Antenne 2, assure, agacé, que la création de l'UDF est l'oeuvre – pour ne pas dire l'élucubration – du seul JJSS, et quand il ajoute – sans rire – qu'elle est «plus à droite» que le RPR, le n° 2 du PR se tait. Mais il n'est pas loin de tenir, en privé, les mêmes propos goguenards.

Cependant, c'est Soisson qui a vu juste – et non Douffiagues: aux législatives de 1978, la gauche trébuche et, presque par miracle, la majorité s'en sort. Certes, Chirac a «labouré» le pays, mais l'UDF, l'air de rien, a «rattrapé» in extremis tout un pan de son électorat tenté par l'aventure socialiste. Un «exploit» qui ouvre à la confédération, tant moquée, le droit de survivre, en brinquebalant, dix bonnes années.

Extrait de: Dominique de Montvalon: UDF, année zéro; dans: L'Express, 05-05-89

Questions

1. Avant les élections européennes, il y a eu une confrontation à l'intérieur de l'UDF. Comment l'auteur l'explique-t-il?
2. Dans quel but a-t-on fondé l'UDF? (Cf. aussi 1.2. le RPR p. 31)

Solutions

1. Premièrement, il y a deux listes concurrentes pour les élections. Giscard d'Estaing, à la tête de l'une d'elles, cherche à obtenir les voix de la droite, pendant que le leader de l'autre, Simone Veil, s'oppose à cette tendance et essaie de recueillir les voix au centre et du côté de ceux qui, aux législatives, ont voté pour le PS.
2. On peut discerner deux buts. Le premier était de reconquérir, lors des législatives de 1978, l'électorat du centre qu'on avait perdu au profit des socialistes. Le deuxième, passé sous silence, était de concurrencer, à l'aide de cette union, le RPR, fondé par l'ancien Premier ministre en 1976, qui de son côté dénonce tout de suite ce but.

1.4 Les partis de l'UDF

Le Parti républicain (PR)

190.000 adhérents. En 1977, il naquit de la Fédération des Républicains indépendants. Le leader du parti est François Léotard.

Le Centre des Démocrates sociaux (CDS)

49.880 adhérents en 1987. Fondé en 1976, le CDS renoue avec le Mouvement républicain populaire (MRP) d'orientation catholique. Il puise dans son électorat dans les régions à forte orientation catholique de l'Ouest et de l'Est de la France. Après les élections législatives de 1988, il constitua un propre groupe parlementaire (50 députés) en dehors de la fraction de l'UDF, sans pour autant le quitter. Par son abstention ou son approbation, il soutient le gouvernement de Michel Rocard (PS) qui, en 1991 est remplacé par Edith Cresson. Le ministre du Commerce extérieur vient de ses rangs. Le leader du parti est Pierre Méhaignerie.

Le Parti radical-socialiste (PRS)

15.000 adhérents. Ce parti d'orientation laïque est le parti le plus ancien de France. Son nom vient de la lutte contre l'influence de l'église catholique (1905 séparation stricte de l'église et de l'Etat). Le leader du parti est André Rossinot. L'actuel PRS, constitué par la majorité resultant d'une scission qui s'est opérée en 1971, joignit , en 1971, avec le Parti social-démocrate (PSD) et le club «Perspectives et Réalités» l'UDF.

1.5 Le Parti socialiste (PS)

200.000 adhérents en 1987. C'est François Mitterrand qui, en 1971, rassembla plus ou moins l'actuel parti dans la «Convention des institutions républicaines» qui devait représenter la catégorie de plus en plus grande des salariés. En 1972, le PS signa avec le PC le «Programme commun de gouvernement». C'est ce programme qui rendit possible l'ascension au pouvoir et l'élection de François Mitterrand comme Président de la République en 1981. Déjà avant cette date, l'union de la gauche s'était dissoute en raison des succès électoraux remportés par le PS aux dépens du PC qui avait enregistré un net recul. Il y eut cependant 4 ministres communistes dans le premier gouvernement socialiste de Pierre Mauroy en 1981 bien qu'il disposait déjà d'une majorité.
La fin de la coalition gouvernementale survint en 1984 à cause de la politique de rigueur dans le domaine de la politique économique et l'orientation anti-soviétique dans la politique extérieure sous le Président Mitterrand. Les ministres communistes quittèrent le conseil des ministres. Les pertes en voix considérables du PC avaient beaucoup contribué à cette décision.
A cause de la responsabilité gouvernementale, le PS a fortement édulcoré dans son programme les buts de la transformation du système capitaliste en un système socialiste , et il est aujourd'hui un parti plus réformateur qui reconnaît, dans une large mesure, les principes de l'économie de marché et ses avantages.

Organisation

La direction du PS se compose du Secrétariat (15 membres) sous le Premier secrétaire, et du Bureau exécutif (27 membres). Le parti lui-même est organisé en sections au niveau de la commune ou d'un quartier et en fédérations au niveau des départements (représentants des sections). Au Congrès, les représentants des fédérations élisent le Comité directeur (131 membres). Le Comité directeur élit à son tour le Bureau exécutif.

Programme

Les buts étaient une société non-capitaliste et la nationalisation des grandes entreprises, le nivellement des inégalités de revenus trop accentuées et des inégalités dans l'enseignement. De plus, on désirait introduire l'autogestion dans tous les domaines de la société (p. ex. dans les entreprises) et de l'administration (décentralisation et déconcentration). Dans la politique extérieure, on s'alignait sur le concept de l'indépendance nationale tout en soulignant la solidarité avec les pays sous-développés. Aujourd'hui, on souligne, comme l'UDF, le rôle éminent de la Communauté européenne.

Electorat et adhérents

Le PS recrute ses adhérents surtout chez les salariés de la classe moyenne (cadres, enseignants, professeurs du second cycle, etc.). Les courants différents à l'intérieur du parti ne sont pas toujours d'une importance égale à tout moment. Actuellement, le courant «Socialisme et République» soutient la position du centre autour de François Mitterrand. Le «Centre de Recherches et d'Education socialistes» (CERES) comprend environ 15 – 20 pour cent des adhérents.

Les votes en faveur du PS viennent de toutes les couches sociales et dans une large mesure d'une manière égale, de toutes les régions de la France.

Sur le tête de François Mitterrand: Laurent Fabius, Michel Rocard
Sur l'épaule: Lionel Jospin
Assis par terre: Pierre Mauroy
5e: Louis Mermaz

Ecoute 5/1990

Texte 12 – Le PS au début des années 90

Voici deux extraits de Jean-Claude Casanova qui présentent le Parti socialiste au milieu des années 80 et auch début des années 90. Cette période a été marquée par la cohabitation de 1986 à 1988, le nouveau succès de François Mitterand aux présidentielles de 1988 et les élections législatives dans lesquelles ni les socialistes ni l'opposition n'ont obtenu la majorité absolue.

Text A

Regardons de près la véritable situation du Parti socialiste ... Jusqu' aux élections de 1981, il était le seul grand parti socialiste européen à refuser le modèle social-démocrate, à accepter l'alliance avec les communistes. Après son élection, François Mitterand constitue un gouvernement avec les communistes et applique son programme de nationalisations. Mais sa politique de relance échou, et on passe à la rigueur en 1983. Ce changement est accompagné d'une révision idéologique: les socialistes acceptent désormais le rôle de l'entreprise, les règles du marché et l'ouverture des frontières. Le PS assume les moyens nécessaires au redressement: les licenciements, les profits des entreprises ... et la limitation des dépenses publiques et sociales. Vient aussi la rupture avec le Parti communiste. Un seul point du dogme subsiste: les nationalisations. Elles servent d'ancrage à gauche ... et paraissent sans risques électoraux.

Ainsi, le Parti socialiste ressemble de plus en plus aux grands partis socialistes européens: pas d'alliances avec les communistes, économie de marché. S'y ajoute, depuis la politique de rigueur, la pause en matière de redistribution ...

Cette nouvelle orientation des socialistes français dans ce cadre général s'est manifestée lors de leurs congrès ... Les divergences entre les principaux courants se sont considérablement atténuées. Le Céres ... est devenu révisionniste et européen. Le Parti socialiste ne propose plus de nouvelles nationalisations et ne se prononce pas pour des efforts accrus de redistribution. Son thème principal est aujourd'hui la modernisation de l'économie allant de pair avec la solidarité sociale ...

Mais le succès est peu probable ... Le Parti socialiste a dit non au chômage, puis a contribué à l'accroître. Il a nationalisé et réglementé, et se prétend libéral. Il a alourdi la fiscalité d'un groupe central d'électeurs dont il a nié l'existence, mais qui la lui rappelle par ses votes.

De plus, il ne dispose pas des moyens politiques de sa stratégie. Il doit lutter sur trois fronts: l'alliance avec le PC ... ne peut lui resservir pour se maintenir au pouvoir; il a refusé tout accord sur sa droite en faisant participer les communistes au gouvernement, en nationalisant, en conservant le scrutin majoritaire ..., en rouvrant la querelle de l'école libre. Peut-être est-il devenu social-démocrate, mais trop tard ...

Extrait de Jean-Claude Casanova: La conversion tardive; dans: L'Express, 12-07-85 (texte abrégé et adapté)

Text B

A en croire la presse, les socialistes vont mal; pour François Mitterand, au contraire, ils se portent à merveille ... En tout cas: le parti se confond aujourd'hui avec la gauche entière.

Les communistes n'occupent que quelques municipalités déshéritées et ont perdu de leur attrait. Ils ... rêvent du sort de leurs homologues de l'Allemagne de l'Est, qui, eux, dépassent la barre des 10 %, mais ils ne font qu'inspirer la pitié. Pourtant, les socialistes les cajoleront encore pour éviter que ... des irréductibles ne nuisent à la gauche lors du second tour des élections. Son faible poids condamne le PC soit à provoquer la défaite du PS au prix de sa propre survie au Parlement, soit à se contenter de modestes oboles, lors des accords locaux par exemple ... La disparition du Parti communiste autorise le PS à gouverner de la même manière que les autres socialistes européens, en acceptant le marché et l'ouverture des frontières d'où la fin de l'exception française. Depuis longtemps, les partis socialistes ne sont plus ni révolutionnaires ni internationalistes. Leur essence historique tient toujours à la réaction ... contre certaines conséquences de l'industrialisation et du progrès économique et à la proposition de réorganisation de société dans laquelle l'Etat tient le rôle principal.

Aujourd'hui, il leur faut bien accepter que le capitalisme ..., amendé par le Welfare State, est devenu plus efficace que tout autre modèle ... et que les électeurs qui le défendent n'ont pas disparu. Seule reste dans leur programme la redistribution des richesses, limitée elle-même par la compétition internationale et par la lutte démocratique ...

Aujourd'hui, partout en Europe, les partis socialistes, sont devenus conservateurs ... La cantate égalitaire et la menace de l'extrême droite remplacent désormais le rôle de l'hymne républicain et du péril clérical. Cette position, qui combine l'idée de progrès avec la stabilité, le capitalisme avec la sécurité sociale, présente un avantage, car elle synthétise le rêve et la réalité ... François Mitterand a créé le PS pour être élu, et son triomphe est de l'avoir amené sur la terre promise du pouvoir sans lui avoir annoncé le lieu de destination.

Mais le PS ne doit pas s'imaginer que les progrès du salariat et de l'éducation conduisent tout naturellement à une majorité politique symétrique de la majorité sociale. Les sociétés capitalistes produisent aussi des libéraux qui votent à droite sans être nécessairement matérialistes, aliénés ni mal informés ... Ce sont parfois des électeurs qui veulent choisir librement l'usage de leurs revenus et que l'Etat tutélaire ne satisfait pas ...

Extrait de: Jean-Claude Casanova: L'état des gauches; dans: L'Express, 06-04-90 (texte abrégé et adapté)

Questions

1. Est-ce que, dans les deux extraits, on peut constater une vue différente sur le Parti socialiste?
2. Résumez le dévoleppement à l'intérieur du PS.

Solutions

1. En 1985, l'auteur n'est pas très convaincu du succès futur à cause de la politique peu réaliste jusqu'alors (ce qui s'est d'ailleurs révélé vrai lors des élections législatives de l'année 1986). D'après l'auteur et par rapport à l'année 1985, le PS semble, aujourd'hui, avoir enterré toute idée de coopération avec le PC au niveau national, mis à part les accords dans les municipalités. Il évite de proposer de nouvelles nationalisations ou de mettre en question l'économie du marché tout en soulignant la solidarité nécessaire si les finances ou les majorités le permettent.
   A cause de ce rôle réduit du PC, les socialistes se voient en mesure de s'ouvrir davantage vers un électorat qu'ils croyaient en voie de disparition. Le PS a revêtu l'habit conservateur de ses partis frères de l'Europe de l'Quest et se présente comme le seul représentant de la gauche française, qu'elle soit réaliste ou encore rêveuse.
2. Fondé par François Mitterand dans le but de conquérir la présidence, le parti incorporait des courants d'orientations assez différentes (des sociaux-démocrates jusqu'aux partisans d'une étroite coopération avec le PC). Ce but exigeait la coopération ou le soutien du PC au moins jusqu'aux présidentielles. Après l'arrivée au pouvoir, les réalités économiques et politiques ont cependant exigé l'abandon de buts, comme par exemple, d'une redistribution des richesses, et, de congrès en congrès, le parti entier a dû s'y conformer pur conserver ou regagner le pouvoir. Cette conversion a permis au PC de rompre avec la politique gouvernementale. Aujourd'hui, la «cantate égalitaire» doit cacher l'acceptation des lois du marché, et l'extrême droite a remplacé le «péril clérical» évoqué lors de la «querelle de l'école libre».

1.6 Le Parti communiste de France (PCF)

104.000 adhérents en 1985. La diminution du nombre des salariés dans le secteur de l'industrie, l'évolution dans la politique internationale, l'attirance du PS pour les électeurs et le manque d'adaptation du côté des fonctionnaires du parti (exclusion de réformateurs) firent baisser le taux de votes obtenus aux élections. Le fait de s'aligner derrière la politique extérieure de l'Union soviétique, sans discussion et sans faille, mena assez souvent à la rupture entre les partisans d'une réforme du parti et l'appareil politique avec son Secrétaire général controversé, Georges Marchais, qui s'oppose même à la politique de réforme de Gorbatchev. L'influence actuelle vient avant tout des liens étroits avec la Confédération générale du Travail (CGT), le plus important syndicat de France.

Organisation

Le PC est dirigé de la centrale du parti suivant l'exemple de l'organisation des partis communistes. Autrement dit, l'organisation a pour base la cellule (groupement au sein d'une entreprise ou d'une commune), passe par la section (représentants des cellules) jusqu'à la fédération (l'ensemble des représentants des sections d'un département). Le Congrès, composé des représentants des fédérations, élit le Comité central, l'assemblée suprême entre les Congrès qui se tiennent tous les deux ans. Le Comité central élit à son tour les 17 membres du Bureau politique. Le Secrétaire générale est le leader du parti, et c'est de lui que partent les directives et les propositions de résolution pour suivre la voie hiérarchique.

Programme

Sur la base de la lutte des classes, le PC aspire à la transition vers le socialisme et, ensuite, vers le communisme tout en se réservant la possibilité de détours tactiques. Ainsi, la réalisation de ce but se fera sur la voie démocratique et «aux couleurs de la France».

Les 40 ans du déclin du PCF

PCF: Die vierzig Jahre des Untergangs (1946–1986)
(in Prozent der abgegebenen Stimmen)

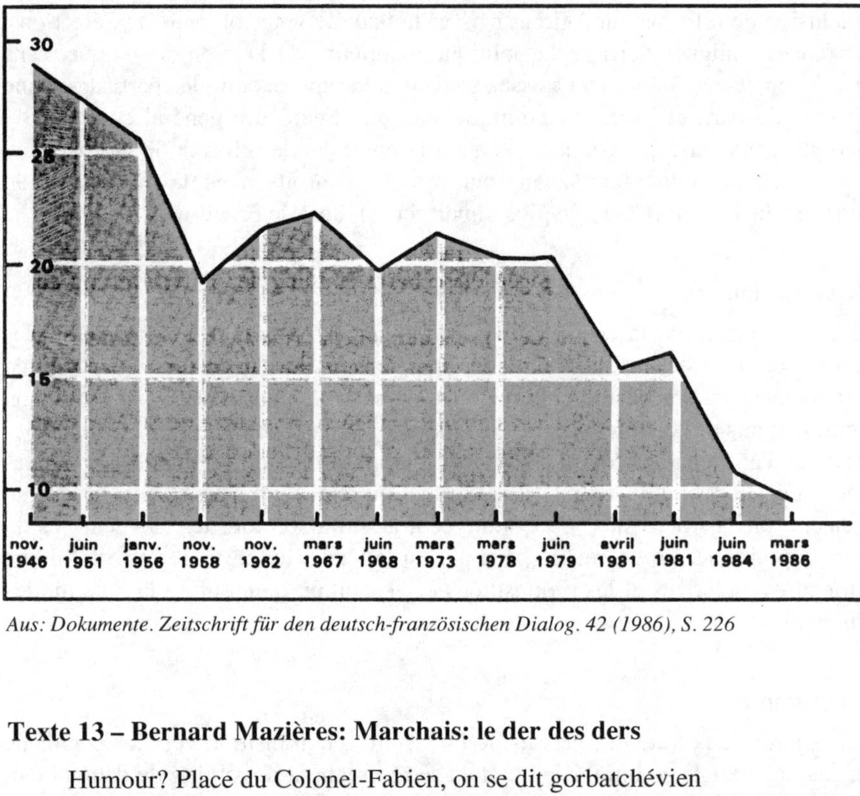

Aus: Dokumente. Zeitschrift für den deutsch-französischen Dialog. 42 (1986), S. 226

Texte 13 – Bernard Mazières: Marchais: le der des ders

Humour? Place du Colonel-Fabien, on se dit gorbatchévien

Dans la galaxie communiste, en Europe, s'il ne reste qu'un «archéo», il s'appellera Georges Marchais. En RDA, même le très rigide Erich Honecker, sous la pression de la rue, doit aujourd'hui composer avec Mikhaïl Gorbatchev. En France, le secrétaire général du PCF, qui, depuis dix-neuf ans, a, successivement et indifféremment, encensé Leonid Brejnev, Constantin Tchernenko et Iouri Andropov, affecte désormais d'être le premier gorbatchévien de Paris. Mais cela ne trompe personne. Marchais, en son for intérieur, espère, tôt ou tard, un échec du n° 1 soviétique. Car, même si le PCF est devenu, au fil des ans, un parti marginal, donc bien peu important sur la scène internationale, il peut, demain, si la gorbimania persiste, être à son tour rudement secoué. Signe révélateur, en dépit du verrouillage de l'appareil du Parti par le «camarade Marchais»: l'ancien ministre Charles Fiterman, après des années de silence forcé, vient de se décider à dire publiquement tout ce qu'il gardait sur le coeur depuis longtemps.

Le Parti communiste français court, selon lui, au suicide; sa seule planche de salut: imiter Moscou.

Dans un esprit «fraternel et constructif», Fiterman propose, ni plus ni moins, de «refonder une identité communiste moderne». Au panier, la mortelle stratégie du repli, défendue par les apparatchiks du PCF. Au panier, le fonctionnement d'un autre âge de la Place du Colonel-Fabien. Vive Gorbatchev! Il faut moderniser. Un sentiment que partagent, avec lui, deux autres ministres des temps maudits de l'union de la gauche: Jack Ralite et Anicet Le Pors, lequel réclame carrément une «perestroïka à la française». Le quatrième larron des gouvernements Pierre Mauroy, Marcel Rogout, avait déjà pris depuis belle lurette ses distances.

Sale temps pour Georges Marchais! Il n'en finit pas de se faire lâcher par les siens et d'être accusé de «ringardisme». Celui qui s'est autoproclamé «champion de la perestroïka» – à l'entendre, il l'aurait découverte bien avant le grand frère! – n'en a cure. Le secrétaire général est aux commandes, et pour longtemps. Plus à un paradoxe près, Marchais-le-gorbatchévien n'hésite pas, selon ses détracteurs, à utiliser des «procédés staliniens» pour envoyer dans les cordes ses rivaux. Fiterman, son ancien n° 2, réclame-t-il un «grand travail d'approfondissement idéologique et politique»? Rien à voir, circulez, il ne se passe rien. Avec un aplomb inégalé, comme au bon vieux temps d'un communisme pourtant passé de mode, Marchais se félicite que le comité central, «à la quasi-unanimité», approuve «sa» politique, dite «de rassemblement et d'ouverture audacieuse». Elle commencerait à porter ses fruits. Confidence couperet d'un membre du comité central: «Fiterman a signé son arrêt de mort. Comme, avant lui, Pierre Juquin et Marcel Rogout, pour ne prendre que les derniers contestataires en date. Nous sommes dans un parti stalinien, ne l'oublions pas!»

Marchais, lui, ne l'oublie pas. Mieux, il y veille. Il sait que le PCF, réduit aujourd'hui à l'état de secte, est en réalité le dernier des soucis de Mikhaïl Gorbatchev. L'ami Georges a encore de beaux jours devant lui pour faire le ménage.

Bernard Mazières: Marchais, le der des ders; dans: L'Express, 27-10-89

Ecoute 5/1990, p. 22

Questions

1. Résumez les reproches faits au secrétaire général du PC.
2. Comment l'auteur essaie-t-il de prouver son jugement?
3. Au début des années 90, l'attitude de G. Marchais semble encore plus dépassée. Pourquoi?

Solutions

1. Tout d'abord, on lui reproche, et à travers lui au PC, d'avoir suivi sans encontre tous les changements du parti communiste de l'Union soviétique à l'exception du dernier parce qu'il espérait un échec de Mikhaïl Gorbatchev.

Cette attitude aurait contribué à la marginalisation du PC. Ensuite, à l'intéreur du parti, il reprimerait tout membre critique et tout essai de modernisation, c'est-à-dire de démocratisation, par l'application de méthodes staliniennes.

2. Il manifeste déjà son opinion dans le titre de l'article où il a souligné le manque de volonté de réformes. Ensuite, il oppose à Georges Marchais l'exemple du secrétaire est- allemand. Puis, témoins à l'appui, il nous fait entrevoir l'enjeu de la discussion interne. Les citations des ex-ministres Fiterman, Ralite et Le Pors servent à exprimer la critique des membres. Suivent des citations de Georges Marchais pour souligner les pratiques staliniennes et la langue de bois des déclarations officielles. La preuve ultime cependant est la dernière citation d'un membre du comité central resté anonyme.
3. Face aux événements en Europe centrale et de l'Est, G. Marchais ressemble à un fossile dans un paysage politique évolué (cf. caricature de Plantu).

1.7 Les Verts (Les Ecologistes)

Né de l'union de plusieurs groupements (entre autres la Confédération écologiste et le Parti écologiste), fin janvier 1984, ce parti obtint lors des élections communales de 1989 de surprenants résultats (plus de 10 pour cent) dans l'Ouest, en Alsace, dans la région parisienne et autour de Lille.

Texte 14 – J.-S. Stehli - M. Collot: La nature des Verts

Ils ont surgi presque partout en France. La plupart n'ont pas l'intention de se laisser récupérer.

Ils sont heureux, les Verts. Mais, d'abord, ils n'en croient pas leurs yeux. Jamais ils n'avaient réalisé un tel score aux élections. Présents dans 175 villes de France de plus de 3.500 habitants, les écologistes triplent presque leur nombre de voix en six ans et multiplient par deux celui de leurs sièges dans les conseils municipaux: 926. Deux fois plus que le Front national, pourtant plus largement implanté, mieux structuré, avec un vrai leader. Mulhouse, Strasbourg, Besançon, Quimper, Colmar, Lorient, Orthez, Le Puy, Riedisheim, Saint-Rémy-lès-Chevreuse, Saint Brieux, Bar-le-Duc: les écologistes font un véritable carton. Dans 24 villes, ils dépassent – parfois largement – le seuil magique de 10 %, qui leur ouvre les portes du second tour. Et dans 42, avec un score compris entre 5 et 10 %, ils pèsent suffisamment lourd pour négocier des accords de fusion leur garantissant des sièges supplémentaires et un poids réel dans la vie locale.

«Pendant longtemps, on nous a pris pour des rigolos, et maintenant on veut nous récupérer», tonne le leader des Verts à Cholet, dont la liste a obtenu près de 13,5 % des voix. Mais cette volée de bois vert ne fait pas rire les partis traditionnels. D'autant que, cette fois-ci, plus question, pour les écolos, de rejoindre automatiquement la gauche ni de jouer la force d'appoint du PS. «Nous serons le gravier dans la chaussure des partis», assurent les écologistes lyonnais. A quelques exceptions près – Lille, Caen et surtout Talence, avec l'ancien ministre socialiste Catherine Lalumière – ces mauvais garnements font la sourde oreille à la cour pressante des partis. En se maintenant au second tour, ils évitent d'arbitrer des duels serrés entre droite et gauche, comme à Strasbourg, à Quimper ou à Lorient. «Personne n'a le monopole du combat écologique», avertit un Michel Rocard exaspéré.

Quel chemin parcouru par les amis de la nature, depuis la candidature un peu folklorique de René Dumont – sorte de Pr Tournesol – à la présidentielle de 1974! «Les Français en ont marre de la débauche d'asphalte», affirme, en guise d'explication, Antoine Waechter, candidat des Verts à la dernière présidentielle, et dont le look cheveux courts-loden vert a fait oublier la rime «écolos, folklos». «Après le deuxième choc pétrolier, dans les années 70, nous étions au creux de la vague. On se préoccupait moins de béton et plus de chômage. Aujourd'hui, les gens se sont aperçus qu'il ne suffisait pas de changer la couleur de l'Elysée pour que ça bouge. Et Tchernobyl est passé par là.

Une explication un peu trop simple pour convaincre tout à fait. «Depuis longtemps, on peut noter des corrélations géographiques entre le vote écologiste, le vote Front national et l'abstention: ils touchent tous des zones de flottement de l'électorat», analyse le sociologue Emmanuel Todd, dans «Libération». L'Est est la terre traditionnelle d'implantation des Verts. La pollution du Rhin ou les nuisances des industries chimiques de Bâle mobilisent depuis longtemps les Alsaciens, et nos écologistes ont l'habitude des contacts avec les «Grünen» allemands et suisses. Mais c'est aussi dans ces «marches» que le FN réussit ses meilleurs scores: plus de 21 % à Mulhouse, 14,50 % à Strasbourg, par exemple.

Pour une part non négligeable, les écolos ont aussi rallié des déçus de la gauche: une protestation plus confortable moralement que le vote Front national. Pourtant, leur succès ne se limite plus à ces bastions d'Alsace et de Basse-Normandie, où les combats contre l'usine de la Hague ont formé une génération de Verts. Le phénomène s'est ouvert de nouveaux horizons, il s'est exporté. «Il y a homogénéisation du vote écologiste. Et nous sommes désormais présents partout, analyse Antoine Waechter. Ainsi, c'est au Puy-en-Velay que nous réalisons notre meilleur score pour une ville de plus de 30.000 habitants.» Ce sont les projets de barrage sur la Loire qui ont favorisé le vote vert. A Quimper, autre exemple, les plans de construction d'un parking près de la cathédrale et d'une usine d'incinération sont autant d'arguments pour des défenseurs de l'environnement, qui peuvent désormais se prévaloir de l'inquiétude des gouvernements, face aux menaces qui pèsent sur la planète.

Les municipales ne seront-elles qu'une éclaircie pour les écolos? Ils sont persuadés du contraire. Les partis politiques, en tout cas, ont pris bonne note de ce coup de semonce. Le RPR, dès lundi, nommait un «M. Environnement». Une élection ferait-elle le printemps?

Jean-Sébastien Stehli, Marion Collot: La nature des Verts; dans: L'Express, 17-03-89

Questions

1. Les auteurs comparent les Verts avec le FN. Résumez ce qu'ils écrivent.
2. Décrivez ce qui se passe entre les deux tours des municipales.
3. Qu'est-ce qui a changé lors de ces élections?
4. Comment est-ce qu'on explique la montée des écologistes?
5. Quelles sont les réactions au succès des Verts?

Solutions

1. Les Verts ont, à l'encontre du Front national, une structure beaucoup plus faible, ne sont pas aussi bien implantés et manquent d'un vrai leader. Néanmoins, ils ont obtenu deux fois plus de sièges dans les municipales que le FN. D'après les auteurs, les Verts puisent en partie dans le même électorat que le FN, les indécis et les déçus de la gauche.
2. Les partis ayant obtenu plus de 10 % des voix ont le droit de se présenter au second tour. Là où ce n'est pas le cas, les partis restés au-dessous du seuil des 10 % mais au-dessus de 5 % peuvent marchander avec les partis du second tour pour signer des accords de fusion en vue de sièges supplémentaires et, ainsi, d'une influence plus grande en échange des voix qu'ils peuvent apporter.

3. Malgré leur succès grandissant, les Verts refusent de joindre automatiquement le camp de la gauche et évitent d'apporter leur poids aux décisions entre la droite et la gauche pour la majorité à la municipalité. Quant à leur manière de se présenter au public, il faut constater que l'image des «écolos, folklos» a été remplacée par un look plus sérieux.
4. Du côté des Verts, on souligne que le paysage économique et ainsi les préoccupations des gens ont changé et que le changement à l'Elysée n'a en rien amélioré la politique de l'environnement. Les auteurs offrent une explication d'ordre géographique et écologique – l'implantation des Verts s'expliquerait par les problèmes écologiques visibles et le voisinage avec les partis écologiques allemand et suisse, et une autre explication d'ordre politique, elle: un électorat composé de protestataires dans les régions où le FN récupérerait aussi sa clientèle.
5. Le parti socialiste se sent quelque peu trahi par les Verts et mal compris des électeurs. Le RPR essaie de monter dans le train en marche et vient de nommer un «Monsieur Environnement».

1.8 Le Front national (FN)

Plus de 100.000 adhérents. Fondé en 1972 par Le Pen et d'autres, le FN obtint lors des élections européennes de 1989 (scrutin proportionnel) plus de 10 pour cent des suffrages. Lors des élections présidentielles de 1988, son leader Le Pen arriva même à plus de 14 pour cent.

Programme

Avec sa campagne contre l'envahissement par les travailleurs immigrés et leurs familles, le FN a eu un impact dans l'électorat français, à gauche comme à droite. L'attribution de la croissance du chômage et de la délinquance à l'immigration est accompagnée de la revendication de lois plus sévères et de la peine de mort. Des propos antisémites renforcent le soupçon de la proximité au national-socialisme. Le FN se prononce pour la souveraineté intégrale de la France et s'oppose donc à l'union européenne.

Electorat et adhérents

Les régions principales, où le FN trouve son soutien, sont la côte de la Méditerranée (régions de prédilection pour les pieds noirs, les anciens colons d'Algérie), le Sud-Est aussi bien que l'Ile-de-France ou l'Alsace avec un taux élevé de travailleurs immigrés. Ce sont les Français touchés par le chômage ou menacés par ce problème ou des électeurs mécontents qui votent pour le FN.

Texte 15 – Pascal Perrineau: Le FN a la vie dure

De 1984 à 1988, les projecteurs furent souvent braqués sur ce nouveau venu de la scène politique qu'était alors le Front national. Sa brusque apparition, sa percée confirmée dans toute une série de scrutins de 1985 à 1988, le parfum de scandale qui entourait son leader, la France malade que le symptôme Le Pen faisait découvrir, il n'en fallait pas davantage pour tétaniser une partie de l'opinion publique, abasourdie par le score de 15 % obtenu par Jean-Marie Le Pen lors de l'élection présidentielle du 24 avril 1988. La décrue qui suivit, lors des législatives et des cantonales du printemps et de l'automne 1988 et lors des récentes municipales, donna l'impression que le phénomène s'évanouissait. Les actes des décès du Front national se multiplièrent et de nouveaux thèmes – l'ouverture, la poussée verte ou encore la querelle des Anciens et des Modernes de l'opposition – reléguèrent le Front au magasin des accessoires. C'était oublier que, avec 9,7 % des voix aux législatives de juin 1988, le FN était au niveau de mars 1986, ce qui fut alors salué comme une performance, et que les scores modestes enregistrés lors des cantonales de 1988 et des municipales de mars dernier traduisaient plus la difficulté de trouver des candidats que des électeurs. Le parti d'extrême droite continue de drainer environ de 7 à 8 % des suffrages exprimés. Avec ce petit capital électoral, le FN garde un redoutable pouvoir d'empêchement. Empêchement d'une victoire de la droite, qui, sans son aile extrême, n'a pas de majorité en France; empêchement d'un large consensus, dans la mesure où le Front national attise clivages, fractures et intolérances; empêchement, enfin, d'une réelle décrispation de la vie politique, car la formation de Jean-Marie Le Pen entretient un climat d'inquisition qui séduit les nostalgiques des guerres civiles froides.

Isolé, le Front national, comme toute formation extrémiste dans un système à dominante majoritaire, est incapable d'emporter une mairie de grande ville. Mais il fait sentir tout son pouvoir de nuire en faisant perdre la droite classique par son maintien ou de mauvais reports au second tour. Avignon, Beauvais, Cergy, Châteauroux, Dunkerque, Maubeuge, Mulhouse, Orange, Tourcoing ou, encore, Strasbourg ont ainsi été perdus. Le FN parvient à ne faire que la figuration lorsqu'une dose de représentation proportionnelle lui permet ça et là de glaner quelques élus. Associé à la droite modérée, il effraie toute une partie de l'électorat centriste et fait perdre l'opposition. Les rares cas d'alliance municipale FN-RPR-UDF se sont tout soldés par un échec.

L'alternative, pour le Front national, n'est donc pas la défaite ou la victoire, mais la défaite en solitaire ou le naufrage à deux. Cette alternative rien moins qu'exaltante peut, à terme, lasser certains de ses électeurs et favoriser l'entreprise de reconquête engagée par le RPR et l'UDF. Mais la pérennité de la protestation sociale qui nourrit le FN, les turbulences qui agitent l'opposition et la logique proportionnaliste des élections européennes excluent toute désintégration à brève échéance de son électorat. Le bras de fer engagé depuis six mois entre droite modérée et droite extrême sera de longue durée.

Pascal Perrineau: Le FN a la vie dure; dans: L'Express, 19-05-89

Questions

1. Comment s'expliquent, d'après P. Perrineau, les scores obtenus par le FN?
2. Quelle est la politique poursuivie par le FN?
3. Quels sont les pronostics donnés par l'auteur?

Solutions

1. De 1984 jusqu'au printemps 1989, le FN a toujours obtenu un score de 7 à 8 % des suffrages. Les 15 % obtenus lors des présidentielles par Le Pen représentent un maximum explicable par la montée du parti accompagnée de scandales dans une France irritée. La forte baisse lors des élections suivantes est plutôt due au manque de candidats se mettant à la disposition du parti qu'au manque d'électeurs.
2. Etant bien conscient de l'impuissance de l'emporter au scrutin majoritaire et du fait que la droite modérée se retrouve dans l'impossibilité de vaincre sans les extrémistes, le Front national fait peser son poids pour empêcher le consensus à droite. Dans ce but, il essaie d'entretenir un climat d'intolérance et d'inquisition qui ressemble à celui d'une guerre civile, et de profiter à la fois de la discorde à l'intérieur de la droite modérée et de la tension sociale.
3. Le FN pourra, à brève échéance, bloquer le consensus de l'opposition et, par là, empêcher une victoire élective parce que toute alliance avec ce parti extrémiste a été vouée à l'échec à cause du rejet des électeurs modérés. La droite divisée n'arrivera pas à désintégrer à court terme l'électorat du FN tant qu'il y aura encore des élections au scrutin proportionnel, comme c'est le cas pour les européennes.

2 A la recherche d'une majorité parlementaire

2.1 Le développement politique sous la Ve République

C'est par la Ve République de 1958 qu'on chercha à remédier à l'instabilité de la IVe République avec son régime d'assemblée qui vit 19 gouvernements se succéder depuis 1946. L'article 4 de la nouvelle constitution attribua aux partis la seule tâche de participer aux élections. La responsabilité du pouvoir exécutif devant l'Assemblée nationale fut considérablement réduite. Le Président de la République définit par l'intermédiaire du Premier ministre , qu'il nomme, les grandes orientations de la politique nationale. Ceci fut la règle surtout jusqu'en 1986 (Cf. schéma p. 10), l'année du début du gouvernement de cohabitation. Ce gouvernement s'appuyait sur une majorité de droite , mais fut nommé par le Président de la République soutenu par le Parti socialiste.
Le rôle et les fonctions des partis politiques paraissent donc assez limités dans le «régime présidentiel», qu'on dit aussi ressembler à une «monarchie républicaine». Il importe cependant de souligner les faits suivants:

- Les candidats à la présidence ont besoin d'un large soutien des partis, comme on a pu l'observer, une fois de plus, en 1988, lors des faibles résultats obtenus par Raymond Barre
- Le gouvernement doit s'appuyer sur une large majorité dans l'Assemblée nationale, s'il veut éviter une trop grande dépendance du Président. Et c'est précisément la période de la cohabitation qui renforça le poids de l'Assemblée
- La décentralisation et la régionalisation continuent à augmenter l'influence des partis au sein des différents conseils. (Cf. chapitre «Centralisation et décentralisation»)
- L'influence des partis politiques dépend étroitement du mode de scrutin en vigueur (scrutin majoritaire ou proportionnel; listes uninominales; etc.). Les élections à la proportionnelle renforcèrent en 1986 la position des appareils des partis et celle des fractions de l'Assemblée.
- Le nombre des adhérents avancé par les partis (voir plus haut) correspond plutôt à leurs désirs qu'à la réalité.

Malgré les buts opposés que s'était fixés la constitution de 1958, on commença bientôt à parler d'un Etat-UDR, sous la présidence de Giscard d'Estaing d'un Etat-UDF, et puis d'un Etat-PS, c'est-à-dire de l'essai de réserver les positions et postes de première importance dans l'administration, les mass-média ou dans les entreprises d'Etat à des personnages au moins proches du parti majoritaire. En

général, on voit dans le scrutin direct et majoritaire les raisons d'une influence croissante des partis qui se voyaient dans l'obligation de mettre sur pied un appareil de parti efficace mais coûteux bien que le nombre des adhérents laisse à désirer.
Généralement, on peut constater une tendance à essayer de devenir des partis populaires, surtout chez le RPR et le PS. Les partis qui tiraient autrefois leur force de quelques personnalités très influentes commencent alors à s'orienter dans ce sens.
Au début de la Ve République, les gaullistes et les communistes étaient considérés comme groupements politiques de la plus grande influence. Aujourd'hui, au contraire, on parle déjà d'un tri- ou quadripartisme au lieu de l'ancienne bipolarité:

– sur la gauche, le PC avec des votes en forte baisse (surtout depuis la rupture avec le PS en 1984),
– au centre gauche, le PS, avec à droite le RPR et l'UDF,
– sur la droite, le Front national.

Les termes de «gauche», «droite» ou de «centre» perdent cependant de plus en plus leur signification et se voient remplacés par des valeurs d'ordre général telles que «justice», «fraternité» ou d'autres.

Texte 16 – Olivier Duhamel: Quelle majorité?

Pour la première fois au cours de la Ve République, deux partis ont effectué une alliance électorale[1] sans que lui corresponde une volonté de conduire ensemble les affaires du pays. Comment gouverner? Si l'on écarte l'hypothèse absurde d'une cohabitation bis entre François Mitterrand et la droite, et celle -qu'aucun drame national ne justifie - d'une grande coalition PS-RPR-UDF, il ne reste le choix qu'entre trois solutions.

1. Une majorité d'union de la gauche. Elle existe électoralement et arithmétiquement. Mais elle n'existe plus ni politiquement ni idéologiquement. Les socialistes glorifient l'Acte unique européen que les communistes honnissent. Le PC demande des nationalisations, pas Mitterrand. Le PS a appris le réalisme gouvernemental, le PC exige le Smic à 6.000 francs. Il défend le système soviétique, dans lequel les socialistes ne se reconnaissent évidemment pas. L'union de la gauche a produit, produit et produira des arrangements politiciens, rien de plus.

2. Une majorité entre socialistes et centristes. Elle pourrait exister politiquement et idéologiquement. L'Europe est leur idéal, la solidarité leur exigence, le pluralisme leur culture. Les succès du Front national les rapproche, en leur offrant un ennemi commun. Mais cette majorité n'existe pas électoralement. Pis, les élections poussent socialistes et centristes à l'affrontement.
   Celles qui viennent d'avoir lieu, puisque barristes et CDS ont toujours été élus en alliance antisocialiste avec le RPR, souvent avec le renfort de voix lepénistes. Celles qui auront lieu demain, puisque la classe politique est déjà rivée sur les cantonales de septembre, où le scrutin majoritaire renverra les socialistes au désistement communiste, les centristes à leur appartenance au bloc de la droite.
3. Une majorité socialiste relative. Telle est la solution pour l'instant mise en oeuvre. Elle présente des avantages: la fidélité des uns et des autres à leurs engagements électoraux, l'obligation pour le gouvernement de rechercher des consensus durables, comme celui sur la Nouvelle-Calédonie. Un tel mode de gouvernement peut durer. Mais il renferme également des risques. Les majorités alternatives peuvent donner une impression de combinaisons. Un gouvernement minoritaire n'est pas à l'abri d'une coalition hétéroclite d'un mauvais jour pour le renverser. En toute hypothèse, il ne donne pas au gouvernement l'assise large qu'une grande partie des Français souhaite.
   La question devient alors de savoir si la troisième solution pourrait n'être qu'une transition vers la deuxième, le gouvernement minoritaire une parenthèse vers une nouvelle alliance. Tel paraît être le voeu mitterrando-barro-rocardien. Reste que, pour être mis en oeuvre, il exigerait une volonté et un courage politiques dont on n'a aperçu, jusqu'à présent, que l'esquisse de l'ébauche.

[1]Aux législatives de 1988, le RPR et l'UDF

Extrait de: Olivier Duhamel: Quelle majorité? dans: L'Express, 01-07-88

Questions

1. Pourquoi O. Duhamel exclut-il une union de la gauche?
2. Quels seraient les atouts et les difficultés d'une majorité composée de centristes et de socialistes?
3. Quelles sont les faiblesses de la troisième possibilité décrite par l'auteur?

Solutions

1. Cette solution est, malgré la possibilité numérique, exclue parce que les buts politiques diffèrent trop. Le PS se prononce pour l'union européenne de plus en plus intensifiée et un certain réalisme dans les mesures prises par le gouvernement et votées par l'assemblée pendant que le PC abhorre la solution européenne, réclame des subventions irréelles et favorise un régime politique adémocratique.
2. Les atouts seraient les buts politiques que les partis auraient en commun: l'union européenne, l'accent mis sur la solidarité sociale et le pluralisme et, en même temps, un ennemi commun, le FN. A une telle coalition s'oppose cependant le fait qu'aux élections passées et futures, l'électorat et les partis eux-mêmes se retrouvent dans les camps opposés de la droite et de la gauche, ceci dû au scrutin majoritaire.
3. Elle est d'actualité, mais, malgré la possibilité pour chaque parti de poursuivre ses buts présentés lors des élections et la nécessité de compromis pour le gouvernement, il y a toujours le risque d'un renversement du gouvernement sans alternative immédiate. O. Duhamel n'y voit qu'une phase de transition vers la deuxième majorité sans pouvoir en assurer la réalisation.

Texte 17 – Jean-Claude Casanova: Une nouvelle donne?

Partons d'une évidence. Depuis quinze jours, le paysage politique français est bouleversé. Les causes immédiates sont simples. Au second tour de l'élection présidentielle, la droite a subi une défaite complète, suivie d'un demi-échec aux municipales. La proximité des élections européennes offre l'occasion du tumulte. Le caractère de ce scrutin à la proportionnelle et sans enjeu immédiat suspend les contraintes du vote majoritaire et le partage en deux camps. Il autorise donc, du côté des perdants d'hier, l'expression des dépits et des espoirs, des convictions et des ambitions.

Les causes profondes sont plus intéressantes. J'en vois trois. La première tient à l'absence de lignes de fracture claires entre la droite et la gauche. Le danger communiste s'est estompé. Les socialistes se sont convertis au capitalisme. Le gaullisme s'est affadi, au point de ne plus constituer un signe de ralliement. Les centristes ont sans doute été vaincus en 1981, mais leurs idées sur l'Europe ont conquis leurs farouches vainqueurs. Il en résulte une extrême fluidité du champ politique, d'autant que, et c'est la deuxième cause, la structure des partis est faible en France, surtout à droite, et notamment à l'UDF. Ce caractère historique se trouve renforcé par le scrutin d'arrondissement, par le cumul des mandats, qui a remplacé des notables assis sur des patrimoines privés par des notables financés sur des fonds publics, et par la médiatisation, qui nous vaut l'irruption dans l'arène de personnalités remarquables, comme M. Tapie.

Enfin et surtout, l'élection du président de la République au suffrage universel domine la vie politique et ajoute une troisième cause de désorganisation. A droite, les partis sont ou trop faibles ou trop hiérarchisés pour organiser une véritable procédure de sélection des candidats présidentiels. Il en résulte une lutte permanente pour les places, l'autoproclamation des aspirants à la magistrature suprême et des chassés-croisés surprenants. Ainsi, on a vu le CDS d'abord se refuser à toute entente avec le RPR pour cause d'opposition doctrinale, puis réclamer frénétiquement l'union pour d'autres raisons.

...Etant donné que dans l'opposition tout entière les conflits doctrinaux ont disparu – même sur l'Europe – et que les circonscriptions électorales sont réparties de façon telle que chacun – mode de scrutin oblige – évite de chasser sur le terrain de l'autre, il ne reste plus que le jeu des ambitions présidentielles et le conflit des générations, terme noble pour désigner l'art océanien de secouer le cocotier. L'union, la régénération, concepts médiatiquement scandés, dissimulent l'absence totale de débat d'idées.

Si le paysage des droites ressemble de plus en plus à un terrain dévasté par les tirs croisés, qu'en est-il à gauche? Le Parti socialiste connaîtra, un jour, les effets de la course à l'Elysée. Avec une situation économique satisfaisante, François Mitterrand, pour l'instant, règne au bénéfice des circonstances et sans que la gauche soit majoritaire dans le pays. Le parti communiste est juste bon à donner à la droite la municipalité de Sarcelles et à apporter au Parlement, en alternance avec quelques centristes, son soutien au gouvernement.

Extrait de: Jean-Claude Casanova: Une nouvelle donne? dans: L'Express, 21-04-89

Questions

1. Comment J.-C. Casanova s'explique-t-il le bouleversement du paysage politique d'antan?
2. Résumez la description de la situation actuelle.

Solutions

1. D'abord, la vieille confrontation entre la gauche et la droite a perdu son impact. Ceci vient, d'un côté, de la marginalisation du PC, de la baisse d'attraction idéologique du socialisme et du gaullisme et, d'un autre côté, du fait que le but de l'union européenne du centre, malgré l'échec de celui-ci, a conquis leurs concurrents politiques (PS/RPR). A cela s'ajoutent la faiblesse organisatrice des partis, surtout du côté du centre et de la droite, et l'importance croissante des médias. Reste la dominance des présidentielles pour lesquelles les partis de la droite seraient trop désorganisés pour réunir une sélection efficace d'un candidat.
2. Entre les partis de la droite, il n'y a plus de «conflits doctrinaux» et le «débat d'idées» a été remplacé par le conflit des générations et la concurrence pour la présidence. Même aux élections, on évite à cause du mode de scrutin une concurrence trop ambitieuse. A gauche, devant l'arrière-plan d'une embellie économique, le Président et le PS avec son gouvernement minoritaire peuvent compter sur l'appui d'un PC affaibli ou de quelques centristes. Mais, à l'avenir, le PS aura à souffrir de son soutien au Président.

Texte 18 – Valéry Giscard d'Estaing: Ce qui sépare la droite de la gauche

En tout cas, ce n'est plus ce qui les séparait hier, quand subsistait encore une culture politique héritée du XIXe siècle! Nous nous rapprochons de la situation que connaissent les Américains: ils se partagent entre démocrates et républicains. Les démocrates savent parfaitement que certains des leurs sont plus à droite que la moyenne des républicains, et inversement. La différence ne tient plus, pour l'essentiel, à un positionnement théorique sur l'échiquier, mais au comportement général du groupe dont un homme est, au moment de la présidentielle, le représentant. En France, s'il existait déjà un parti unique du centre et du centre droit, nous aurions montré que nous n'avions pas la même conception du budget que les socialistes, et qu'on pouvait mieux préparer l'économie française à l'échéance européenne. Et nous aurions, nous, pris des mesures de soutien au changement en Pologne autrement plus importantes. Il n'est pas sain que les socialistes paraissent artificiellement monopoliser l'expression politique.

Extrait de: Yann de l'Ecotais, Dominique de Montvalon et Sylvie Pierre-Brosselette: Giscard: Ma stratégie pour l'union; Interview dans: L'Express, 13-10-89

Questions

1. Où l'ancien Président voit-il les différences entre les deux camps opposés?
2. Quel exemple propose-t-il à l'opposition?

Solutions

1. Les différences traditionnelles ne sont plus à l'ordre du jour. L'ex-Président souligne cependant que l'opposition actuelle aurait conçu le budget selon d'autres priorités et qu'elle pourrait préparer mieux l'économie nationale aux exigences européennes. Elle se serait aussi davantage engagée pour soutenir le changement en Pologne.
2. Il propose l'exemple d'un parti unifié sans idéologie quelconque qui incorporerait des courants et dont la tendance politique serait représentée par son candidat à la présidence, comme aux Etats-Unis.

Texte 19 – Valéry Giscard d'Estaing: L'union fait la force

L'Express: Vous vous êtes prononcé, après les élections européennes de juin dernier, en faveur du regroupement des partis de l'opposition républicaine dans une formation unique. Persistez-vous?

Valéry Giscard d'Estaing: Oui! Et j'essaierai de répondre directement à trois questions Pourquoi? Comment? Et quand?

Allons au fond des choses. Cette idée rencontre, dans l'opinion, une très large approbation. Elle répond à une attente. Je vois à cela cinq raisons, chacune très forte. Mais, avant de vous les présenter et afin de rendre les choses claires, je vais aller tout de suite à la conclusion. Le choix est simple: nous rassembler, ou disparaître en tant que force organisée. Nous avons deux ans devant nous, mais pas davantage. Si cet effort de rassemblement et de renouveau n'est pas accompli pendant cette période sans élection, et avant les grandes échéances de 1993, c'est que nous ne sommes plus capables de tenir notre rôle.

Cela dit, voici la première raison: si, en 1981, la victoire du Parti socialiste tenait au désir, accumulé dans la société française, d'essayer une «autre solution», depuis 1985–1986 le succès socialiste n'est pas autre chose que le résultat de nos divisions. En réalité, le PS est plus divisé que nous. Deux grandes tendances coexistent chez lui et sont fondamentalement différentes: les sociaux-démocrates, partisans de l'économie de marché, se rapprochent du modèle européen; les sociaux-nostalgiques défendent une économie à forte prédominance étatiste, ce qui les éloigne de l'Europe. Dans l'opposition, en revanche, on trouve très peu de différences. Pourtant, nos divisions nous ont fait perdre l'Elysée et l'Assemblée nationale. L'opinion nous le reproche. Ceux que nous rencontrons nous disent: «Il n'y a pas d'opposition!» ... Nos électeurs nous disent: «Nous voulons être gouvernés au centre, et au centre droit. C'est vous, avec vos divisions, qui empêchez la France d'avoir la politique pragmatique moderne que nous réclamons. Si cela continue, c'est vous qui allez faire cadeau aux socialistes d'un règne de vingt ans sur la France.»

L'Express: D'autres raisons, à vos yeux, militent en faveur de l'union ...

Giscard d'Estaing: Une deuxième raison, c'est que nous n'avons pas encore assimilé les conséquences des règles qui régissent la société médiatique. Le message politique doit être très simple. L'opposition fait l'inverse: tout le monde dit la même chose, mais chacun cultive sa différence. Y a-t-il parmi les hommes politiques de notre camp (extrémistes exclus, bien sûr) un seul qui puisse expliquer les différences de conception qui nous sépareraient les uns des autres? ... Le troisième motif de faire l'union tient à la différence entre ce qui existe chez nous et chez nos voisins européens. Chez nos voisins, on trouve un grand parti de gouvernement à gauche et un autre grand parti de gouvernement au centre droit. La France a désormais un grand parti de gouvernement à gauche. Elle attend encore son grand parti de gouvernement au centre droit ... Un grand parti moderne doit accepter sans drame, sans confusion les différences intérieures, les sensibilités diverses, les courants, les transcourants, le passage de l'un à l'autre et l'existence de la démocratie interne, fondée sur le principe simple «Un homme égale une voix».

Quatrième raison de jouer la carte de l'union: on a longtemp cru qu'on réduisait l'extrémisme politique par multiplication des petits partis, chacun étant censé mieux représenter un courant de l'opinion. Je crois, au contraire, à une sorte de loi de Newton de la politique. Ce sont les grandes formations capables d'exercer le pouvoir qui peuvent, seules, attirer à elles une fraction de l'électorat en proie au découragement ou à l'écoeurement ... Il faut enfin achever l'oeuvre institutionnelle de la Ve République. Le système ne peut être calme, avec des alternances paisibles, que s'il repose sur deux grandes formations, ayant toutes les deux vocation à gouverner. Le rassemblement de l'opposition devient le test de sa crédibilité.

... Mais regardons la réalité. Quelles sont les fonctions d'un grand parti? Il en a trois: réfléchir et proposer un programme; faire élire des candidats; soutenir un gouvernement. Or les formations de l'opposition sont unies dans l'exercice de ces trois fonctions. Elles proposent des programmes préparés en commun. Elles sont attachées au principe de la candidature unique. En quoi l'opinion les approuve sans réserve. Et elles ont soutenu ensemble le gouvernement de Jacques Chirac. Il existe un cas – et un seul – où les formations de l'opposition ne se comportent pas en France comme doit le faire un grand parti: l'élection présidentielle. Nous avions gagné en 1986; notre échec de 1988 est une anomalie. Il a une cause: l'absence de candidat unique.

L'Express: Avez-vous un mode d'emploi?

Giscard d'Estaing: Il reste effectivement à déterminer le processus à suivre. Première étape: s'entendre sur le point d'arrivée. Deuxième étape: permettre aux partis politiques de s'adapter. Troisième étape: mettre en place la nouvelle structure.

L'Express: Vous vous sentez prêt à être dans le même parti que le RPR et le CDS?

Gicard d'Estaing: Mais oui, bien sûr!

L'Express: Le PS, avec ses courants, peut-il être un «modèle»?

Giscard d'Estaing: Nous pouvons nous en inspirer. Nous pouvons aussi regarder comment s'est organisée la CDU-CSU, en République fédérale. Nous avons intérêt à veiller à un certain parallélisme franco-allemand, y compris dans la démarche politique.

Il faut bien comprendre que, dans cette affaire, ambitions personnelles et fonctions de gestion doivent être séparées. Si les dirigeants du parti devaient être, en même temps, candidats à la primaire présidentielle, le système serait faussé.

L'Express: Comment faire vivre des tendances au sein d'un parti unique, alors que l'opposition n'a pas eu jusqu'ici une telle pratique?

Giscard d'Estaing: Trois tendances principales existent chez nous: la tendance gaulliste, la tendance libérale et le centrisme social. A l'intérieur de notre nouvelle formation commune, d'autres tendances doivent pouvoir aussi s'exprimer, telles que la défense de l'environnement. Le fonctionnement de l'ensemble ne peut se faire qu'en répartissant les responsabilités sur une base proportionnelle ...

L'Express: Avez-vous un nom à proposer pour ce parti que vous appelez de vos voeux?

Giscard d'Estaing: Pourquoi pas le Rassemblement de l'union pour le renouveau? L'objectif central, c'est la mise en place, le 1er janvier 1992, de ce Rassemblement de l'union pour le renouveau (ou tout autre nom).

Pour cela, il faut que les états généraux de l'opposition, qui vont commencer à travailler à la fin de cette année, puissent terminer leurs travaux au printemps de 1991. C'est là que se conclura la discussion sur le programme. Poursuivons le compte à rebours: le groupe de travail chargé de préparer la restructuration de l'opposition devrait remettre ses conclusions au plus tard à la fin de l'année 1990. Les partis politiques de l'opposition auraient un an pour préparer l'adaptation de leurs structures. La réunion où serait décidée la fusion de ces partis en une structure fédérale commune – le congrès de l'union – se tiendrait à la fin de l'année 1991. Et le 1er janvier 1992 se mettrait en place le Rassemblement de l'union pour le renouveau. Et, alors, les Français pourront croire à l'alternance.

L'Express: Ce nouveau parti aura forcément besoin d'un patron ...

Giscard d'Estaing: Evidemment, et il devra être élu. Mais, je l'ai dit, il faudra qu'il s'agisse de quelqu'un, homme ou femme, dépourvu d'ambition présidentielle.

L'Express: Votre souhait n'est-il par irréaliste?

Giscard d'Estaing: L'opposition a trop souffert de ce qui s'est passé avant et après la dernière élection présidentielle: je suis sûr que la leçon est maintenant entendue. Tous ceux qui acceptent l'idée de primaires doivent en tirer la conclusion: les primaires se déroulent à l'intérieur d'un même parti.

L'Express: Vous arrêtez votre calendrier aux élections législatives de 1993. Si l'opposition les gagne, serez-vous de nouveau favorable à une expérience de cohabitation? Si oui, souhaitez-vous que l'opposition, devenue, par hypothèse, majorité, tire les leçons de l'expérience des années 1986–1988?

Giscard d'Estaing: Ma réponse est: deux fois oui. Je suis, et serai toujours, favorable au fonctionnement régulier de nos institutions. Si l'opposition l'emporte en 1993, elle devra travailler avec le président de la République en fonction. Mais il est également évident qu'elle devra tirer les leçons de la première expérience de cohabitation.

Extrait de: Yann de l'Ecotais, Dominique de Montvalon et Sylvie Pierre-Brosselette: Giscard: Ma stratégie pour l'union; Interview dans: L'Express, 13-10-89

Questions

1. Résumez les raisons qui nécessitent l'union de l'opposition.
2. Comment V. Giscard d'Estaing se représente-t-il un tel parti?
3. Expliquez l'agenda et les buts d'une telle union.

Solutions

1. Valéry Giscard d'Estaing mentionne cinq raison, mais n'en explique que quatre. Les défaites face au PS, à son avis également divisé, sont le résultat de la division en plusieurs partis d'opposition. Malgré une large concordance dans les buts, les partis du centre et du centre-droite se présentent aux électeurs avec toutes les nuances possibles et ne respectent pas les exigences de la société médiatique, le message simple. La troisième raison est que, contrairement aux autres pays européens, la France ne peut offrir à ses citoyens deux grands partis comme alternative. Le «parallélisme franco-allemand» nécessaire, aux yeux de V. Giscard d'Estaing présenterait un argument de plus. Puis, il faut se rendre à l'évidence que la pratique du combat d'un parti extrémiste a déjoué la thèse qu'on y réussirait mieux à plusieurs petits partis. Il en faut un grand. Le cinquième argument pourrait être la large coopération déjà réalisée soit lors du gouvernement Chirac soit lors de la proposition d'un programme commun.
2. Parlons d'abord des fonctions du RUR (Rassemblement de l'Union pour le Renouveau): l'élaboration d'un programme commun, faire élire ses candidats, soutenir son gouvernement, et présenter un seul candidat à la présidence. Dans son intérieur, il pourrait bien incorporer plusieurs courants (suivant l'exemple de la CDU-CSU) tels que le gaullisme, le libéralisme, le centrisme social et le courant écologique. Mais l'ex-Président souligne la nécessité d'une séparation entre les fonctions de gestion du parti et par exemple les candidatures à la présidence. Les postes dirigeants seraient répartis, au début, à la proportionnelle.
3. Le but est d'obtenir aux législatives la majorité à l'Assemblée nationale. Elle auront lieu en 1993 au plus tard. Ceci fixe déjà le cadre du compte à rebours qui commencerait par la réunion des «états généraux» des partis déjà prévue pour la fin de 1989. Ceux-ci devraient élaborer le programme jusqu'au printemps 1991. Un groupe de travail ayant la tâche d'élaborer la structure du nouveau parti devrait présenter ses résultats vers la fin de l'année 1990. Pendant l'année 1991, les partis pourraient alors adapter leurs structures, et, à la fin, le congrès de l'union aurait lieu et élirait le président. Ainsi, dès le début

de l'année 1992, le RUR aurait toute une année pour se présenter comme alternative pour les législatives et, pour les présidentielles, préparer ses primaires. Après sa victoire, le gouvernement de cohabitation respecterait le fonctionnement des institutions.

Texte 20 – Ce que pensent les Français de la République du centre

Etes-vous favorable, ou non, à la création d'un mouvement centriste indépendant de l'UDF et du RPR?

Oui: 44 % Non: 32 % sans opinion: 24 %

Des personnalités politiques suivantes, laquelle incarne le mieux, selon vous, l'idée que vous vous faites du centre?

Raymond Barre	37 %
Valéry Giscard d'Estaing	19 %
Simone Veil	19 %
Pierre Méhaignerie	9 %
Aucun de ceux-là	10 %
sans opinion	6 %

Sondage réalisé par l'institut Louis Harris du 24 au 26 novembre 1988 auprès d'un échantillon national de 1.000 personnes âgées de 18 ans et plus. Méthode des quotas.

Extrait de: Silvie Pierre-Brosselette: La République du centre; dans: L'Express, 05-05-89

Vocabulaire

le château	hier: le palais de l'Elysée, siège du Président de la République
le député	Abgeordneter der Assemblée nationale
le partisan	Anhänger
la circonscription (législative)	Wahlkreis
la section	Ortsverband, Betriebszelle
la cogestion	Mitverwaltung
l'autogestion	Selbstverwaltung
la fédération	Kreisverband (Ortsverbände, Betriebszellen auf Ebene des Département)
l'adhérent/le membre	Mitglied
le parti	Partei
le mandat	Mandat
le congrès de parti	Parteitag

Centralisation et décentralisation

1 De la centralisation à la décentralisation

1.1 La centralisation

«La France est une République une et indivisible ...» (Article 2 de la constitution).

Cette phrase illustre bien les efforts presque millénaires des hommes à la tête de l'Etat d'assurer son unité. L'expression la plus significative de ces efforts était le but de concentrer tout le pouvoir dans la seule personne du «chef d'Etat» et dans les administrations à Paris, c'est-à-dire de centraliser le pouvoir. Voici quelques étapes qui y contribuèrent:

987	L'élection et le couronnement de **Hugue Capet** comme roi de France. Ainsi les domaines royaux à Paris et autour de la capitale future deviennent le point de départ de la France centralisée,le pouvoir s'étant concentré à Paris.
1180–1223	Sous le règne de **Philippe II Auguste**, l'influence anglaise en France est repoussée, celle des féaux réduite, et les domaines royaux sont élargis.
1214	La victoire de **Bouvines** sur les Anglais et les Guelfes représente un point de départ important en ce qui concerne la naissance d'un sentiment «national» chez les Français.
1209–1229	Les croisades contre les **Albigeois** (Cathares) servent en même temps à annexer des parties du Languedoc au royaume français. Ainsi fut lancé une tête de pont vers le Midi.
1339–1453	Dans la **guerre de Cent ans** (Jeanne d'Arc), les rois de France (**Charles VII et Louis XI**, 1461–1483) arrivent à remporter la victoire contre les féaux anglais en France et, puis, à soumettre également leurs vassaux français.
1461–1483	Conquête de la Provence et de la Bourgogne
1539	Par l'**édit de Villers-Cotterêts**, **François Ier** remplace la langue latine, jusqu'alors langue officielle dans l'administration

	et pour les documents, par le français (le dialecte du Nord de la France, c'est-à-dire de l'Ile-de-France). On considère cet édit comme clef de voûte de la formation de l'Etat national.
1598	L'**édit de Nantes** (e. a. liberté de religion) de **Henri IV** (1589–1610) met fin aux guerres de religion entre **huguenots** (protestants) et catholiques. Sous le règne de **Louis XIII**, le cardinal **Richelieu** est nommé chancelier et il commence à supprimer la position privilégiée des huguenots et des nobles. Des **intendants** (fonctionnaires du roi) contrôlent les affaires administratives dans les provinces.
1643–1715	Après la mort du cardinal et chancelier **Mazarin**, **Louis XIV** prend lui-même la direction du royaume en main et installe, aidé de **Colbert**, une administration centralisée. Pour des postes importants (surtout pour ceux des intendants), il se sert de fonctionnaires sortis de la bourgeoisie.
1686	La révocation de l'édit de Nantes, destinée à supprimer également toute diversification en matière de religion mène à l'exode en masse des huguenots.
1790	La **Constituante** (assemblée destinée à délibérer et voter la nouvelle constitution) remplace les anciennes provinces par les **départements**, qui subsistent avec de légères modifications jusqu'à nos jours (96 départements métropolitains et 4 départements d'outre-mer). Ils sont divisés en **arrondissements**, **cantons** et **communes**. La taille des départements fut conçue de façon qu'on puisse de tout endroit joindre le chef-lieu en une journée à cheval. On respecta cependant des liens et rapports géographiques ou socio-économiques.
1793	En réponse à la résistance monarchiste et girondine (la Gironde), les **Jacobins** suppriment de nouveau l'autonomie accordée aux unités administratives.

1800 Après son coup d'Etat, **Napoléon Ier** remplace les représentants élus à la tête des départements par des fonctionnaires d'Etat nommés par le gouvernement, les **préfets** (loi du 28 pluviôse an VII). Ce système administratif reste plus ou moins en vigueur jusqu'à la IVe République.

Gouvernement ministre	Paris (la capitale)
préfet	chef-lieu du département
sous-préfet	chef-lieu de l'arrondissement
maire	communes (elles forment les cantons des arrondissements)

Les tâches du préfet et de l'administration sous ses ordres dépassent, surtout depuis le Second Empire, à cause de l'industrialisation et des mesures exigées par elle dans le domaine de l'infrastructure, celles du contrôle politique et légal. Au début de la IIIe République, les tâches de la préfecture se voient encore élargies par deux lois:

1871 la loi sur les départements
1884 la loi sur les communes

Toutes les deux maintiennent le contrôle serré des communes et des départements de la part de l'administration centrale. Cette **tutelle administrative**, p.ex. l'approbation nécessaire du préfet pour les décisions du conseil municipal, perd sa rigueur, après la deuxième guerre mondiale, pour devenir le seul **contrôle de légalité**, c'est-à-dire le contrôle du respect de la loi ou des règlements. Le refus de l'approbation par le préfet, si celui-ci nie le but ou l'opportunité de la décision d'un conseil municipal (le **contrôle d'opportunité**), passe de plus en plus à l'arrière-plan et cède la place à la concertation entre préfecture et mairie.
Le développement économique mena à un transfert de tâches des administrations centrales vers celles des départements (p. ex. construction et entretien de routes; services techniques). et **vers les services extérieurs de l'Etat** dans les départements dont le supérieur est le préfet. Les préfets et les Conseils généraux complètent de leur côté ces institutions par leur propre personnel et matériel qui dépassent souvent de loin ceux des services extérieurs de l'Etat. Il pouvait cependant y avoir des désaccords entre le préfet et le **Président du Conseil** ce qui demandait beaucoup de tact et de doigté de la part des fonctionnaires d'Etat.

1.2 Vers la décentralisation

A la fin de la deuxième guerre mondiale, le clivage entre la région parisienne et le reste du territoire français se fit de plus en plus sentir. Ainsi, la nécessité d'une décentralisation était évidente. Elle visait deux objectifs: empêcher l'exode rural qui allait en augmentant, d'un côté, et décentraliser la concentration industrielle et démographique de la région parisienne, d'un autre côté. A ce but étaient destinés:

- l'**aménagement du territoire**: le développement et l'amélioration de l'infrastructure et l'implantation des industries dans les régions jusqu'alors négligées,
- la **planification** (Cf. chapitre VI. 1.4 La planification): l'élaboration d'objectifs pour des programmes d'une durée de quatre ans (plans quadriennaux)
- les **régions de programme**: en **1956**, on regroupa les départements en 22 régions (modifications survenues jusqu'à aujourd'hui: la Corse comme région à part entière et la création de la région Rhône-Alpes avec la réunion des deux régions Rhône et Alpes),
- les **préfets de région**: à partir de **1964**, le préfet du département dans lequel est localisé le chef-lieu de la région de programme doit exécuter les mesures décidées par l'administration centrale à Paris et coordonner les efforts de ses collègues des autres départements de la région.
- les **CODER** (Commissions de Développement économique régional): instituées également en **1964**, elles avaient une fonction consultative dans les régions (composition: 25 % de maires et de conseillers généraux élus au suffrage indirect; 50 % de délégués du patronat et des syndicats; 25 % de personnalités nommées par le gouvernement).
- la **DATAR** (Délégation à l'Aménagement du Territoire et à l'Action régionale): fondée en **1963** avec la tâche de servir d'institution centrale pour élaborer les plans et la répartition des crédits accordés.

1.3 Le projet Jeanneney de 1969

Les succès des mesures jusqu'alors prises restaient malgré tout limités, et la critique soulevée faisait entre autre remarquer l'exclusion de la participation des parties concernées . De Gaulle envisagea alors de transformer la région de programme en une collectivité territoriale avec une assemblée élue, un propre budget et de propres compétences. En étroite liaison avec ce projet était prévue la réforme du Sénat dont on prévoyait le remplacement par une assemblée composée de représentants de groupes socio-professionnels. Ce projet de loi soumis sous forme de référendum aux Français, en 1969, échoua à cause de trois obstacles: l'opinion publique n'avait pas pu participer à l'élaboration; le contenu était trop complexe pour pouvoir être facilement compris des électeurs, et, en dernier lieu, la situation politique générale en France ne s'y prêtait pas. L'échec du référendum offrit à l'opposition l'occasion de pousser de Gaulle à la démission.

En **1972**, les **régions** devinrent, sous la présidence de Georges Pompidou, des institutions de droit public **(établissements publics)**, c'est-à-dire des associations à but déterminé ou syndicats des départements sans propres administration ou compétences de pouvoir intervenir dans la gestion des affaires des communes ou des départements. On leur attribua un **Conseil régional** élu au suffrage indirect (composé d'élus de la région) comme organe représentatif et un **Comité économique et social** (composé de représentants du patronat, des syndicats, des chambres de commerce, etc.) sans grande influence sur l'exécutif et sa tutelle administrative, qui remplacèrent ceux des CODER.

1.4 La décentralisation dans les années 80

En **1981**, le changement de majorité avec l'élection de **François Mitterrand** comme Président de la République et l'avènement d'une majorité de gauche dans l'Assemblée nationale mirent la réforme en marche. On accorda la priorité à la décentralisation.

En **1982**, **Gaston Deferre**, ministre de l'Intérieur et de la Décentralisation, fit voter les nouvelles lois qui jetèrent les bases de la réforme:

– La région et le département deviennent des collectivités territoriales. Le pouvoir exécutif est exercé par le **Président du Conseil régional** et par le **Président du Conseil général** dans le département.
– Le **Conseil régional** est élu au suffrage direct.
– La tutelle administrative n'est plus appliquée.
– Le **Commissaire de la République** (l'ancien préfet de la région ou du département) ne dispose plus du contrôle d'opportunité mais seulement du contrôle de légalité qu'il ne peut appliquer qu'ultérieurement en s'adressant à la juridiction administrative le cas échéant.

En **1986**, les régions devinrent des **collectivités territoriales à part entière**, et, pour la première fois, les **conseillers régionaux** furent élus au suffrage direct. Ainsi, on arrive à réaliser deux principes:

– l'abandon de l'immixtion de l'Etat dans la gestion des affaires des collectivités locales et
– l'attribution de compétences élargies (déconcentration) au préfet comme représentant de l'Etat vis-à-vis des services extérieurs locaux dont il coordonne ou dirige les activités à quelques exceptions près, comme p.ex. l'enseignement ou la justice.

Dans la suite de la réglementation des compétences, on procéda, sur la base de lois et d'ordonnances supplémentaires, à la répartition du personnel, des locaux et du matériel entre le Commissaire de la République et le Président du Conseil régional ou général.
Dès lors, la discussion se porta plutôt sur le manque d'influence du côté de l'Etat quand il fallait régler des problèmes au niveau national et que les initiatives gouvernementales se heurtaient aux compétences des collectivités ou des communes ou encore à leurs intérêts. On n'est pas encore arrivé à la fin de la décentralisation, et le débat est encore loin d'être clos, ce qu'on peut déjà voir au seul fait que les Commissaires de la République ont recouvré leur titre d'origine en 1988 (cf. aussi texte 25).

Les Cahiers Français, N° 220, Mars-Avril 1985, p. 72

Texte 21 – Thomas Veser: La France en mutation

Malheur à l'industrie mécanique. Malheur aux chantiers navals. Malheur à la sidérurgie et trois fois malheur aux bassins miniers! En effet depuis le choc pétrolier de 1974, les secteurs classiques de l'industrie mondiale sont sévèrement touchés. Et la crise est loin d'être surmontée: stagnation, fermetures d'entreprises et le chômage qui va croissant – autant de phénomènes qui caractérisent la situation lamentable de l'économie mondiale.

En France, cet effondrement de l'industrie classique concerne en premier lieu le Nord et l'Est. La crise frappe durement les régions autrefois riches comme le Nord, le Pas-de-Calais, la Lorraine, la Franche-Comté et la Champagne-Ardenne à l'exception de l'Alsace et de la région Rhône-Alpes. Une fois licenciés, les chômeurs doivent alors se reconvertir, suivre les cours de centres de réadaptation professionnelle ou bien quitter la région touchée.

Entre 1975 et 1982, environ 4.400.000 Français ont préféré émigrer. La prospérité de l'Est et du Nord de la France fait dorénavant partie du passé. Economiquement reléguées au second plan, ces régions ont visiblement du mal à remodeler leur paysage industriel et à acquérir la souplesse qui leur permettrait de sortit de l'ornière.

Où vont-ils alors ces «laissés-pour-compte» d'une crise qui n'en finit plus? Quant aux travailleurs qualifiés et aux cadres, leur nouveaux horizons ne se situent plus du côté des montagnes de charbon du Nord et du Nord-Est mais ... près des collines du Midi ou des vastes plaines de l'Ouest, jadis fief de l'agriculture française. Sans aucun doute, le Sud et le Sud-Ouest de la France sont devenus les terres d'accueil des travailleurs qualifiés de ces régions. Fait d'autant plus surprenant que le Sud et le Sud-Ouest passaient, jusqu'au lendemain de la deuxième guerre mondiale, pour la partie la plus sous-développée de l'Hexagone. Cela n'est plus le cas de nos jours. De plus en plus, de petites et moyennes entreprises (PME) se sont installées dans le «grand sud» ou dans le «grenier» comme on appelait autrefois l'Ouest de la France. Il s'agit d'entreprises qui utilisent ces technologies nouvelles qui sont les garanties même d'un essor économique. L'électronique est désormais concentrée dans le Sud-Est, l'aéronautique dans le Sud-Ouest (Airbus, fusée Ariane), la télécommunication en Bretagne. Et voilà qu'une région traditionnellement pauvre comme la Bretagne prend un essor étonnant, à tel point que François Mitterrand lui a récemment décerné le titre de «première région d'Europe».

Ces nouvelles technologies (laser, robotique, informatique, intelligence artificielle et biotechnologie) exigent une main-d'oeuvre soigneusement formée.
Cette formation est dispensée dans les Instituts techniques de renom qui, eux aussi, s'établissent dans le Sud et l'Ouest. Mais vivre et travailler dans le Midi a bien d'autres avantages, L'atout majeur de cette partie de la France épargnée par l'industrialisation est son environnement intact. La qualité de la vie, les conditions de logement et d'éducation dans ses villes raisonnablement urbanisées sont nettement supérieures à celles du Nord et de l'Est. La troisième révolution industrielle se déroulera sans doute dans les «technopoles» de la France méridionale.
Les raisons de cette «inversion» sont bien simples. Aujourd'hui, il est beaucoup plus facile qu'autrefois de transmettre rapidement des informations par télécommunication. Cette amélioration donne alors une chance de croissance à toutes les régions. L'ancien atout des révolutions industrielles d'autrefois – la concentration des entreprises près des voies de transport et des sources d'énergie – a beaucoup perdu de son importance. Ce progrès des communications, la montée spectaculaire des activités tertiaires et le poids plus faible des contraintes géographiques dans la localisation d'une usine expliquent l'essor du Sud qui, au demeurant, a bénéficié de nombreuses aides publiques. Le Nord et l'Est de la France ont été les perdants dans cette «valse des subventions», ils n'ont pas pu bénéficier de semblables allocations.
Aujourd'hui les caisses de l'Etat sont vides. La crise aidant, le clivage entre les deux parties a tendance à devenir de plus en plus grand. L'inégalité quant à la distribution des aides fait déjà naître des rancunes. Exemple: le réseau du TGV sera agrandi mais toutes les régions qui le désirent ne seront pas liées au réseau. Seules quelques-unes d'entre elles vont profiter des 1.700 kilomètres d'autoroute que l'Etat français a l'intention de construire d'ici l'an 2000. Certains conseils régionaux boudent alors Paris, parce qu'ils se sentent désavantagés.
Face à ces transformations, la politique régionale des gouvernements français est de plus en plus ouvertement remise en question. Idées encore neuves pendant les années cinquante, la politique régionale et l'aménagement du territoire ont vu le jour sous l'impulsion de Pierre Pflimlin, alors ministre des Finances. Pendant de longues années, cette politique régionale ne respectait pas la diversité de l'économie française. Dans un pays comme la France où la monarchie ne s'est pas lassée de restreindre les libertés lo-

cales, Paris dominait le paysage industriel et prenait toutes les décisions. Autour de la capitale s'étendait ce que l'économiste François Gravier a eu le courage d'appeler le «désert». Les conséquences de cette centralisation ont été désastreuses: au lendemain de la dernière guerre mondiale, la moitié de la population française vivait sur un quart du territoire national ... En 1969, Paris, boulimique, avale 32 % des crédits d'Etat et 66 % des crédits destinés à la rénovation urbaine. Et pourtant, vivre et travailler à Paris, paraissait de moins en moins réjouissant. Au demeurant la mégapole perdait entre 3.000 et 5.000 emplois par an. Alertés par cette évolution, les gouvernements tentent, dès 1969, de décourager l'investissement dans la région parisienne. Aujourd'hui la situation économique en France semble moins polarisée. La tradition séculaire du centralisme parisien ne pouvait pas être rompue du jour au lendemain. Les grandes entreprises continuent à installer leurs sièges sociaux en Ile-de-France, une région dotée récemment d'une grande technopole.

Paris reste, malgré trente années de décentralisation, l'incontestable centre économique du pays. Près de 5 millions de m^2 de bureaux y ont été construits, la preuve même que cette ville a encore le rôle de capitale économique aux yeux des grandes entreprises. Néanmoins par la décentralisation économique, amorcée par le gouvernement socialiste dès 1981, les conseils régionaux en tant qu'institution élue par les habitants ont reçu une «légitimité» politique. Assistés d'un comité économique et social, ces conseils régionaux ont désormais le droit de lever un impôt et de distribuer des primes pour l'installation d'entreprises.

Pour faciliter cette décision et pour surmonter l'écart entre les deux France, René Uhrich[1] propose un bassin d'innovation du Haut-Rhin qui rassemblerait le potentiel alsacien en universitaires, chercheurs et industriels mais aussi celui du Bade-Wurtemberg et de la Suisse du Nord-Ouest. Cet effort doit être accompagné d'un nouvel humanisme car, selon Uhrich, dans une atmosphère culturelle et intellectuelle dynamisante, l'homme est heureux et travaille donc mieux!

R. Uhrich plaide alors pour un travail en commun afin de mieux préparer l'échéance de 1992 dans une Europe des régions.

Cette «Europe des régions» est le sujet préféré de bon nombre de politiciens, présidents de la République inclus. Et pourtant ces chefs d'Etat n'ont jamais manifesté beaucoup d'intérêt pour l'aménagement du territoire. Georges Pompidou n'a rien fait pour remédier à la décadence du Cantal.

François Mitterrand pour sa part ne s'est guère intéressé aux problèmes du Morvan où il a commencé sa carrière politique.
Les résultats acquis en matière d'aménagement du territoire restent donc fragiles. On peut se demander combien de temps encore durera l'indifférence parisienne ...

[1]Economiste et auteur d'une étude consacrée à la «France inverse»

Thomas Veser: La France en mutation; dans: Ecoute 9/1989 (abrégé)

Vocabulaire

Cf. également le vocabulaire du chapitre VI Tendances de la société française

la réadaptation professionnelle	berufliche Umschulung
les PME (petites et moyennes enterprises)	mittelständische Unternehmen
l'aéronautique f.	Luft- und Raumfahrtindustrie
la technopole	Ansiedlung von zukunftsorientierten Forschungs- und Produktionsstätten unter staatlicher und lokaler Bezuschussung
l'allocation f.	Unterstützung (finanziell)
le TGV(train à grande vitesse)	vergleichbar mit dem deutschen I.C.E.

Questions

1. Résumez les raisons pour lesquelles on peut parler du déclin du Nord et de l'Est de la France.
2. D'où vient l'essor des régions jusqu'alors défavorisées?
3. Ce développement concerne-t-il toutes les régions françaises?
4. Pourquoi Pierre Pflimlin jugea-t-il bon d'envisager un aménagement du territoire?
5. Comment les régions essaient-elles d'améliorer aujourd'hui leurs perspectives dans une Europe unie?
6. Décrivez le rôle de la région parisienne.

Solutions

1. Le choc pétrolier de 1974 a touché les vieilles industries (la sidérurgie, les mines, la mécanique) de plein fouet et les a forcées à licencier du personnel qui, une fois reconverti, s'oriente vers les nouveaux centres de l'industrie de pointe (p. ex. l'électronique) et quitte ainsi ces anciennes régions riches. Le manque de main-d'oeuvre et d'implantations nouvelles favorisées par des subventions rend le redressement encore plus difficile.
2. Il faut mentionner divers facteurs. Le progrès technologique permet aujourd'hui d'implanter des ateliers loin des voies de transport et des sources d'énergie. A cela s'ajoute la vitesse de la transformation d'informations par les moyens de la télécommunication moderne et l'avantage climatologique des régions situées plus au sud. La croissance du secteur tertiaire, les subventions accordées par l'Etat (l'installation d'Instituts techniques se prêtant à la formation) ont incité un nombre croissant de PME à s'y établir et à employer, en plus de leur personnel qualifié, les demandeurs d'emploi venant des régions touchées par la crise et qui sont à la recherche d'une nouvelle qualité de vie dans un environnement encore intact. N'oublions pas les autres mesures prises par le gouvernement, au cours de sa politique de décentralisation et de déconcentration, telles que la construction d'autoroutes et du TGV.
3. Certainement pas. D'abord, il y a la région parisienne qui maintient sa position de tête à cause de l'importance centrale de Paris. Puis, l'Alsace et la région Rhône-Alpes ont mieux su s'adapter aux exigences d'une transformation industrielle.
4. La politique centralisatrice depuis la monarchie a abouti aux effets suivants: les collectivités locales se voyaient privées de plus en plus du droit à la cogestion ou d'autonomie; la population et l'industrie étaient concentrées dans les régions du Nord et de l'Est; la région parisienne à elle seule obtenait la part majeure des crédits d'Etat et aggravait avec d'autres villes les conséquences de l'exode rural. Ainsi est né le dicton du désert qui entourerait la capitale. Ces disparités démographique et économique présentaient de vrais dangers pour le développement d'une France moderne et solidaire et ont suscité des critiques toujours plus vives.
5. Après que les conseils régionaux ont obtenu une légitimation démocratique et, du côté de l'Etat, le droit de lever un impôt pour pouvoir subventionner eux-mêmes l'implantation de nouvelles entreprises, ils se lancent à la poursuite des industries de pointe et d'instituts scientifiques et créent à leur tour des technopoles. On envisage même la coopération plus vaste avec

d'autres régions des pays voisins (les régions d'Europe). Il y a cependant aussi les mesures de l'Etat dans le domaine de l'infrastructure, les réseaux routier et ferroviaire, et les crédits qu'on se dispute âprement.

6. Depuis la naissance de l'Etat français, Paris était le siège du pouvoir de plus en plus centralisé. Lors de l'industrialisation, son poids économique s'ajoute à son importance politique. Malgré les tentatives du gouvernement pour décourager les investissements, la région parisienne a vu s'implanter la plupart des sièges sociaux des grandes entreprises, et on l'a dotée d'une nouvelle technopole. Ceci fait que la capitale reste, déjà par le nombre des espaces de bureaux, le centre économique le plus important.

Texte 22 – Jean-Louis Curtis: L'humeur de Léon Daudet[1]

Dans le grand brame talmudo-crypto-marxiste qui assourdit la France depuis quatre ans, et dont la fin secrète est l'abrutissement définitif des Français et la désintégration du pays sous les actions concertées de l'immigration sans frein, du banditisme impuni et du terrorisme déchaîné, une note pourtant s'élève, familière à nos oreilles et chère à nos coeurs de vieux maurrassiens[2]: c'est celle qui proclame la nécessité de restituer aux régions françaises une large autonomie administrative, morale, culturelle, et de réanimer les langues régionales, le celte, le provençal, l'occitan, en créant partout des chaires d'enseignement de ces langues. La reconnaissance des communautés naturelles, le régionalisme, le souci de préserver l'héritage linguistique de nos provinces, qui ne reconnaît là une des idées fondamentales de Charles Maurras, un des articles de la doctrine de l'Action française? Etrange destinée de cette doctrine sublime et malheureuse que d'être, en partie, récupérée par un gouvernement socialiste, par une gauche que le seul nom de Charles Maurras faisait écumer de haine impuissante! Eh bien, oui, braves Occitans, Provençaux bien-aimés, doux Bretons, vous qui vous proclamez ingénument «de gauche», c'est, sachez-le, la doctrine de l'Action française que vous êtes en train de ressusciter. En militant pour la décentralisation, vous sapez l'oeuvre accomplie par les Jacobins de 1793. Et vous, écologistes qui manifestez votre indignation et votre refus partout où l'on veut construire des centrales nucléaires, vous reprenez le combat que nous menions, nous, les Camelots du roi[3], contre l'idolâtrie du progrès matériel, les ravages de la technologie, et la Science dévoratrice de l'humain. Encore un effort, frères socialistes de 1985, si différents de ceux des années 20 et 30, ... et plus rien ne vous séparera de nous... Mais je rêve! Rousseauistes indécrottables, vous êtes encore à genoux devant l'idole de l'égalitarisme; et tout ce qui semble vous rapprocher de nous est si perverti que nous sommes obligés de le repousser. Car, dans l'état actuel du monde, le régionalisme préconisé par le pouvoir ne peut qu'affaiblir la nation en la divisant; le prétendu souci de réhabiliter les langues provinciales n'est mis en avant que pour couvrir, à terme, l'enseignement officiel des langues exotiques, le banbara, le ouolof et autres sabirs; et quant à l'action idéologique, téléguidée de l'étranger, elle vise à empêcher la fabrication de la bombe à neutrons, c'est-à-dire à paralyser la défense nationale. Le loup-garou[4] marxiste ne s'est revêtu de la dépouille de l'agneau maurrassien que pour mieux dévorer le Petit Chaperon bleu, blanc, rouge! C'est ainsi qu'en 1985 notre nationalisme nous contraint, nous, anciens de l'Action française, à devenir les nouveaux Jacobins! Vous l'avouerez: un comble!

[1] **Léon Daudet**: journaliste et écrivain (fils d'Alphonse Daudet) Il fonde en 1908 avec Maurras l'Action française

[2] **Le maurrassien**: Charles Maurras, écrivain et monarchiste, fonde en 1908 le journal Action française. Il se prononce pour le nationalisme intégral. Pendant l'occupation, il se fait partisan du régime de Vichy.

[3] Le **Camelot du roi**: partisan du roi venant des journaux monarchistes

[4] Le **loup-garou**: personnage des légendes à forme de loup qui passe pour errer dans la nuit (Werwolf)

[5] Pour copie conforme

P.c.c.[5] Jean-Louis Curtis: L'Humeur de Léon Daudet; dans: L'Express, 06-09-85 (abrégé)

Vocabulaire

l. 1:	le brame talmudo-crypto-marxiste	das doktrinäre Geheul der kaschierten Marxisten
l. 1:	assourdir	ermüden, taub machen
l. 2:	l'abrutissement, m.	Verblödung
l. 15:	écumer	schäumen
l. 17:	ingénument	treuherzig
l. 18/19:	ressusciter	wiedererwecken
l. 19:	saper	unterminieren
l. 26:	indécrottable	unverbesserlich
l. 33:	le sabir	Kauderwelsch

Questions

1. Pourquoi est-ce que J.-L. Curtis s'attaque à la régionalisation?
2. Quel est le rôle du «Petit Chaperon bleu, blanc, rouge»? (ll. 36/37)
3. Pourquoi est-ce que J.-L. Curtis adopte le style et la rédaction d'une lettre de Léon Daudet?

Solutions

1. D'après lui, les vrais buts de la régionalisation seraient la division territoriale de la France et l'affaiblissement de sa capacité de défense par l'empêchement de la construction de la bombe à neutrons. Les actions seraient de concert avec une immigration incontrôlée et une montée de l'insécurité. Les partisans de la régionalisation ne voudraient pas contribuer à la survie des langues régionales, mais plutôt introduire l'enseignement de langues exotiques.
2. Il représente la nation française qui risque d'être inconsciemment la proie d'agents, téléguidés de l'extérieur marxiste, qui cacheraient leurs vraies intentions derrière la propagation des idées de régionalisation et de démocratisation tout en se servant des buts et de l'idéologie de l'Action française, un journal de tendance fasciste et nationaliste.
   La dépouille de l'agneau (maurrassien) rappelle plusieurs significations: d'abord celle d'une vraie dépouille qui sert au camouflage, procédé utilisé p. ex. par les Indiens pour pouvoir mieux s'approcher de la proie; dans un second temps, l'agneau rappelle le sens de l'innocence, représentée par l'agneau chrétien, ou encore l'agneau de l'offrande des temps antiques. L'innocence de l'agneau ferait alors pendant à celle du Petit Chaperon. J.-L. Curtis maintient ce passage dans l'ambiguïté.
3. En adoptant le style et la dimension d'une lettre, J.-L. Curtis arrive à pouvoir s'exprimer d'une façon assez claire et dure, voire polémique. Ainsi il peut, sous le cachet d'un Camelot du roi, s'attaquer ouvertement au Président et au gouvernement socialistes. Il y ajoute le paradoxe que, à cause du camouflage des idées destructrices derrière des pensées fascistes, les «royalistes» doivent se convertir en Jacobins pour garantir l'unité et l'indépendance du pays. Ainsi, il fait apparaître l'opposition des conservateurs à la régionalisation des socialistes. Les premiers devraient reprendre les idées des révolutionnaires pour sauvegarder la grandeur de la France.

Texte 23 – Guillaume Malaurie: Leurs Majestés les Maires

Faites quand même attention, ce week-end. Une fois à l'intérieur de l'isoloir, surtout tournez bien sept fois dans vos mains votre bulletin de vote municipal. Il pèse lourd. Très lourd. Imaginez le poids de 501.591 élus – autant qu'aux Etats-Unis! – qui vont se bousculer, grâce à vos suffrages, dans les 36.736 mairies! Eparpillés, nos édiles, mais le doigt sur la détente d'une formidable force de frappe financière: par le biais des cumuls quasi systématiques au conseil général ou régional, les maires cogèrent 263 milliards de francs chaque année. Eh oui, plus que l'impôt sur le revenu! Et si l'on ajoute les dotations à peu près automatiques de l'Etat: 541 milliards! Maires abusifs, ces gâtés de la décentralisation qui ont la haute main sur les permis de construire, l'urbanisme et 760.000 fonctionnaires territoriaux? Plutôt les maires porteurs d'une France hypervitaminée. Celle des provinces. En 1789, la Révolution était jacobine. Deux siècles plus tard, elle est girondine.

Souvenez-vous. Il y a encore vingt ans – hier – on demandait seulement au premier magistrat de laisser en fin de mandat sa ville aussi propre qu'il l'avait trouvée. Aujourd'hui, le voici sommé de s'improviser maire bâtisseur, maire entrepreneur, maire chasseur de primes ... Maire poule, enfin, lui qui tourne en ridicule les autres élus. Dans un récent sondage Sofres-«La Croix», 51 % des personnes interrogées le jugent autrement plus utile que le député. C'était l'inverse en 1977. Adieu le centralisme, vive le localisme: la France se découvre 37.000 nombrils.

Si Marianne s'abandonne si lascivement dans les bras de M. le Maire – la «fille maire» est, en effet, l'exception – c'est d'abord qu'il la travaille au corps: 60 % des administrés ont rencontré leur maire au moins une fois! Plus l'Etat recule, plus la stature de l'édile grandit. Et plus sa longévité s'étend: il fait en moyenne deux, et souvent trois, «sextennats», quand un préfet reste en place moins de trois ans. Du coup, le maire se sent pousser des couronnes seigneuriales. Il plastronne. «En France, deux charges comptent: président de la République et maire», trompette celui de Roanne. «Nous sommes tout à la fois grands sorciers, chefs du tribu, mais aussi boucs émissaires», admet démocratiquement celui de La Rochelle. «Jugez plutôt, expose, avec un brin de commisération, le Grenoblois: entre le conseil général et l'hôtel de ville, je gère 5 milliards. Le quintuple de ce dont je disposais comme ministre de l'Environnement ...»

Le moins qu'on puisse dire, c'est que ça se voit. On fait grand cas des pharaoniques travaux urbanistiques de Georges Frèche, à Montpellier. Mais des centaines de Montpellier se lèvent, du nord au sud, de Lille à Perpignan. A Lille, Pierre Mauroy a confié le réalisation d'un gigantesque centre d'affaires en verre – pour permettre de voir les TGV – au célèbre architecte néerlandais Rem Koolhass. A Perpignan, c'est Jean Nouvel qui vient d'emporter un contrat de la même envergure. A Lyon, l'Italien Renzo Piano, concepteur de Beaubourg, crée la Cité internationale ... «Un maire, un architecte.» Le slogan sonne l'heure de la revanche. Contre «les ingénieurs des Ponts et chaussées, qui, avec la foi du technocrate, taillent au carré la France urbaine de l'après-guerre», explique un professeur au CNRS et à Sciences po, spécialiste de l'administration locale.

Les Parisiens ont si peu l'habitude de voir les provinces bouger qu'ils taxent vite de mégalomanie cette poussée de fièvre urbaniste au-delà de leur périphérique. Idiot. «Notre nouveau pouvoir de séduction attire les entrepreneurs et ... la taxe professionnelle, réplique le maire de Nîmes – qui ouvrait une dizaine de chantiers dans une ville moribonde voilà six ans. Songez qu'ainsi tous nos emprunts ont été intégralement remboursés!» Aujourd'hui, Nîmes affiche 320 millions de francs d'investissement: plus que Marseille, huit fois plus peuplée! ... Même les petites communes sont saisies du virus des bâtisseurs. Toutes parlent d'«identité urbaine recouvrée», mais, cette fois-ci, maîtrisée par leurs soins.

... En six ans, la France municipale vient ainsi de découvrir qu'elle faisait exception dans la CEE. Non seulement la mairie occupe une fonction politique centrale, mais encore, souligne l'historien Maurice Agulhon, «la mairie, c'est le maire».

Extrait de: Guillaume Malaurie: Leurs Majestés les Maires; dans: L'Express, 17-03-89

Questions

1. Qu'est-ce que l'auteur veut exprimer par les passages «la France se découvre 37.000 nombrils» (ll. 22) et «Si Marianne ... l'exception» (ll. 23/24)?
2. Comment est-ce que l'auteur introduit les notions d'actualité et d'importance dans son article?
3. Faites le portrait généralisé d'un maire d'aujourd'hui tel que l'auteur nous le présente.
4. En quoi est-ce que l'attitude des citoyens envers leur maire a changé?
5. L'influence de l'Etat central et de la capitale a-t-elle changé? Appuyez-vous dans votre argumentation sur le texte!

Les Cahiers Français, N° 220, Mars-Avril 1985, p. 5

Solutions

1. Le nombre des nombrils nous renvoie au nombre des communes qui deviennent de plus en plus le pôle d'intérêt où le citoyen découvre la possibilité de participer à la gestion et au développement de sa commune en contact étroit avec les élus parmi lesquels il y a très peu de femmes maires. Les citoyens se détournent donc du centre ou nombril de l'Etat centralisé, Paris.
2. Face aux élections locales imminentes dont les résultats dépendent du lecteur-électeur, l'auteur attire l'attention sur le fait que, une fois arrivé dans l'isoloir, le lecteur élira des édiles qui géreront des sommes considérables, encore plus élevées que l'impôt sur le revenu. De plus, le nombre des élus locaux est égal à celui des élus aux USA. Ces élus auront en plus des compétences décisives dans la commune.
3. Le maire d'aujourd'hui recherche le contact avec l'électeur et le citoyen et dépasse de loin l'ancien rôle administratif de gérant. Il s'est mué en entrepre-

neur à l'affût de subventions et de nouveaux emplois. Le mandat, généralement renouvelé, et le cumul des mandats lui assurent un poids politique qui va en augmentant par rapport à celui des représentants de l'Etat ou de député. Mais les citoyens n'hésiteront cependant pas à voir en lui un bouc émissaire. Le budget qu'il a à gérer et qui est plus élevé que celui d'un ministre d'ordre moyen, pousse déjà certains Français à parler de nouveaux seigneurs (féodaux) en France qui entreprennent la construction de bâtiments représentatifs (cf. aussi texte 31).

4. Aujourd'hui, ils s'adressent à un «maire poule» qui leur semble être plus utile qu'un député et exigent de lui le dynamisme nécessaire au développement de la commune. Malheur à lui s'il n'a pas le succès espéré. On l'en rend responsable. Fini le temps d'un maire peu entrepreneur.

5. On peut constater un changement considérable. La révolution jacobine de tendance centralisatrice a été remplacée par la révolution girondine, de tendance décentralisatrice celle-ci.
   Les élus locaux disposent, grâce au cumul des mandats (cf. texte 43) et au changement assez rapide d'affectation des préfets, de budgets dont le montant dépasse le produit de l'impôt sur le revenu de l'Etat, et d'une continuité assurée par leurs mandats. A cela s'ajoutent les dotations. Ainsi, la province dynamique peut prendre sa revanche sur les ingénieurs du pouvoir central qui, partout en France, faisaient construire suivant leurs règles et normes d'un goût monopolisé. Mais cette fois-ci la critique vient de la capitale qui condamne la mégalomanie des provinciaux qui la concurrencent et la devancent.

Texte 24 – Guillaume Malaurie: Le retour des préfets

Un mouvement préfectoral, ça ressemble à un mouvement d'humeur. Quand le gouvernement change, les préfets bougent. Douze, cette fois. La tradition républicaine reste vivace. Mais, au fait, qu'est-ce qu'un préfet? C'est un commissaire de la République (appellation 1982) qui a recouvré son titre d'origine le 29 février 1988. Son nom, mais pas la fonction de jadis. Le préfet n'est plus le faiseur de députés du Second Empire. Les missi dominici de l'Etat ne tiennent même plus, du fait de l'émancipation des régions, les cordons des bourses régionales. Seraient-ils devenus les «messieurs tours-opérateurs», en gants blancs, des processions ministérielles? Dans les rangs de l'Ena, d'aucuns l'ont craint, qui se montraient plutôt tièdes à embrasser la carrière.

Après un passage à vide, et six années de décentralisation, le préfet reprend peu à peu confiance. «L'Etat, c'est moi. De chef d'orchestre, je suis devenu chef tout court. Le représentant à plein temps des ministères sur place», dit Mahdi Hacène, qui exerce dans le Bas-Rhin, à Strasbourg. En somme: moins de tutelle sur les autres, et davantage d'affirmation de soi. Quand on fait observer au préfet du Bas-Rhin qu'il a perdu, comme ses collègues, pas mal de troupes, passées aux collectivités locales, il s'amuse: «Regardez, ici, la Direction départementale de l'équipement: 50 personnes sous l'autorité directe du conseil général, mais 900 pour la préfecture ...»

Loin d'être tout à fait manchot, le préfet reste l'oeil averti de nos provinces. Veillant à ce que, forts de leurs libertés nouvelles, les élus n'en prennent pas trop à leur aise avec les comptes. En langue de bois, cela s'appelle le «contrôle de la légalité». Une fonction redoutable et redoutée. Art subtil que celui du préfet d'aujourd'hui. Moins «bonap'» – comprenez napoléonien – que «grand négociateur», explique un responsable de la DATAR (Délégation à l'aménagement du territoire). Traqueur d'emplois, mélangeur de talents dans des régions menacées par le virus clientéliste. Personne ne s'y est trompé: c'est bien dans cet esprit que Michel Rocard a confié aux préfets la haute main sur les commissions locales chargées de distribuer le revenu minimum d'insertion.

Paradoxe français: pour bien décentraliser, on fait appel aux ex-agents centralisateurs. A peu près incompréhensible aux yeux d'un Britannique ou d'un Allemand. En revanche, les pays à préfets, c'est-à-dire méditerranéens – Espagne, Italie, Grèce, Portugal ... – devraient suivre à la loupe cette manipulation génétique de notre administration.

Guillaume Malaurie: Le retour des préfets; dans: L'Express, 12-08-88

Vocabulaire

l. 6/7:	les missi dominici	Königsboten, im Mittelalter mit der Aufgabe der Kontrolle
l. 8:	la bourse	Geldbeutel, hier: Kasse
l. 9:	les «messieurs tours-opérateurs»	Reiseveranstalter
l. 10:	d'aucuns	einige
l. 10/11:	se montrer tiède à	wenig Begeisterung zeigen für
l. 21:	manchot	einarmig, hier: gewisser Kompetenzen verlustig gegangen

l. 23:	la langue de bois	Amts- oder Politikerfranzösisch
l. 27:	le traqueur	Treiber, hier eher: Jäger
l. 31:	le revenu minimum d'insertion	Mindesteinkommen, Sozialhilfe mit der Verpflichtung des Empfängers, seine Lage durch Arbeitssuche etc. zu normalisieren

Questions

1. Pourquoi est-ce que peu d'énarques (élèves de l'Ena) veulent s'engager dans la carrière de préfet?
2. Comment est-ce que, vue du côté de l'exercice de la fonction, la situation se présente?
3. Comment vous expliquez-vous le fait que, en 1982, la décentralisation menaçait les préfets et qu'ils ont reconquis le pouvoir?

Solutions

1. D'un côté, les préfets dépendent directement du gouvernement et doivent donc, en partie, lors d'un changement de gouvernement, changer à leur tour de lieu d'affectation de poste. Dépouillés de leurs anciennes compétences, ils ne seraient plus que des responsables du «groupe de voyage» ministériel.
2. En écoutant le préfet du Bas-Rhin, la situation a bien changé, et pas seulement dans le sens négatif. Le préfet, devenu chef des services d'Etat, exerce moins de contrôle direct et a pris la position de médiateur dans le département. Il veille à ce que les élus locaux ne gaspillent pas l'argent des contribuables et que le clientélisme ne se répande pas trop (cf. texte 33).
3. Etant le seul représentant du gouvernement dans le département, le préfet est aussi à la tête d'un dispositif considérable dont le conseil général et le département ont besoin. Comme le préfet n'est pas engagé dans les intrigues ou frondes locales, il peut servir d'intermédiaire neutre et de contrôleur compétent pour l'attribution des moyens financiers ou des allocations. Ainsi, sa fonction soutient le processus de décentralisation qui lui a apporté aussi des responsabilités supplémentaires, et gagne en importance.

Texte 25 – Raphaël Hadas-Lebel: Démocratie locale à petits pas

S'il est un projet qui pourrait faire quelque bruit dans le Landerneau des élus locaux, c'est bien le texte de loi que viennent de préparer Pierre Joxe[1] et Jean-Michel Baylet[2] sur «l'administration territoriale de la République». Moins révolutionnaire que la loi Defferre sur la décentralisation, le projet comporte pourtant, sur quatre points, d'importantes novations qui ne laisseront pas indifférente la classe politique.

Le renforcement de certaines compétences préfectorales sera sans doute regardé comme un grignotage – d'inspiration jacobine – des «franchises locales» consenties par la loi de 1982. Ce sera le cas pour le pouvoir donné au préfet de suspendre l'exécution des décisions locales dont il contesterait la légalité devant le tribunal administratif. Il en sera de même pour l'institution – inédite – d'un pouvoir hiérarchique du préfet de région sur les préfets de département. Il est vrai que la déconcentration se verra renforcée aux dépens de l'échelon central, qui, par une manière de révolution juridique, verra ses missions définies de façon limitative.

La création de «fédérations de régions» n'est qu'un modeste substitut à la refonte de la carte régionale française, souhaitée par certains. Mais elle permettra de regrouper, sur la base du volontariat, et pour des actions communes, des régions trop petites pour rivaliser avec celles de nos voisins européens. Encore faudra-t-il déterminer leurs compétences et éviter qu'elles ne constituent un échelon supplémentaire d'administration locale.

La création, sur la base du volontariat, de «communautés de communes» en zone rurale et le développement de communautés urbaines dans les agglomérations apparaîtront comme un utile correctif à l'émiettement bien connu de nos structures communales, lequel n'a d'ailleurs pas que des inconvénients pour la démocratie au quotidien. Mais, si les mesures proposées pour faire pression sur les communes récalcitrantes ont de bonnes chances de passer, nul doute que les élus verront une régression de la décentralisation dans l'attribution aux préfets, et non aux conseils généraux, de la responsabilité principale dans l'élaboration du «schéma départemental» de regroupement communal.

L'institution d'un référendum communal, enfin, est un incontestable instrument de participation du citoyen à la vie locale. Pourtant, même si l'initiative en est réservée au maire et au conseil municipal (ce qui exclut tout référendum d'initiative populaire) et la portée réduite à un simple avis consultatif, on sait que les élus n'aiment guère cette procédure, dans laquelle ils voient un dessaisissement de leurs compétences. Si l'on ajoute que le texte prévoit la participation au vote de tous les contribuables de la commune, français ou non, on devine les controverses auxquelles donnera lieu un projet qui apparaîtra comme un moyen trop habile de réintroduire par la bande le vote des immigrés.

On le voit: le projet Joxe est loin d'être dépourvu d'arrière-pensées politiques. Peut-il en être autrement, s'agissant d'une matière qui touche au coeur du pouvoir local? Il n'en pose pas moins quelques nouveaux jalons sur le chemin chaotique de la rénovation de la démocratie locale.

[1]Pierre Joxe: ministre de l'Intérieur
[2]Jean-Michel Baylet: secrétaire d'Etat aux collectivités territoriales

Raphaël Hadas-Lebel: Démocratie locale à petits pas; dans: l'Express, 23-02-90

Vocabulaire

l. 1:	il ya aura du bruit dans le Landerneau	Landerneau (Markt eines Kantons im Département Finistère); der Ausdruck verweist auf eine unbedeutende Nachricht, die dennoch die Neugierde erregt.
l. 8:	le grignotage	Aushöhlung
	la franchise	hier: Recht
l. 12:	inédit, e	unveröffentlicht, hier: neu
l. 14:	l'échelon m.	Ebene (Verwaltung)
l. 15:	limitatif, ve	einschränkend, begrenzend
l. 16:	le substitut	Ersatzmittel
l. 17:	la refonte	Umgestaltung
l. 18:	le volontariat	Freiwilligkeit
l. 24:	l'émiettement	Zersplitterung
l. 27:	récalcitrant,e	widerspenstig
l. 35:	la portée	Tragweite, Bedeutung
l. 37:	le déssaisissement	Entziehung
l. 42:	être dépourvu de	ohne
l. 44:	le jalon	Markierung; Richtlinie

Questions

1. Pourquoi est-ce que le projet de loi sur «l'administration territoriale de la République» sera mal accueilli par les élus locaux?
2. Quels avantages l'auteur voit-il à ce projet de loi?

3. Le projet de loi présente-t-il seulement des côtés positifs?
4. Qu'est-ce qui parle, à votre avis, pour ou contre un référendum communal tel qu'il est prévu par le ministre de l'Intérieur?

Solutions

1. Les élus verront probablement une tentative jacobine dans la proposition d'attribuer au préfet, dans l'exercice du contrôle de légalité, le pouvoir de suspendre la mise en pratique de leur décision jusqu'à la décision devant le tribunal. Pour eux, ce pouvoir représenterait déjà le premier pas vers l'abolissement des droits acquis en 1982. Ceci d'autant plus qu'on prévoit également l'élaboration des schémas départementaux pour le regroupement des communes sous la responsabilité du préfet.
   A leurs yeux, la réduction du nombre des communes et l'institution du référendum communal entraveraient encore leurs compétences, même si le dernier n'avait qu'une valeur consultative.
2. Les avantages se laissent résumer ainsi: le pouvoir hiérarchique du préfet de région sur ses collègues dans les départements représente un pas de plus dans la déconcentration administrative et par là dans la décentralisation. Les fédérations de régions prévues par le gouvernement permettront aux régions trop petites de mieux affronter leurs concurrents au niveau européen. Le regroupement communal corrigera quelque peu l'émiettement des communes françaises. Et finalement, le référendum communal augmentera les possibilités de participation des citoyens.
3. Raphaël Hadas-Lebel nous met en garde contre quelques faiblesses et risques du projet. Mis à part le volontariat qui sera exigé pour les fédérations de régions et les communautés de communes qui entrave peut-être le processus de concentration pour les collectivités territoriales, il faudra veiller à ce que ne s'établisse pas un nouveau échelon de l'administration locale au niveau interrégional.
   Les réticences des élus quant à l'élargissement des pouvoirs et compétences du préfet et quant au référendum communal se verront certainement renforcées par le fait que la loi proposée prévoit la participation des habitants étrangers qui paient des impôts dans la commune. Il ne faut pas oublier que le droit de vote pour les étrangers était déjà sujet à discussion lors de la campagne pour les présidentielles de 1988.

4. –

2 La commune et la décentralisation

2.1 Quelques données statistiques

Répartition des communes suivant l'importance de leur population

Nombre d'habitants	Nombre de communes		Population de ces communes	
	Total	%	Total	%
100.000 habitants et plus	36	0,1	8.931.152	16,2
50.000 à moins de 100.000	68	0,2	4.503.062	8,2
20.000 à moins de 50.000	285	0,7	8.702.912	15,7
10.000 à moins de 20.000	412	1,1	5.693.608	10,3
5.000 à moins de 10.000	817	2,2	5.588.695	10,1
2.000 à moins de 5.000	2.402	6,7	7.308.516	13,1
1.000 à moins de 2.000	3.771	10,4	5.227.558	9,4
500 à moins de 1.000	6.452	17,7	4.468.763	8,1
moins de 500	22.190	60,9	4.872.373	8,9
Total (métropole)	36.433	100,0	55.296.639	100

N.B.: 4 communes françaises sont inhabitées: Beaumont-en-Verdunois, Bezonveaux, Haumont près de Samogneux et Louvemont-Côte du Poivre, qui toutes se trouvent dans le département de la Meuse. Ce sont des communes dévastées de la première guerre mondiale.

Source: INSEE (récensement de 1982); d'après: Christian Defebvre e. a.: 6e Education civique. (Hachette) Paris 1986, p. 25

Les communes dans quelques pays d'Europe

Pays	**Nombre de communes**	**Nombre moyen d'habitants par commune**
Royaume Uni	459	120.000
Danemark	270	19.000
Pays-Bas	853	16.000
RFA[1]	8.500	7.100
France	36.433	1.518

[1]Avant la réunification

Source: Christian Defebvre e. a.: 6e Education civique. (Hachette) Paris 1986, p. 25

2.2 Les activités municipales

Texte 26 – Le maire d'une petite commune nous parle

Maire de Wy-dit-Joli-Village, commune rurale de 253 habitants du Vexin français dans le département du Val-d'Oise, M. C. Bossu nous donne ici son point de vue.

Vos relations avec les autres collectivités territoriales ont-elles changé depuis la décentralisation?

J'avais déjà de bons rapports avec le conseil général mais, il est vrai que l'on se sent plus proche du département. Le président est plus à l'écoute car c'est un élu et il est souvent concerné par les problèmes. Il n'en va pas de même avec la région car les rapports y sont plus administratifs qu'humains. Cela tient sans doute au fait que les conseillers régionaux sont plus des politiques que des hommes de terrain. La décentralisation a cependant ses contraintes. Le maire se sent plus surveillé; les contrôles se sont multipliés notamment en ce qui concerne les aspects financiers. D'autre part, les communes ont dû participer aux frais supplémentaires entraînés par la décentralisation pour les départements. Le maire et son conseil sont donc obligés en contrepartie d'augmenter les impôts locaux, ce qui n'est pas toujours très apprécié ni bien compris des administrés.

De quelle manière la région et le département aident-ils une petite commune à s'équiper?

Notre petite commune n'a ni industrie ni commerce susceptibles de lui assurer des ressources importantes et certains travaux comme ceux d'assainissement sont une charge très lourde, même si ces collectivités les prennent en charge pour une grande part (...)

Il existe deux types d'aide. Le contrat régional qui s'adresse à des petites communes qui ont un projet commun. Le dossier est alors étudié séparément par le département et par la région. Le financement est de 30 à 35 % pour le premier et de 40 à 45 % pour la seconde. Cette aide concerne, par exemple, des travaux d'adduction d'eau, l'acquisition de matériel (...) Le contrat rural fonctionne de la même manière mais concerne des opérations plus sociales comme la construction d'une salle des fêtes, d'un terrain de sports (...)

Dans les deux cas, je regrette que le cheminement des dossiers soit si long entre le dépôt des dossiers et la réalisation du projet. Il prend en effet près de trois ans.

Interview accordée par M. C. Bossu, le 6 février 1987; dans: Jean Mastias: 5e Education civique. (Nathan) Paris 1987, p. 75

Questions et travaux d'étude

1. Comparez les données statistiques concernant la France et la RFA. Que peut-on constater?
2. Pourquoi est-ce qu'une grande partie des communes françaises a besoin du soutien du département et de la région?
3. Quels sont les avantages et les désavantages de la décentralisation aux yeux du maire de Wy-dit-Joli-Village?

Les Cahiers Français, N°220, Mars-Avril 1985, p. 37

Solutions

1. Nombre très élevé de petites communes. Le chiffre total des communes en France dépasse de loin celui de la RFA. Vue la différence qu'il y a entre la population totale de la France et de la RFA, le nombre élevé des communes françaises étonne. Le nombre des communes allemandes n'est qu'un quart de celui de France. Quand on considère le nombre moyen d'habitants par

commune, on constate que le chiffre français ne représente qu'un cinquième de celui d'Allemagne. Le nombre élevé de petites communes ayant moins de 500 habitants (presque deux tiers du total) mène à la conclusion que ces communes auront probablement des difficultés administratives face aux problèmes qu'elles doivent confronter.

2. A cause du manque de ressources (taxe professionnelle) venant de l'industrie ou du commerce dans une grande commune, les petites communes ne sont pas en mesure de financer les travaux et investissements nécessaires. C'est là que les autres collectivités territoriales interviennent. Ainsi, la commune ne doit financer que 20 % des coûts dans le meilleur des cas.
3. Les élus du département sont plus prêts à s'occuper des soucis de leurs concitoyens parce que ce sont des «hommes de terrain». Ceci change déjà dans les rapports avec les conseillers régionaux. Le maire se plaint cependant d'un contrôle intensifié et regrette d'avoir été obligé d'augmenter les impôts locaux à cause des frais supplémentaires de la décentralisation. Malgré la décentralisation qui est censée abréger les délais, le cheminement des dossiers dure encore trop longtemps (jusqu'à trois ans).

Texte 27 – Les pouvoirs de la commune

Domaines	**Nouvelles compétences des communes depuis la loi du 2 mars 1982**
Urbanisme	La commune établit le P.O.S. (plan d'occupation des sols) ou participe à l'élaboration intercommunale des schémas directeurs. Quand le P.O.S. est approuvé, le maire délivre les permis de construire et les autorisations de l'utilisation du sol de la commune.
Action économique et sociale	La commune peut intervenir en matière économique et sociale. Selon son budget et sans faire prendre de risques financiers démesurés, elle peut sauver des entreprises, créer des emplois ou mener une politique sociale. Elle instruit les dossiers d'aide sociale. Elle assure l'hygiène publique. Elle peut aussi réaliser une action intercommunale de développement économique.

Enseignement	La commune assure la création, la construction et l'entretien des écoles maternelles et élémentaires; l'organisation d'activités éducatives, sportives et culturelles complémentaires des programmes scolaires. Elle peut modifier les heures d'entrée et de sortie des élèves.
Transports scolaires	La commune finance et organise les transports urbains dans le périmètre urbain.
Environnement	La commune peut donner son avis au département pour la définition des itinéraires de promenade ou de randonnée.
Action culturelle	La commune prend en charge les services culturels, les musées ou les bibliothèques.
Ports maritimes	Les ports de plaisance relèvent de la compétence des communes.

Source: Christian Defebvre: 6e Education civique. (Hachette) Paris 1986, p. 37

Les Cahiers Français, N°220, mars-avril 1985, p. 42

Texte 28 – Les interlocuteurs du conseil municipal et du maire

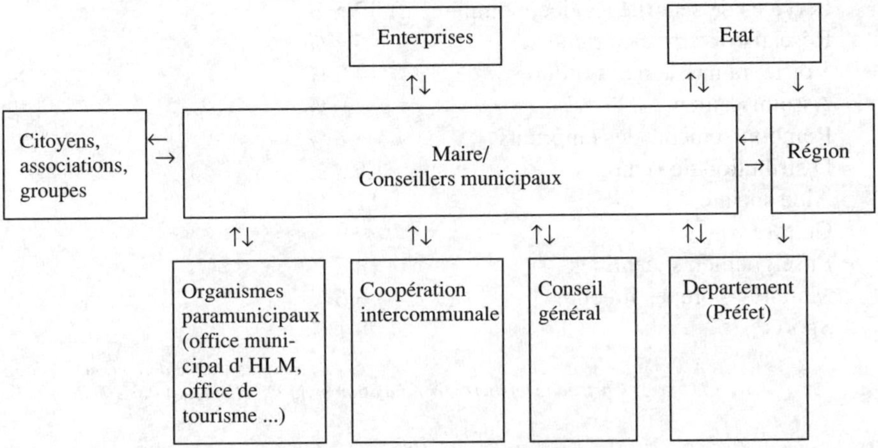

D'après: Christian Defebvre: 6e Education civique.(Hachette) Paris 1986

Texte 29 – D'où vient l'argent?

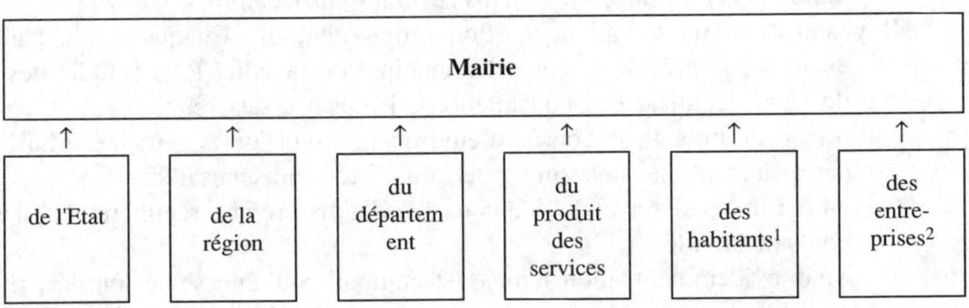

[1]taxe d'habitation, taxes foncières
[2]taxe professionnelle

D'après: Christan Defebvre: 6e Education civique. (Hachette) Paris 1986

Texte 30 – Où va l'argent?

Services de sécurité (police, pompiers ...)	12,5 %
Réseaux divers (électricité ...)	5,4 %
Voirie, ramassage des ordures	14,2 %
Assainissement	7,0 %
Remboursements des emprunts	4,6 %
Distribution de l'eau	6,3 %
Aide sociale	11,7 %
Culture	9,9 %
Enseignements, cantines	13,7 %
Marchés, pompes funèbres	6,6 %
Sports	8,1 %

Source: Mairie de Toulouse, 1985.
D'après: Christian Defebvre: 6e Education civique. (Hachette) Paris 1986, p. 71.

Texte 31 – Le maire d'une grande ville: Dominique Baudis, maire de Toulouse

Diriger une grande ville comme Toulouse vous occupe sans doute sept jours sur sept. Pouvez-vous nous raconter votre emploi du temps?

Il y a d'abord un travail de gestion proprement dit. Chaque lundi, par exemple, je préside le conseil municipal de la ville. Puis j'étudie des dossiers, je mène des consultations, j'assiste à des réunions ... A ce travail de bureau, je consacre environ la moitié de la semaine. Mais, parallèlement, je suis sur le terrain. C'est indispensable si je veux garder le contact avec les Toulousains. J'aime prendre régulièrement le pouls de la ville.

Mais évidemment, mon temps est compté! Sur une seule journée, il m'arrive de recevoir six à huit personnes en rendez-vous particulier (le directeur de l'école d'architecture ou de l'hôpital, l'un ou l'autre de mes adjoints ...), de remettre un prix au meilleur artisan-pâtissier de la ville, par exemple, à la suite d'un concours, puis de déposer une gerbe sur un monument, de visiter une nouvelle entreprise et, enfin, d'inaugurer une exposition. Une journée comme celle-là, très chronométrée, n'est pas exceptionnelle. Mais quel marathon!

Vous gérez la ville entouré d'une équipe. Qui travaille avec vous?

Je compte beaucoup sur mes conseillers municipaux. Ils sont 69: 56 conseillers élus sur ma liste et 13 conseillers d'opposition. Bien sûr, il

existe quelques tensions; mais je peux vous dire que la plupart des décisions sont prises à l'unanimité.
Pour que le travail se fasse, je délègue un certain nombre de responsabilités à 17 maires-adjoints et à 13 conseillers délégués. Ces 30 personnes suivent des dossiers particuliers (voirie, urbanisme...) Cette procédure de délégation est nécessaire, mais il faut veiller à ce que chacun ne prenne pas des décisions dans son coin! Au début de mon mandat, j'agissais un peu comme un rédacteur en chef, répartissant les tâches comme on confie tel reportage à tel journaliste! Très vite, j'ai compris qu'il fallait veiller à la cohérence de l'action municipale.
Enfin, dans une mairie importante, il ne faut pas oublier le rôle essentiel du secrétaire général. C'est l'équivalent du secrétaire de mairie dans une petite commune. C'est lui le chef de l'administration. Alors que le maire peut changer, aux élections, lui reste à son poste. Il gère l'administration de la deuxième entreprise de la ville, après l'hôpital! Car la mairie emploie à elle seule 8 000 personnes.

Quand on est maire d'une grande ville, on doit aussi la promouvoir. Comment faites-vous?

Chaque maire a un peu son hobby et sa manière à lui de diriger la ville est souvent influencée par son métier d'origine. Mon métier était le journalisme. Aussi la communication m'intéresse. Je suis sensible à l'image de marque de ma ville, à la façon dont elle est perçue. Toulouse est la 4e ville de France et très longtemps elle est restée méconnue. Elle s'est développée grâce aux industries de pointe comme l'aérospatiale. Aujourd'hui, plus que jamais, je veux donner aux gens l'envie de s'y installer, de participer à son développement.
D'autre part, les jumelages peuvent avoir un effet bénéfique sur la promotion de la ville. Toulouse est jumelée à six villes: Bologne, Tel Aviv, Atlanta, El Che, Kiev et Chongqing[1]. Avec Atlanta et Chongqing, les échanges commerciaux sont réels. Des contrats commerciaux ont été passés avec des Chinois. Et récemment, des acheteurs américains sont venus dans la région pour le compte d'une grande chaîne de magasins dont le siège est à Atlanta. Une grande ville ne doit pas négliger les relations internationales.

[1]Ces villes se trouvent en: Italie, Israël, Etats-Unis, Espagne, U.R.S.S., Chine.

Extrait de: Christian Defebvre: 6e Education civique. (Hachette) Paris 1986, p. 38.

Questions et travaux d'étude

1. Informez-vous sur le financement et les dépenses d'une commune.
2. Etudiez les dépenses de la ville de Toulouse et attribuez-leur les compétences municipales qui y correspondent (cf. texte 27«Les pouvoirs de la commune»). Pour quelles tâches croyez-vous que la commune puisse demander des subventions? (Pour ce faire, référez-vous au tableau «Qui fait quoi?» ci-dessous).
3. Comment est-ce que le travail administratif est organisé à Toulouse? Y a-t-il une différence entre les responsables?
4. De quelle manière Dominique Baudis essaie-t-il de promouvoir sa ville? Quelle compétence assume-t-il ainsi?

Solutions

1. –
2. –
3. Il y a d'abord le maire et les conseillers élus. Le premier délègue des responsabilités à des maires-adjoints et des conseillers délégués, mais veille à la cohérence du travail administratif. A côté d'autres services municipaux, l'administration municipale (la mairie) est dirigée par le secrétaire général, un fonctionnaire.
4. Déjà la taille de Toulouse aide beaucoup en cela. L'implantation d'une industrie de pointe (l'aérospatiale) en attire d'autres, ce que le maire supporte par son travail de promotion (p. ex. les jumelages, publicité touristique et économique) et la signature de contrats avec des entreprises qui désirent s'implanter. Depuis 1982, les communes peuvent intervenir seules ou en coopération dans le domaine économique pour créer ou sauver des emplois.

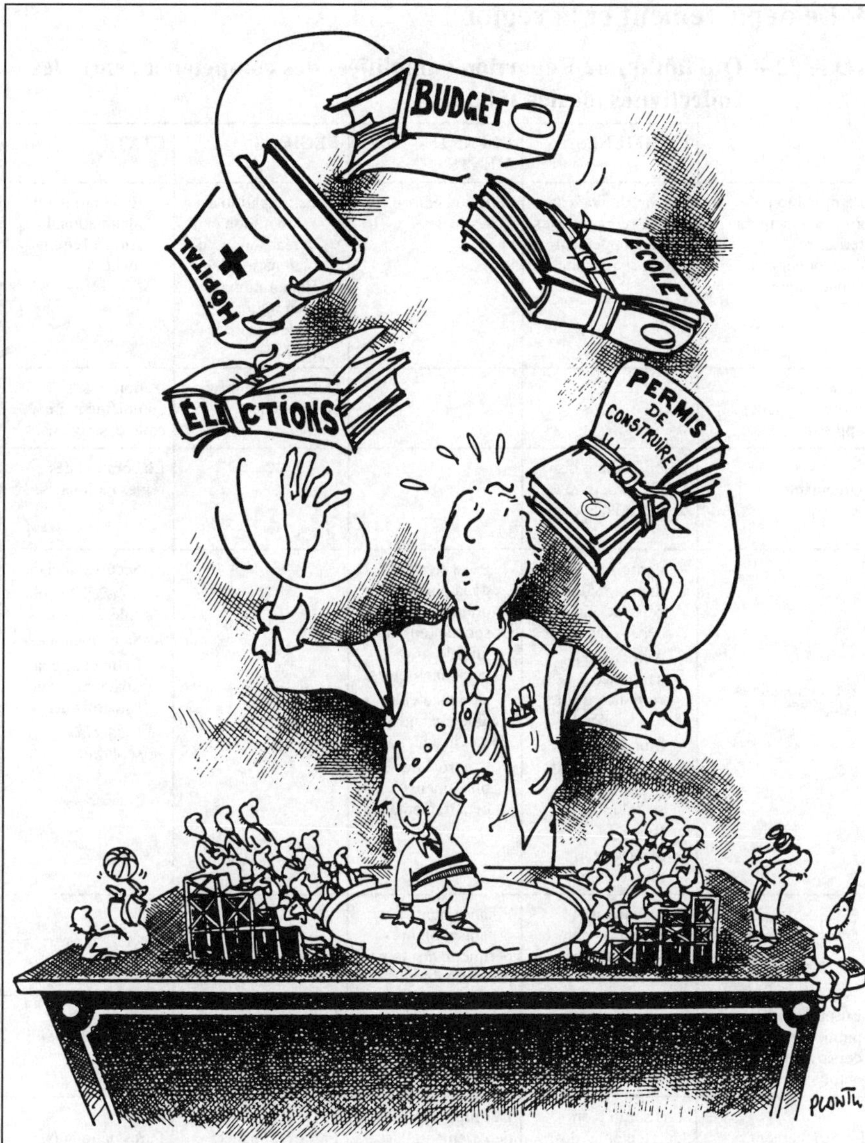

Les Cahiers Français, N°220, mars-avril 1985, p. 40

3 Le département et la région

Texte 32 – Qui fait quoi? Répartion (simplifiée) des compétences entre les collectivités locales 1986

	COMMUNES	DÉPARTE-MENTS	RÉGIONS	ÉTAT
Planification, aménagement du territoire, développement économique.	Élaboration de chartes intercommunales de développement et d'aménagement.	Aide aux entreprises.	– Participation à l'élaboration et à la réalisation du plan national. – Élaboration du plan régional. – Aide aux entreprises.	– Élaboration du plan national. – Aide à l'équipement.
Formation professionnelle, apprentissage.			Définition et mise en œuvre des actions.	Action complémentaire à celle des régions.
Urbanisme.	Établissement des P.O.S. et délivrance des permis de construire.			Élaboration des règles nationales.
Action Sociale et Santé	– Participation financière aux dépenses du département. – Admission d'urgence à certaines formes d'aide sociale. – Étude des dossiers par les bureaux d'aide sociale. – Bureaux d'hygiène municipale.	– Prise en charge de la plupart des prestations d'aide sociale (enfance, famille, personnes âgées, aide médicale, aide ménagère, handicapés). – Contrôle des établissements départementaux.		– Sécurité sociale. – Solidarité nationale. – Santé mentale. – Lutte contre la toxicomanie et l'alcoolisme. – Médecine scolaire.
Transports scolaires.	Financement et organisation dans le périmètre des transports urbains.	Financement et organisation hors périmètre des transports urbains.		
Enseignement public (création, construction, entretien).	Écoles élémentaires et classes maternelles.	Collèges.	Lycées et établissements d'éducation spéciale.	Carte universitaire.
Environnement.	Avis sur le plan départemental des promenades et des randonnées.	Définition du plan départemental des promenades et des randonnées.	Parcs régionaux.	Parcs nationaux.

Jean Mastias: 5e éducation civique. (Nathan) Paris 1987, p. 19

Question

1. Dans le domaine de l'enseignement public, on parle de compétences partagées. Expliquez-en les raisons.
2. Dans le domaine de l'urbanisme, on parle par contre de compétences réparties «en bloc». Expliquez-en les raisons.

Solutions

1. Le schéma montre de manière distincte les compétences réparties entre les collectivités locales et l'Etat. Les communes sont responsables de la construction et de l'entretien des écoles élémentaires et maternelles, le département des collèges et la région des lycées et d'autres établissements d'éducation spéciale. L'Etat établit la carte universitaire et est ainsi responsable des universités et des écoles nationales de même que du corps des enseignants et professeurs. Ainsi, chaque collectivité locale et aussi l'Etat sont chargés de la tâche qu'ils peuvent le mieux assumer. Les administrations s'occupent donc des établissements à leur taille et sont en mesure de trancher à une proximité optimale des administrés.
2. Il revient à la commune d'établir ses POS. et de délivrer les permis de construire dans le cadre de la législation nationale, laquelle sert à éviter des inégalités ou des abus. Mais c'est au niveau de la commune qu'on décide le mieux suivant les données et nécessités locales.

4 Le département et ses organes

4.1 Le préfet (commissaire de la République)

Texte 33 – Ce que fait un préfet

Avant 1982, le préfet était l'unique autorité administrative du département, à la fois représentant du gouvernement et organe chargé de préparer et d'exécuter les décisions du conseil général. La décentralisation lui a ôté cette seconde fonction mais il conserve et renforce sa mission de représentant de l'Etat ...

Qui est-il?

– Représentant de l'Etat, le préfet est nommé en conseil des ministres. Il est chargé d'appliquer la politique du gouvernement. Il change souvent de lieu d'affectation. On peut mettre fin à ses fonctions. Il ne doit par s'absenter de son département sans autorisation ministérielle.
– Homme de confiance du gouvernement, il représente le Premier ministre et chacun des ministres. Il est le seul à pouvoir parler au nom de l'Etat dans le département. Dans les cérémonies, revêtu de son uniforme, il occupe toujours le premier rang dans l'ordre protocolaire.

Que fait-il?

– Son rôle est d'abord d'informer. Il explique aux citoyens ce que le gouvernement veut faire. Il expose aux ministres l'opinion de la population, ses désirs, les problèmes locaux qui existent. Ses rapports aident le gouvernement à prendre ses décisions.
– Il veille à l'application et au respect des lois et règlements nationaux.
– Il assure le maintien de l'ordre public. Il prend donc, par arrêté, les mesures touchant la sécurité, la sûreté et la tranquillité des citoyens, mais aussi l'hygiène et la salubrité publiques. Il dispose de la police d'Etat et de la gendarmerie. Il dirige le service départemental d'incendie et de secours (que gère le président du conseil général). Dans certains départements, il est assisté d'un commissaire de la République délégué pour la police.
– Il est chargé d'appliquer la politique économique de l'Etat dans le département. Il peut ainsi aider au développement d'entreprises pour lutter contre le chômage ou contribuer à la réussite de la planification nationale.

– Mais il est aussi le chef de toutes les administrations d'Etat dans le département et il entretient des relations étroites avec les collectivités territoriales.

Avec qui?

– Le préfet dirige les services de l'Etat dans le département.
– Les services de la préfecture sont encadrés par les deux principaux collaborateurs du préfet: le directeur du cabinet et le secrétaire général. Localement, un sous-préfet (commissaire adjoint de la République) dirige la sous-préfecture de chaque arrondissement.
– Les services extérieurs de l'Etat sont les antennes locales des ministères. Chacun s'occupe d'un domaine particulier: agriculture, équipement, jeunesse et sports, etc. Ils sont souvent regroupés dans un bâtiment appelé cité administrative. Depuis 1982, le préfet les dirige alors que, jusque-là, ceux-ci dépendaient d'abord de leur ministère. En tant que supérieur hiérarchique, il note les chefs de service; il peut leur déléguer sa signature mais il prend personnellement les décisions importantes; le courrier échangé entre les ministères et leurs services locaux passe par la préfecture, etc.
– Par exception, quelques services échappent à l'autorité du préfet: l'armée, l'inspection du travail, la justice, les finances, l'éducation nationale.

Extrait de: Jean Mastias: 5e Education civique. (Nathan) Paris 1987 (adapté)

4.2 L'organisation du travail d'une préfecture

Texte 34 – La préfecture d'Ille-et-Vilaine. Organigramme

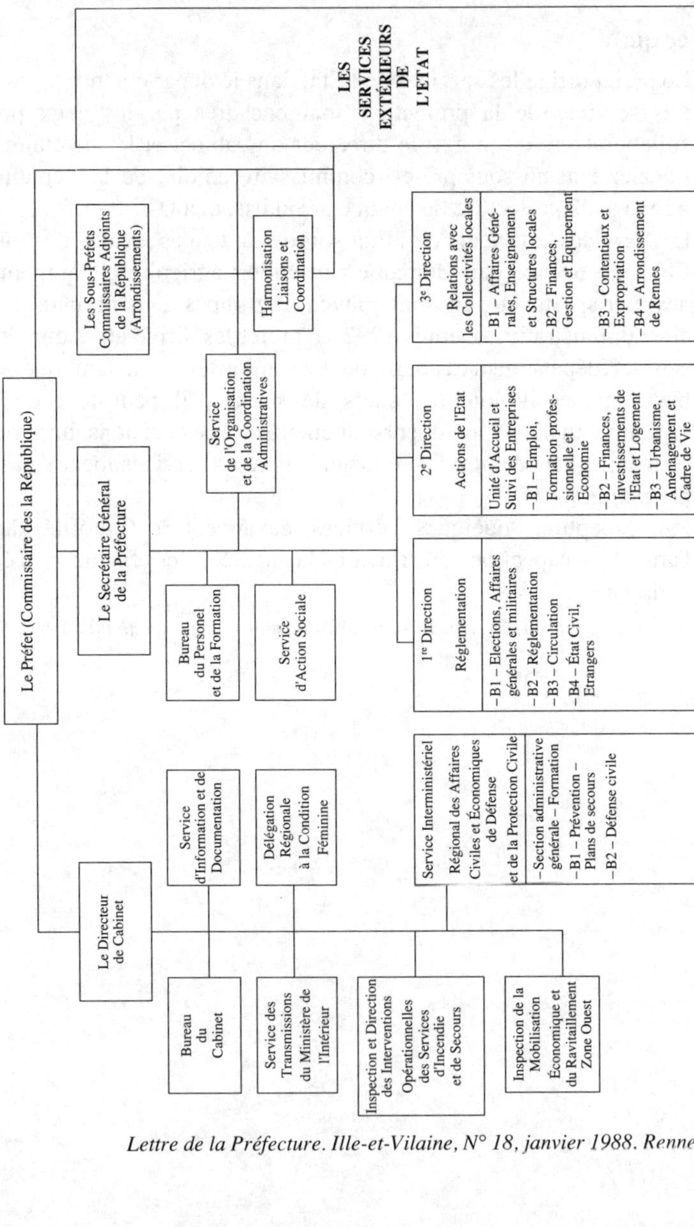

Lettre de la Préfecture. Ille-et-Vilaine, N° 18, janvier 1988. Rennes

Texte 35 – Une préfecture à «trois directions»

COMMISSAIRE DE LA REPUBLIQUE DU DEPARTEMENT

↓ ↓ ↓ ↓

DIRECTEUR DE CABINET

- Bureau du cabinet
- Bureau de défense
- Direction de la protection civile
- Service des transmissions
- Service de documentation et de relations avec la presse.

SECRETAIRE GENERAL
Bureau du secrétariat général

↓ ↓ ↓

DIRECTION DE LA REGLEMENTATION

- Bureau des élections et de l'administration générale
- Bureau de l'état civil et des étrangers
- Bureau de la circulation
- Bureau de l'urbanisme et du cadre de vie

DIRECTION DES ACTIONS DE L'ETAT

- Bureau de l'action économique et de l'emploi
- Bureau du plan, de la population et de l'aménagement du territoire
- Bureau de géstion des affaires de l'Etat

DIRECTION DES AFFAIRES DECENTRALISEES

- Bureau du contrôle de légalité
- Bureau du contrôle budgétaire
- Bureau des affaires départementales
- Bureau de l'arrondissement chef-lieu s'il existe

N. B. Dans les plus petites préfectures, les directions des actions de l'Etat et celle des affaires décentralisées sent regroupées.
Dans les pus grosses préfectures, la direction de la réglementation est divisée en une direction de la réglementation (affaires de réglementation et polices administratives, état civil et étrangers, circulation) et une direction de l'administration générale (élections, urbanisme, logement, environnement).

Guide des collectivités locales. Xavier Bezançon et Olivier van Ruymbeke. Paris, Ed. Moniteur. 1986, p. 30

Texte 36 – Carte du département d'Ille-et-Vilaine

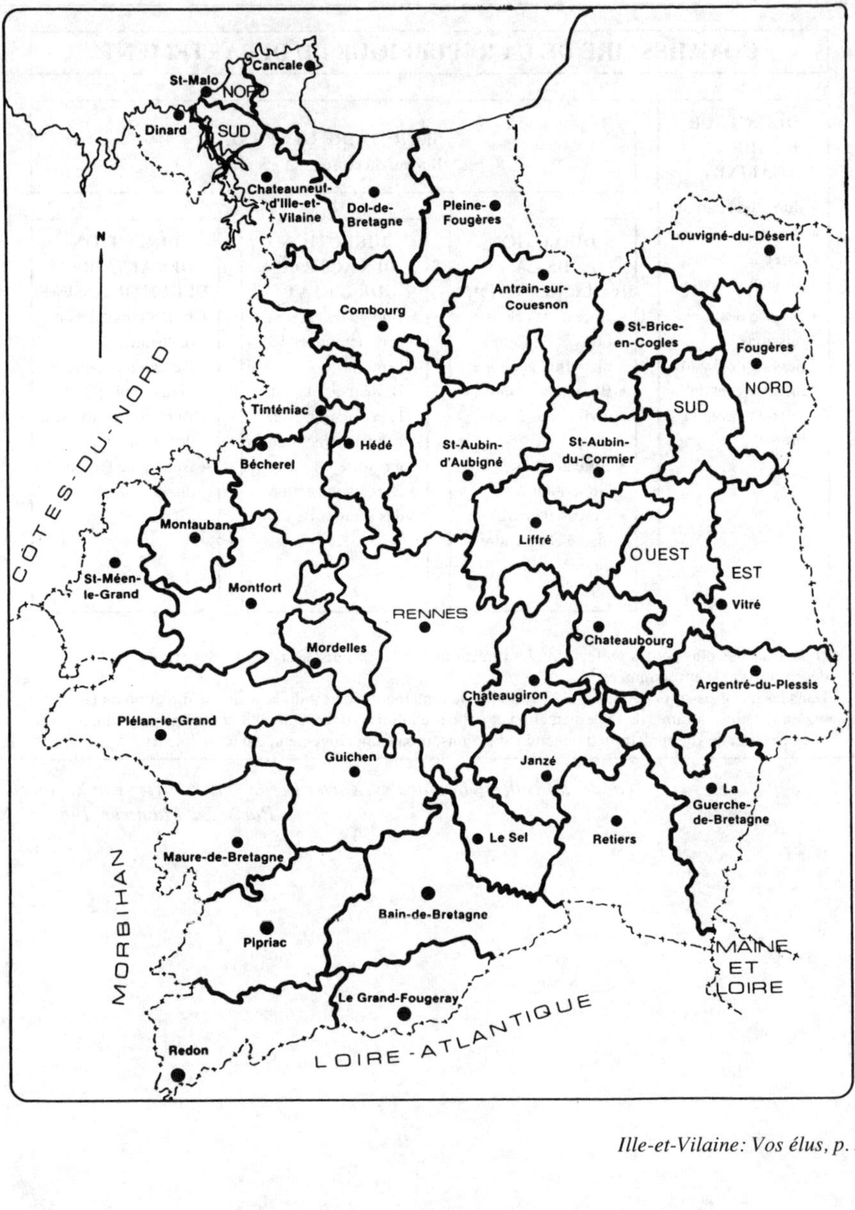

Ille-et-Vilaine: Vos élus, p. 3

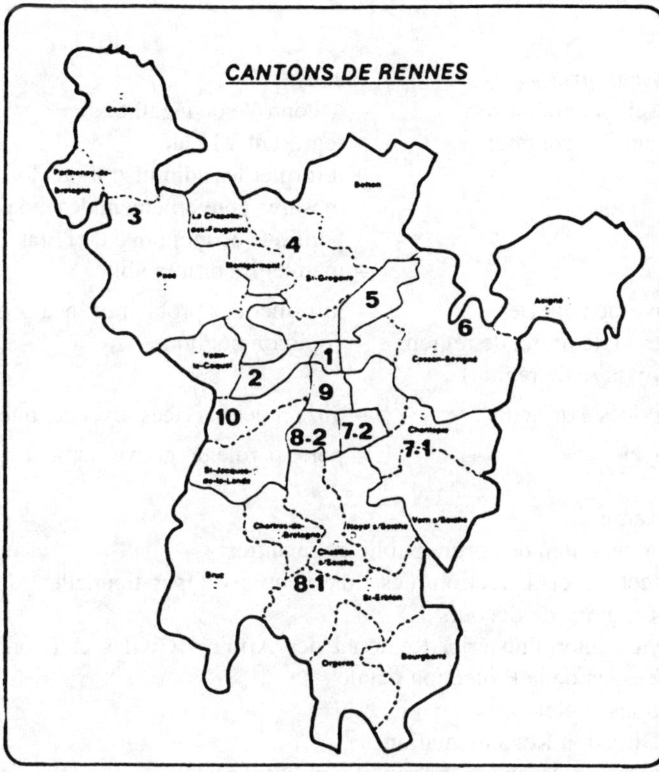

Ille-et-Vilaine: Vos élus, p. 3

Questions et travaux d'études

1. Groupez les interlocuteurs du préfet et les tâches qu'il doit accomplir envers eux.
2. Essayez d'attribuer les tâches mentionnées dans le texte 33 aux différents bureaux et services de la préfecture d'Ille-et-Vilaine.
3. Comparez les deux organigrammes. En quoi est-ce que la distribution des tâches de la préfecture d'Ille-et-Vilaine diffère de celle du modèle?

Solutions

1. **Interlocuteurs:**

Interlocuteurs	tâches
le conseil général et son président, les communes,	– le contrôle de légalité – représenter l'Etat – informer les administrations locales des mesures gouvernementales et appliquer la politique économique de l'Etat – maintenir l'ordre public
le gouvernement (les ministres), le préfet de région (commissaire de région)	– informer des problèmes locaux et de l'opinion publique
les services extérieurs	– diriger ces services (excepté quelques-uns)
le citoyen	– porte parole du gouvernement

2. Par exemple
   pour le maintien de l'ordre public entre autres:
   - Inspection et Direction des Interventions Opérationnelles des Services d'Incendie et de Secours
   - Service Interministériel Régional des Affaires Civiles et Economiques de Défense et de la Protection Civile
   - les Sous-Préfets
   - 1re Direction Réglementation
   - Services Extérieurs: gendarmerie, police d'Etat

3. La répartition des tâches entre les directions à Rennes n'est pas la même. Un seul exemple suffira: le bureau de l'urbanisme fait partie dans le département d'Ille-et-Vilaine de la deuxième et pas de la première direction. L'organigramme de la préfecture de Rennes est par nécessité beaucoup plus détaillé que celui du modèle qui doit servir à des préfectures de toute taille.

4.3 Le Conseil général et son président. L'exemple d'Ille-et-Vilaine (Bretagne)

Texte 37 – Les conseillers généraux et leurs tâches

51 ÉLUS
construisent votre département

LE CONSEILLER GENERAL: QUI EST IL?

- est élu pour 6 ans au suffrage universel direct;
- défend les intérêts de son canton dans le cadre de la politique général du département;
- est l'interlocuteur privilégié entre ses électeurs et l'administation.

LE CONSEIL GENERAL : COMMENT FONCTIONNE-T-IL?

- se réunit au moins une fois par trimestre au cours de séances publiques;
- est renouvelable par moitié tous les 3 ans;
- fixe lex orientations de la politique départementale et vote le budget;
- élit un Président pour 3 ans, détenteur du pouvoir exécutif et chef des services départementaux, et également un Bureau chargé de régler les affaires courantes.

LE CONSEIL GENERAL : A QUOI SERT-IL?

- il intervient dans des domaines prioritaires comme:
  - l'action sociale;
  - les voies de communication;
  - les transports;
  - les collèges (enseignement public et privé);
  - la culture;
  - l'action économique;
  - le tourisme;
  - l'environnement;
  - les équipements sportifs;
  - l'aménagement rural ...

FONCTIONNEMENT

↓

ELECTEURS

↓

LE CONSEIL GENERAL : 51 MEMBRES

élit tous les 3 ans

↓

LE PRESIDENT

↓

BUREAU

règle les affaires courantes; il comprend:
- le Président,
- 10 vice-présidents,
- 3 présidents de commission.

COMMISSIONS

préparent les décisions soumises à l'Assemblée.

1re commission
finances, bâtiments départementaux, bourses, subventions, ramassage scolaire.

2e commission
voirie départementale, électrification, eau potable, assainissement, équipement en général.

3e commission
aide sociale, enseignement public et privé, agriculture, commerce, industrie, affaires diverses.

L'ILLE-ET-VILAINE

6774 km^2

774.500 habitants
(dont 234.418 pour l'agglomération rennaise)

353 communes

51 cantons

4 arrondissements:
FOUGERES; REDON, RENNES, SAINT-MALO

1 milliard 900 millions de F pour

D'OU VIENT L'ARGENT?

contributions extérieures:	**965.111.086 F**
fiscalité directe:	**566.503.804 F**
fiscalité transférée:	**296.400.000 F**
emprunts:	**65.000.000 F**

OÙ VA L'ARGENT?

BUDGET PRIMITIF 1988

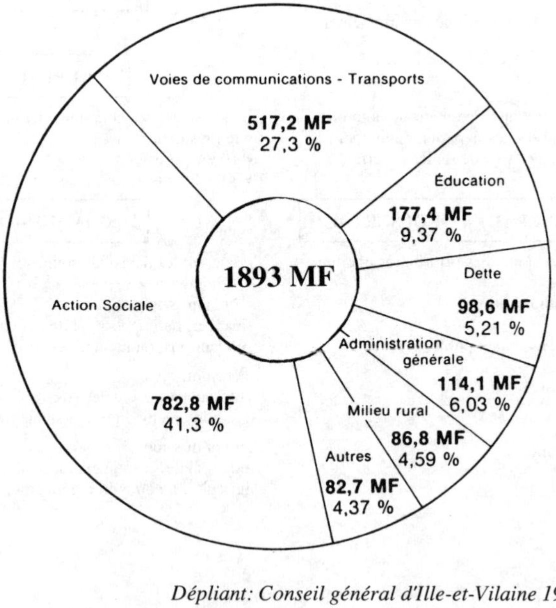

Dépliant: Conseil général d'Ille-et-Vilaine 1988, Rennes 1988.

Texte 38 – Le conseil général du département

LE CONSEIL GENERAL (C.G.)		
ELIT		**REGLE**
↓	↓	↓
LE PRESIDENT DU C.G.	**LE BUREAU**	
prépare et exécute les délibérations du C.G.	peut recevoir délégation de pouvoir du C.G. dans certains domaines Il comprend:	**IL VOTE** notamment • budget départemental • emplois départementaux • création de services départementaux • subventions • schéma prévisionnel des investissements des collèges • programme d'aide à l'équipement rural • classement des routes départementales
NOMME ET DIRIGE LES AGENTS DEPARTEMENTAUX	**LES VICE-PRESIDENTS**	
placés sous l'autorité d'un directeur des services du département qui peut recevoir délégation de pouvoir du président	qui peuvent recevoir individuellement délégation de pouvoir du président du C.G.	
DISPOSE		
des services de l'Etat nécessaires à l'exercice de ses compétences.	**LES SECRETAIRES**	**IL AUTORISE** le Président du C.G. à conclure des marchés

Guide des collectivités locales. Xavier Bezançon et Olivier van Ruymbeke, Paris, Ed. Moniteur 1986, p. 30

Texte 39 – Le conseil général d'Ille-et-Vilaine, Organigramme

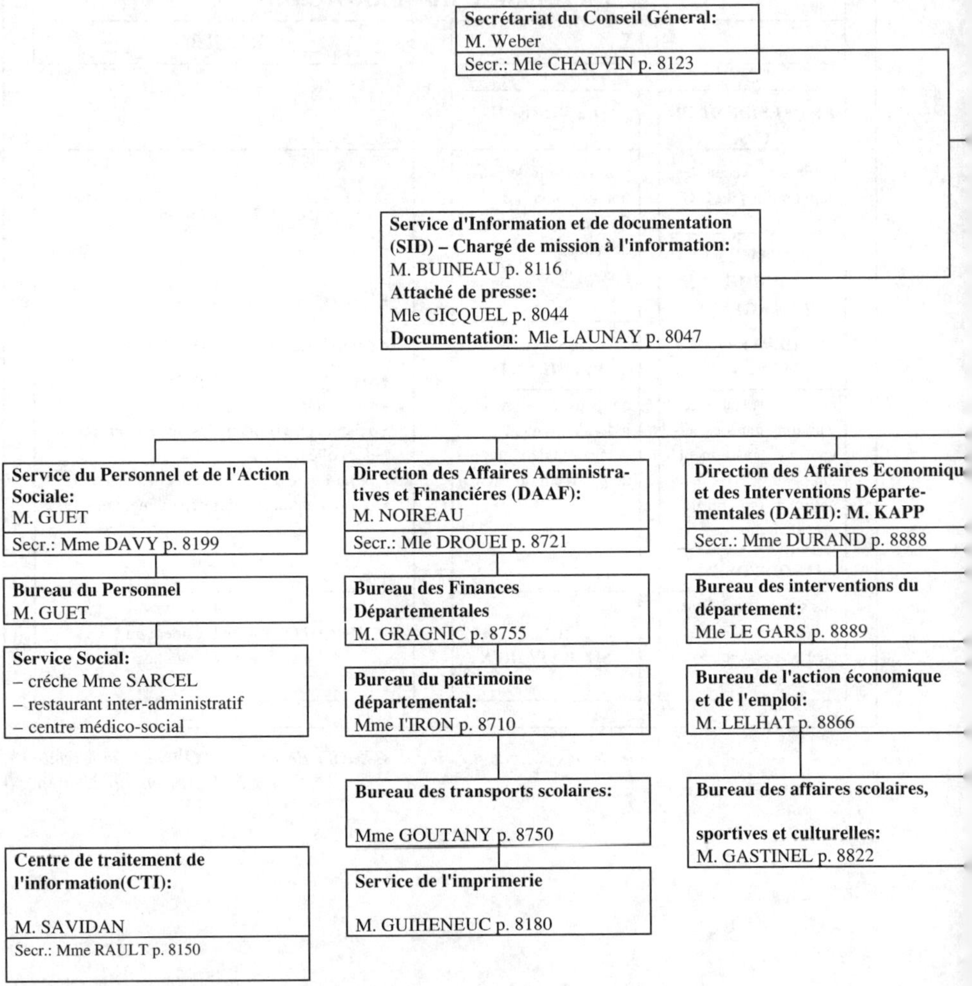

Conseil général d'Ille-et-Vilaine, 1988

President du Conseil Géneral
M. Pierre MEHAIGNERIE
Secrétariat: Mme RENAUDIN p.8111

Adjoint au Directeur Général chargé de mission aux affaires économiques:
M. de SAINT CHAMAS p. 8126

Chargé de mission aux Affaires Sociales
M. TAPON p. 8130

Chargé de mission aux Affaires Culturelles
M. LELIEVRE p. 8136

Chargé de mission aux Technologies nouvelles
et à la Recherche
M. SAVIDAN p. 8150

Directeur Général des Services Départementaux:
M. Alain de BOUTEILLER
Secrétariat: Mme JAULENT p. 8120

Coopération avec MOPTI
M. WARON
p.8132

Assistante Sociale:
Mme
SALAUN

Direction des Affaires Soziales (DAS 35):
M. GUILLERM
Secr.: Mme MARION p. 9418

Sous-direction de l'aide sociale et de l'action sociale:
Mle DARTOIS p. 9410

Sous-direction enfance – famille:
M. FONTAINE p. 92100

Sous-direction gestion des

moyens, contrôle, planification
M. TRELLU p. 9205

Direction des Routes Départementales (DRD): M. LE GUERN
Chargée de mission:
Mle MERRIEN p. 8258
Secr.: Mme RENAULT p. 8255

Bureau technique, administratif et financier (BTAF):
M. MACE p. 8259

Subdivision d'études et travaux n° 1:
M. MONNIER p. 8271

Subdivision d'études et travaux n° 2:
M. PICOUAYS p. 8274

Subdivision d'etudes et

travaux n° 3

M. SCHMITZ 99.82.12.50

Bureau foncier (BF)

M. NEVEU p. 8371

Direction de l'Aménagement et de l'Environnement (DAE)
M. PUECH
Secr.: Mle ARNAUD p. 8533

Equipe pluridisciplinaire

Bureau des espaces naturels:
M. BOULMER p. 8476

Autres services départementaux:
- Service d'archives départementales et régionales
- Bibliothéque Centrale de Prêt
- Laboratoire vétérinaire départemental
- Direction départementale des services d'incendie et de secours
- Laboratoire d'analyses agricoles de Comburg

Services associés:
- Comité départemental du Tourisme
- Jeunes à travers le monde

Texte 40 – L'Ille-et-Vilaine en quelques chiffres

Le département d'Ille-et-Vilaine, c'est:
4 arrondissements: Fougères, Redon, Rennes, St.-Malo.
51 cantons, 353 communes.
Population: 750.000 habitants (recensement 1982)
soit 111 habitants/km² (France: 98 habitants/km²).
780.000 habitants (estimation au 1er janvier 1988).
Superficie: 6.774 km².
Emploi: 308.350 (estimation au 1er janvier 1986)
dont population salariée: 244.423.

Répartition population active:
Agriculture et pêche: 38.969.
Industrie: 62.222.
Bâtiments et Travaux Publics: 22.035.
Commerces: 33.452.
Services: 151.672.

Agriculture: 1er département français pour:
- le nombre d'exploitations agricoles: 30.500
- la production laitière: 18 millions d'hectolitres
- l'élevage de bovins: 900.000 têtes.

Industrie et Artisanat:
- Artisanat: 12.000 (source: Chambre de Métiers)
- Automobile: 13.500 à 14.000
- Agro-alimentaire: 11.600
- Electronique, Informatique: 4.900.

Logement (Chiffres 1982)
- Résidences principales: 262.181
- Résidences secondaires: 28.473
- Logements vacants: 19.004.
- Logements neufs (autorisation de construction, chiffres 1985): 4.932.

Principaux employeurs industriels
- **Plus de 10.000 personnes**: CITROEN, Chartres-de-Bretagne, Rennes (automobiles).
- **De 1.000 à 2.000 personnes**: OUEST-FRANCE, Rennes (Presse Edition); BRIDEL, l'Hermitage, Martigné-Ferchaud, Vezin, Retiers, Lohéac (produits laitiers).

– **De 500 à 1.000 personnes**: NOEL, Vitré, Liffré, La Guerche (chaussures); EDF-GDF, Rennes (centre de distribution); SAGEM, Fougères (appareils télécopieurs); COMPAGNIE GENERALE DES EAUX, Rennes (distribution d'eau); SVA Vitré, Liffré (abattoirs); TIMAC, St.-Malo (engrais); PREVAL, Marcillé-Raoul, Montauban (produits laitiers); SGS Rennes (composants électroniques).

Principaux employeurs commerce services privés et publics

– **Plus de 1.000 personnes**: Centre Hospitalier Régional de Rennes; Centre Hospitalier Spécialisé de Rennes; Ville de Rennes; SNCF; Société Economique de Rennes (distribution); Centre Hospitalier de St.-Malo.

– **de 500 à 1.000 personnes**: Banque de Bretagne (Rennes); Banque Populaire de l'Ouest (Rennes); Crédit Mutuel de Bretagne (Rennes); Crédit Agricole d'Ille-et-Vilaine (Rennes); Ville de St.-Malo; Hôpital de Fougères.

Enseignement supérieur et recherche

– 35.000 étudiants (dont 31.000 dans 2 universités; 13 grandes écoles).

– 2.500 chercheurs (Biotechnologies, industries agro-alimentaires et filière électronique, principalement).

Le Conseil Régional d'Ille-et-Vilaine 1987, Rennes fév. 1988, p. 53

Texte 41 – Les pouvoirs du président du conseil général

Depuis 1982, ce n'est plus un fonctionnaire nommé (le préfet) mais un élu local choisi par ses pairs (le président du conseil général) qui exerce les responsabilités principales dans le département. Ses pouvoirs sont importants et diversifiés. Il peut les exercer seul ou travailler en équipe avec ses vice-présidents et ses collaborateurs les plus proches. Pour l'assister dans sa tâche, des services départementaux se sont étoffés et développés.

Le président a des attributions multiples. De la conception jusqu'à l'exécution, il est présent à chaque étape de toute réalisation départementale. Prenons un exemple: celui de l'organisation des transports scolaires.

1. **Le Président prépare les délibérations du conseil général dont il préside les réunions:** On doit délimiter le périmètre du ramassage. Il faut aussi fixer les conditions de financement des contrats passés avec des transporteurs privés ou publics. Le président fait étudier les projets puis les soumet au conseil général.

2. **Il élabore le budget**: Il prévoit de renforcer le parc de la régie départementale par l'achat de 10 autocars (soit 5 millions de francs) et de consacrer 40 millions de francs au fonctionnement du service des transports scolaires (essentiellement pour payer les transporteurs). Il fait inscrire ces sommes au budget voté par le conseil général.
3. **Il prescrit l'exécution de recettes**: Il charge le percepteur de lever les impôts nécessaires.
4. **Il ordonne les dépenses**: Il peut alors passer commande des cars. Après la livraison, il signe un ordre de paiement au comptable départemental qui tire un chèque sur le compte du département pour régler la facture du fournisseur.
5. **Il exécute les délibérations par des actes réglementaires**: Parallèlement, il prend un arrêté qui permet aux communes d'organiser les itinéraires de ramassage. Il fixe aussi les tarifs des transports publics.
6. **Il exécute les délibérations par des actes individuels**: Il rejette la demande d'une entreprise privée qui voulait ouvrir une ligne payante de transports en commun.
7. **Il représente le département devant la justice**: Un transporteur a mis en danger la sécurité des enfants. Avec l'accord du conseil général, le président lui intente un procès et rompt le contrat qu'il avait passé avec lui au nom du département. A l'inverse, en accord avec le bureau, il défend le département attaqué en justice par une association de parents d'élèves qui estime que le service du ramassage est mal organisé.
8. **Il gère les biens du département et prend des mesures de police concernant notamment le domaine routier départemental**: Pour assurer le ramassage dans de bonnes conditions, il modifie par arrêté la signalisation d'un carrefour, fait aménager des aires de stationnement et construire des abribus.

Jean Mastias: 5e éducation civique.(Nathan) Paris 1987, p. 31

Questions et travaux d'étude

1. Informez-vous sur les revenus et les dépenses du département d'Ille-et-Vilaine (Cf. texte 37 et texte 32). Quelle est la source de financement la plus importante? Où va la majeure part du budget? Pourquoi est-ce que les sources des fiscalités directe et transférées ne sont pas plus élevées (Cf. texte 40 «L'Ille-et-Vilaine en quelques chiffres»)?

2. Le conseil général prévoit plus de 80 millions de francs pour le milieu rural. Expliquez pourquoi? (Cf. «L'Ille-et-Vilaine en quelques chiffres» et la carte des cantons du département p. 106)
3. Informez-vous du fonctionnement du conseil général (Cf. les organigrammes).
4. Dans le texte traitant des pouvoirs du Président du conseil général, il est question des transports scolaires. Quels seraient les services et bureaux du conseil général qui devraient y contribuer. Quelle serait la commission concernée par le problème exposé dans le numéro 7, s'il s'agissait du département d'Ille-et-Vilaine?
5. A quel moment le Président du conseil général a-t-il besoin du consentement des conseillers en ce qui concerne le ramassage scolaire?
6. Quelles sont la composition et les fonctions du bureau du conseil général d'Ille-et-Vilaine?

Solutions

1. Contributions extérieures et puis la fiscalité directe. Pour les dépenses, c'est l'action sociale qui exige la majeure part. Ceci s'explique aussi par les compétences du département. En étudiant les chiffres concernant le département, on constate que le nombre des emplois dans l'industrie et le commerce n'est pas très élevé. Reste à dire que la taxe professionnelle rentre dans les caisses des communes qui en transfèrent une partie.
2. L'Ille-et-Vilaine est le département qui tient la première place pour le nombre d'exploitations agricoles. L'industrie est concentrée dans quelques communes ou cantons.
3. –
4. Bureau des finances; bureau des transports scolaires; bureau des affaires scolaires; direction des routes départementales. 1re commission; 2e commission (pour la voirie).
5. C'est le conseil qui approuve le périmètre du ramassage et les conditions de financement. Il vote aussi le budget qui prévoit entre autres l'achat de cars. Quand il s'agit de rompre un contrat ou de défendre le département en justice, le conseil ou le bureau doivent donner leur accord.

6. Le conseil élit tous les trois ans le Président, dix vice-présidents et trois présidents de commission (secrétaires). Le bureau règle les affaires courantes, quand le conseil n'est pas réuni. Celui-ci lui délègue des pouvoirs. Les vice-présidents, à leur tour, peuvent individuellement bénéficier d'une délégation de pouvoir par le Président du conseil.

5 La Région

5.1 Le préfet de région (commissaire de région)

Comme dans le département, un préfet représente l'Etat et dirige les services locaux. Il s'agit du préfet du département dans lequel se trouve le chef-lieu de région.

5.2 Les assemblées régionales

Texte 42 – Le conseil régional, une assemblée élue

Les élections des conseillers régionaux s'effectue au scrutin de liste. Les candidats se sont donc regroupés par affinité. Les électeurs choisissent une liste tout entière. Ils ne peuvent ni rayer des noms ni modifier le rang de classement des candidats.

Chaque liste doit recueillir au moins 5 % des suffrages exprimés. Elle obtient un nombre de sièges proportionnel à celui des suffrages qu'elle a recueillis. Ces sièges sont attribués aux candidats d'après l'ordre de présentation de chaque liste.

C'est un scrutin à un tour: l'électeur se prononce en ne votant qu'une seule fois. Mais la compétition a lieu dans le cadre départemental. La loi fixe le nombre de conseillers régionaux par département en fonction du nombre d'habitants de chacun d'eux. Les 81 conseillers régionaux de Bretagne sont ainsi répartis: 16 pour les Côtes-du-Nord, 25 pour le Finistère, 22 pour l'Ille-et-Vilaine, 18 pour le Morbihan.

Jean Mastias: 5e éducation civique. (Nathan) Paris 1987, p. 41

Texte 43 – Les conseillers régionaux d'Ille-et-Vilaine

Les 81 membres (dont 22 pour l'Ille-et-Vilaine) du Conseil Régional sont, depuis mars 86, élus au suffrage universel, pour une durée de 6 années. Le Conseil Régional, présidé par M. Yvon Bourges, se réunit au moins une fois par trimestre; il vote le budget régional et traite les questions intéressant le développement et l'aménagement du territoire.

André BELLIARD, Conseiller Général, Maire de Combourg
Pierre BOURGES, Maire de Redon
Yvon BOURGES, Sénateur, Vice-Président du Conseil Général d'Ille-et-Vilaine, Maire de Dinard
Jean-Claude DU CHALARD, Enseignant
Claude CHAMPAUD, Conseiller Général, Conseiller Municipal de Rennes
René COUANAU, Député, Adjoint au Maire de St-Malo
Marcel DAUNAY, Sénateur, Adjoint au Maire de St-Méen-le-Grand
Jacques FAUCHEUX, Maire de Fougères
Henri Gallais, Conseiller Municipal de Noyal-sur-Vilaine
Jean-Luc GUIHARD, Directeur de l'R.T.S.
Edmond HERVE, Député, Maire de Rennes
Jean-Baptiste LELIEVRE, Vice-Président du Conseil Général d'Ille-et-Vilaine
Jacky LE MENN, Directeur d'Hôpital
Pierre LE TREUT, Conseiller Général, Maire de Châteaugiron
Alain MADELIN, Ministre de l'Industrie, des P. et T. et du Tourisme
Georges MAGNANT, Conseiller Municipal de Bain-de-Bretagne
Pierre MEHAIGNERIE, Ministre de l'Equipement, du Logement, de l'Aménagement du Territoire et des Transports, Président du Conseil Général d'Ille-et-Vilaine, Maire de Vitré
Jacques PILORGE, Maire de Montfort-sur-Meu
Emmanuel PONTAIS, Conseiller Général, Maire de la Guerche-de-Bretagne
Yves POTTIER, Conseiller Municipal de Rennes
Gérard POURCHET, Conseiller Municipal de Rennes
Clément THEAUDIN, Député, Conseiller Général, Maire de Liffré

Ille-et-Vilaine: vos élus. Conseil Général d'Ille-et-Vilaine, Rennes 1988

Texte 44 – Comment fonctionne le travail des institutions de la région

Le président du conseil régional est souvent une personnalité nationale. Il est élu dans les mêmes conditions que celui du conseil général.
En 1986, le bureau devait obligatoirement représenter les divers courants et groupes politiques du conseil régional. S'il n'y avait pas eu d'accord amiable sur sa composition, on procédait à une élection à la représentation proportionnelle. Puis les vice-présidents et les autres postes étaient pourvus par scrutin uninominal, comme pour l'élection du président. A l'avenir, les bureaux du conseil régional et du conseil général seront élus au scrutin majoritaire.

Extrait de: Jean Mastias: 5e éducation civique.(Nathan) Paris 1987, p. 43

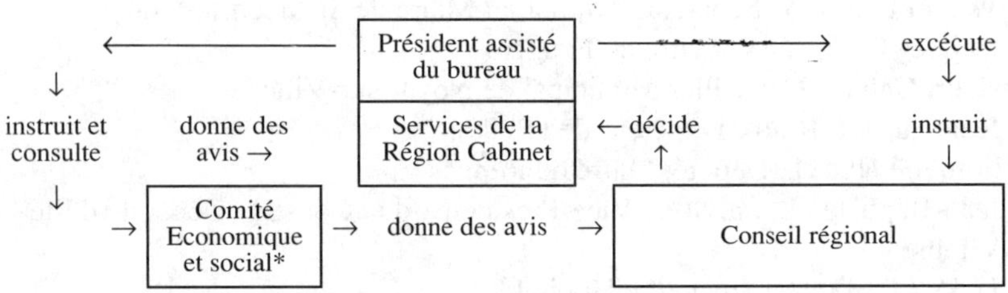

* une assemblée d'experts: des représentants désignés des activités professionnelles et culturelles locales.

D'après: Jean Mastias: 5e éducation civique. (Nathan) Paris 1987, p. 42

Texte 45 – Plus grande que la Suisse ou la Belgique

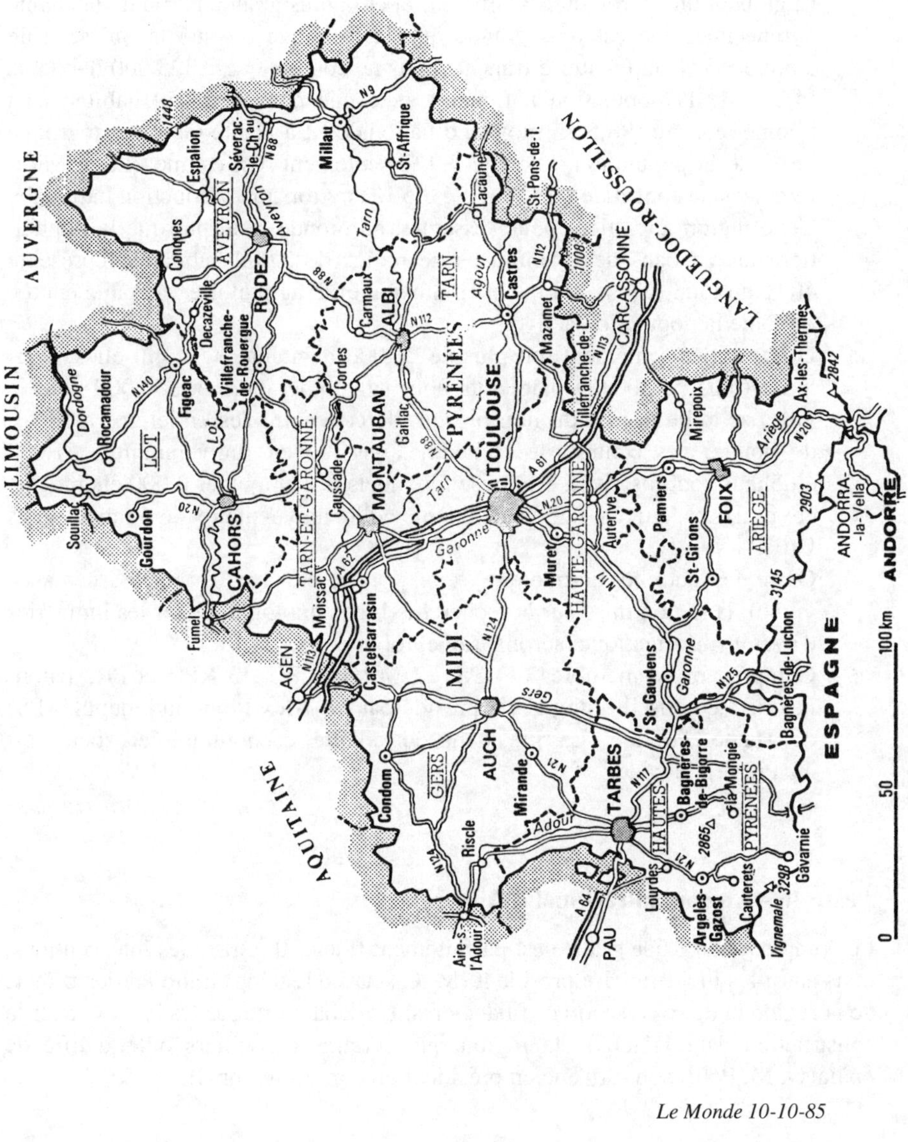

Le Monde 10-10-85

Composée de huit départements – L'Ariège, L'Aveyron, La Haute-Garonne, le Gers, le Lot, les Hautes-Pyrénées, le Tarn et le Tarn-et-Garonne, – la région Midi-Pyrénées est la plus vaste de France.

Englobant une partie du Massif Central et la plus grande partie de la chaîne pyrénéenne, elle est plus grande que la Belgique ou que la Suisse. Elle couvre 8,3 % du territoire français mais ne compte que 2.325.000 habitants (4,2 % de la population nationale) avec une densité de 50 habitants au kilomètre carré (98,5 en moyenne nationale). La Haute-Garonne regroupe 36 % de la population, l'Ariège 5,9 % seulement. On estime que le Midi-Pyrénées ne contribue que pour 3 à 3,5 % environ à la production nationale.

Cette région appartient pour l'essentiel au monde rural puisque la population qui vit dans des communes de moins de 2.000 habitants représente 40 % du total (27 % en France en moyenne). L'agriculture y occupe encore 16 % de la population active.

Douze villes seulement ont plus de 20.000 habitants et, parmi elles, Toulouse (plus de 500.000 habitants pour l'agglomération, et 350.000 pour la ville) se taille la part du lion puisqu'elle concentre l'essentiel des activités de pointe, des centres de recherche, des moyens universitaires. 51.000 étudiants sont inscrits à Toulouse (auxquels il faut ajouter 6.000 chercheurs environ), ce qui en fait la deuxième ville universitaire de France après Paris.

Outre les activités agricoles (fruits, forêts, élevage, fromages, céréales, vigne), la région mise sur la recherche (biotechnologie) et sur les industries d'avenir (informatique, aéronautique, robotique).

Comprenant 84 membres (44 PS, 17 MRG, 9 PC, 13 RPR et PR, 1 non-inscrit), le conseil régional est présidé par M. Alex Raymond, député (PS) de Haute-Garonne. Le président du comité économique et social est M. Pierre Madaule.

Extrait de: Le Monde, 10-10-85

Texte 46 – Au conseil régional d'Auvergne

Le compte rendu d'une séance est parfaitement fidèle. Il retrace les interventions, mais aussi les incidents. Le président (M. Giscard d'Estaing) traite ici des projets de la région et de ses ressources financières. Le débat porte sur les lycées et sur la construction d'un Hôtel de la région que certains conseillers ont qualifié de «palais». M. Pourchon est l'ancien président du conseil régional.

M. le Président: Il faut que vous sachiez que la situation financière de la Région va rendre très difficile la réalisation d'investissements que nous considérons comme prioritaires; si vous prenez l'état d'un certain nombre d'établissements d'enseignement dans la Région, on a cité le chiffre de 450.000.000 F de travaux à faire dans les lycées.

Un martinet pénètre dans la salle d'assemblée.

M. le Président: Je regrette que ce sympatique volatile détourne l'attention de l'assemblée de mon argumentation.

M. Pourchon: Demandez à un huissier de le chasser!

M. le Président: Pas du tout! Je demanderai à un huissier de le nourrir! Je reviens au fait que nous avons des investissements très importants à réaliser dans les prochaines années et que nous serons sans doute limités dans leur réalisation par l'insuffisance de nos ressources financières. Lorsque l'on viendra à parler dans quelques mois de la reconstruction du L.E.P. de Riom, de la reconstruction du lycée du bois à Ambert, de l'achèvement ou de la poursuite de certaines réalisations dans le Cantal ou à Montluçon, on sera conduit à dire: attention, les ressources financières de la Région sont malheureusement limitées. Et c'est parce qu'elles sont limitées que j'estime que les opérations immobilières à des fins purement administratives n'ont pas un caractère prioritaire. Lorsque tout à l'heure, vous me demanderez si personnellement j'engagerai la construction d'un autre palais régional, je vous répondrai: non. Nos successeurs: peut-être.

Source: Conseil régional d'Auvergne, compte rendu intégral des débats, séance des 9.–10. juin 1986, p. 49. Cité d'après: 5e éducation civique. Jean Mastias (Nathan) Paris 1987, p. 45

Texte 47 – Caen technopole?

Créé en novembre 1987, l'association Technopole de Normandie-Caen vient d'organiser une première rencontre sur les télécommunications d'entreprise. Présidée actuellement par Jean-Charles Vienot, directeur de l'Institut des sciences de la matière et du rayonnement, qui assure l'intérim de Jules Horowitz, conseiller scientifique au Commissariat à l'énergie atomique, l'association réunit les principaux responsables régionaux du monde économique, des milieux de la recherche et de la formation supérieure, des industries de pointe, mais aussi des fonctionnaires, des représentants du département et du conseil régional, des élus, des personnalités politiques.

S'appuyant sur son potentiel de recherche avec notamment le grand accélérateur national à ions lourds (GANIL), sur ses structures de formation de haut niveau comme l'université et sur des entreprises performantes dans le domaine des technologies de pointe, la technopole de Normandie-Caen veut conquérir sa place dans la «technosphère» européenne et mise sur les secteurs tertiaire et quaternaire pour développer l'emploi.

Des études d'aménagement des sites d'appui de la technopole caennaise seront lancées dans quelques jours sur les communes de Caen, Hérouville-Saint-Clair, Epron, autour du GANIL. Deux sites supplémentaires sont déjà programmés: le parc d'activités technologiques de Caen et le Service d'études communes des Postes et Télécommunications, où cent soixante ingénieurs travaillent sur la monétique.

Après les querelles partisanes qui ont marqué la naissance de l'association et opposé, une fois encore, les villes de Caen et d'Hérouville-Saint-Clair, les promoteurs de la technopole caennaise comptent aujourd'hui sur la nouvelle synergie que devrait engendrer cette structure régionale.

Le Monde, 29-03-88

Questions et travaux d'étude

1. En quoi est-ce que le conseil régional se distingue du conseil général? Qu'est-ce qui frappe quand on étudie sa composition? (Cf. aussi texte 32 «Qui fait quoi»; texte 43 «Les conseillers régionaux d'Ille-et-Vilaine»)
2. Est-ce que le conseil régional fonctionne autrement que le conseil général?
3. Abstraction faite des détails, on peut constater que les régions présentées ont toutes des problèmes et buts semblables. Parlez-en.
4. Où est-ce que vous chercheriez le préfet de la région du Midi-Pyrénées? (Cf. p. 118 Le préfet de région)
5. Faites le portrait de la région du Midi-Pyrénées. Parlez en même temps de ses atouts et de ses points faibles.

Solutions

1. Le conseil général se compose d'un nombre de conseillers égal à celui des cantons. Les élections cantonales se passent à deux tours au scrutin majoriatire (uninominal). Les membres du conseil général sont élus pour six ans. Le conseil est renouvelé par moitié tous les trois ans.

Le conseil régional est élu dans le cadre du département. Le nombre des conseillers est fixé en fonction du nombre des habitants. Le conseiller est élu à liste proportionnelle à un tour. Cette liste doit obtenir au moins 5 % des scrutins.
A l'étude de la liste des conseillers d'Ille-et-Vilaine, on découvre que la plupart des conseillers ont déjà soit un mandat local soit un mandat national ou une fonction administrative locale ou nationale. Les tâches du conseil régional se restreignent surtout aux problèmes qui touchent plusieurs départements comme p. ex. les lycées ou l'aménagement du territoire de la région.

2. A l'exception du comité économique et social régional (CESR) qu'on retrouve dans le schéma, le fonctionnement est presque identique. A l'exception près que, pour le premier conseil régional, le bureau dut obligatoirement représenter tous les groupes politiques du conseil. Les bureaux des conseils régionaux futurs seront élus à majorité.
3. Face aux tâches et revendications multiples, elles doivent décider de la priorité des projets et essayer d'augmenter les ressources par la création de nouveaux emplois surtout dans le secteur industriel, tertiaire et déjà quaternaire. Ce faisant, elles doivent chercher à atténuer les intérêts partisans des départements ou des communes.
4. Ce sera bien entendu le préfet de la Haute-Garonne dont la préfecture se trouve à Toulouse.
5. Noms des départements; étendue du territoire par rapport à la population en comparaison aux données nationales; structure économique et sociale.
   Les atouts: industries de pointe et la recherche à Toulouse; environnement encore intact; attractivité touristique; région de passage (Espagne).
   Les points faibles: taux de production inférieur à la moyenne nationale; répartitions démographique et industrielle inégales; pourcentage des emplois dans l'agriculture élevé; situation en marge par rapport au territoire métropolitain.

Vocabulaire

les Albigeois, les Cathares	Albigenser, Katharer
la guerre de Cent ans	100jähriger Krieg
un édit	Edikt
l'intendant	Vertreter des Königs in den Provinzen
les Huguenots	Hugenotten (Protestanten)

la Constituante	Verfassunggebende Versammlung
le département d'outre-mer (D.O.M.)	überseeisches Departement
l'arrondissement	Bezirk
le canton	Distrikt
la commune	die Gemeinde
le Jacobin	Jakobiner
le Girondin	Girondist
le préfet (de police)	Präfekt (Polizeipräsident)
le sous-préfet	oberster staatlicher Beamter eines Arrondissement
la capitale	Hauptstadt
le chef-lieu	Hauptort
la tutelle administrative	Überwachung durch Zentralbehörden
le contrôle de légalité	Rechtsaufsicht (Kontrolle der Einhaltung von Verwaltungsvorschriften und Gesetzen)
le contrôle d'opportunité	Verweigerung der Zustimmung des Präfekten zu Gemeinderatsbeschlüssen (vor 1982)
les services extérieurs de l'Etat	Außenstellen staatlicher Verwaltungsdienste
le conseil général	Departementrat
la décentralisation	Dezentralisierung, Entflechtung zugunsten der lokalen Selbstverwaltung
la déconcentration	Übertragung von Befugnissen auf untergeordnete Verwaltungsbereiche
l'aménagement du territoire	Ausbau von Infrastruktur und Industrieansiedlung
la planification	Erstellen von Vierjahresplänen
la CODER (Commission de Développement Economique Régional)	Regionaler Ausschuß für wirtschaftliche Entwicklung
la DATAR (Délégation à l'Aménagement du Territoire et à l'Action Régionale)	Raumordnungsbehörde
la collectivité territoriale (à part entière)	Gebietskörperschaft (selbständig)

l'établissement public	öffentlich-rechtliche Anstalt
le conseil régional	Regionalrat
le comité économique et social	Wirtschafts- und Sozialausschuß
le patronat	Arbeitgeber pl.
le syndicat	Gewerkschaft
la chambre de commerce	Handelskammer
le commissaire de la République	ehem. Präfekt, heute wieder so genannt
l'immixtion	Einmischung
le schéma directeur	Leitplan
le permis de construire	Baugenehmigung
l'hygiène publique	öffentliches Gesundheitswesen
le port de plaisance	Jachthafen
la métropole	Mutterland
les administrés	Bürger
l'assainissement	Sanierung
le P.O.S. (plan d'occupation du sol)	Flächennutzungsplan und Bebauungsplan
le permis de construire	Baugenehmigung
l'adjoint au maire	Beigeordneter, stellvertretender Bürgermeister
la municipalité	Gemeinde-, Stadtverwaltung
le conseiller municipal	Gemeinde-, Stadtrat
la taxe professionnelle	Gewerbesteuer
la taxe d'habitation	Wohnungssteuer
la taxe foncière	Grundsteuer
le produit des services	Gebühreneinnahmen der Verwaltung
la voirie	Straßenbauamt; städt. Müllabfuhr
les pompes funèbres	Beerdigungsinstitut
déléguer une responsabilité	eine Aufgabe übertragen (Amt ...)
l'urbanisme	Städtebau, Stadtplanung
la mairie, l'Hôtel de ville	Rathaus
le secrétaire général, le secrétaire de maire	Gemeindesekretäre (d. h. Leiter des Büros des Bürgermeisters)
nommer qn	jdn. ernennen
le lieu d'affectation	Dienstort
l'arrêté	Erlaß

l'inspection du travail	Gewerbeaufsichtsamt
la délibération du conseil	Beratung
le budget	Haushalt
la régie départementale	z. B. Verkehrsbetriebe des Departement
le comptable, le trésorier	Kämmerer
le percepteur	Finanzbeamter
gérer les biens de	die Geschäfte führen
le scrutin de liste	Listenwahl
se regrouper par affinité	sich gemäß der politischen Ausrichtung zusammenschließen
un accord amiable	eine gütliche Einigung
la monétique	bargeldloser Zahlungsverkehr auf der Grundlage elektronischer Datenverarbeitung

La France et l'Europe

1 Vue d'ensemble

Déja après la Grande guerre, l'idée d'une coopération européenne apparaît.

1925 – Edouard Herriot publie un livre remarqué, «Europe».
1926/27 – Gaston Riou et Louis Loncheur proposent des unions économique et douanière et des cartels du charbon, de l'acier et du blé.
1929 – Aristide Briand dépose à la Sociétè des Nations un projet pour les Etats Unis d'Europe.

C'est dans le désir d'empêcher un nouveau conflit militaire que les Etats d'Europe envisagèrent de lancer les projets d'une coopération de plus en plus intense et dont le but, une vraie communauté européene, est encore loin d'être atteint. Voici quelques étapes du développement dont la coopération franco-allemande fut l'un des moteurs principaux.

1949 – création du Conseil de l'Europe
1950 – le chancelier Adenauer lance l'idée d'une union franco-allemande comme base des Etats-Unis d'Europe.
– la France propose dans le cadre du Plan Schumann une union des industries houillères et sidérurgiques allemandes et françaises comme unité à laquelle d'autres pays européenns pourraient se joindre. Ainsi toute guerre entre la France et l'Allemage deviendrait «non seulement impossible, mais matériellement impossible».
1951 – création de la Communauté europénne du Charbon et de l'acier (CECA: France, RFA, Italie, Pays Bas, Luxembourg, Belgique)
1957 – les traités de Rome créent la Communauté économique européenne (CEE) et l'Euratom (membres: ceux de la CECA)
1961 – le gouvernement français présente le projet de traité pour la création d'une union politique en Europe (Plan Fouchet)
1965 – Politique de la "chaise vide". La France annonce ne plus vouloir participer aux conférences du Conseil du Marché commun, ni au Conseil de la CECA, ni à l'Euratom, ni aux commissions
1966 – Arrangements de Luxembourg: la France obtient de n'être plus soumise au vote à majorité et coopère de nouveau

1969 – Après la démission de de Gaulle qui avait soutenu la conception d'une Europe des patries, la CEE se prononce en faveur de l'adhésion d'autres pays et le Conseil des Communautés décide en
1971 – la réalisation de l'union économique et monétaire avant 1980
1972 – Elargissement de la CEE par l'entrée de la Grande-Bretagne, la Norvège, le Danemark et l'Irlande. La Coopération politique européenne (CPE) devra servir à l'élaboration de positions communes des pays membres de la CE
1973 – le Président Pompidou propose des conférences au sommet régulières dans le cadre d'une coopération en matière de politique extérieure.
1974 – la conférence au sommet se décide pour l'election du Parlement européen au suffrage universel
1978 – le Conseil européen des chefs d'Etat et de gouvernement fixe la date de l'entrée en vigueur du système monétaire européen (SME) pour mars 1979
1984 – élection du Parlement européen au suffrage universel
1986 – adhésion de l'Espagne et du Portugal à la CE. La Grèce est le dernier pays à être accueilli par la CE.
– l'Acte unique européen prévoit l'unification européenne dans beaucoup de domaines pour 1993, comme par exemple le grand marché sans frontières que formeront les douze pays.
1991 – Les accords de Maastricht prévoient la citoyenneté européenne (les Européens installés depuis longtemps dans un autre Etat membre pourront participer aux scrutins locaux et communautaires), l'union monétaire et économique (UME) au plus tôt en 1997 et une politique extérieure et de sécurité commune (PESC).

Texte 48 – Gérard Fayolle: Les élus locaux et l'Europe

Gérard Fayolle traite dans son livre de l'ascension des élus locaux en France. Après avoir décrit leur rôle actuel après la décentralisation, il aborde maintenant le sujet des rapports entre les élus et la Communauté européenne.

Les élus locaux, pressés par des concitoyens qui leur demandent toujours plus, alléchés par les pouvoirs que leur a confiés la décentralisation, vont continuer le combat qui leur permettra de grignoter des responsabilités. C'est au siège des Régions que l'on risque d'assister aux phénomènes les plus spectaculaires. En effet, un grand nombre de leurs compétences sont et seront gérées par la Communauté de Bruxelles: économie, agriculture, tourisme, environnement, certains aspects de la formation professionnelle. L'Etat national reste certes un pouvoir très fort, mais beaucoup de domaines parmi ceux qui intéressent justement les régions lui échappent. Que l'on pense à l'agriculture. Par le biais de divers programmes communautaires, tous les secteurs se retrouvent concernés. L'habitude se prend d'aller directement à Bruxelles discuter des subventions et des plans de développement. A partir de 1993, le Marché unique ne fera qu'accentuer cette tendance. On commence, en 1989, à assister à ce tropisme vers Bruxelles des élus régionaux et même des élus départementaux, qui peuvent d'un coup de téléphone, entrer en contact avec les gestionnaires des Communautés, débattre de projets et demander des crédits. Sans que les pouvoirs de l'Etat soient mis en cause, les réalités conduisent vers un renforcement des pouvoirs locaux et des pouvoirs supranationaux. Si ces tendances se confirment, et on voit mal ce qui pourrait les inverser, on peut imaginer que les Régions deviennent de véritables provinces européennes, de droit français et de langue française, traitant directement avec un pouvoir supranational, par-dessus la tête des ministres parisiens. Utopie? Pas du tout. Depuis 1985, on voit figurer, sur une ligne distincte, même dans de petits budgets locaux, des lignes de crédits européens, alors même que les crédits d'Etat sont absents. Les maires eux-mêmes ne tarderont pas à chercher le contact avec les responsables de l'immeuble Charlemagne à Bruxelles. Ils ont déjà pris le chemin qui mène aux grandes banques européennes. Et les colloques et rencontres se multiplient entre élus, par-delà les frontières. Le phénomène ne se limitera pas aux «grands» élus locaux. Les moins grands suivent le même chemin. Ils trouvent, d'une manière infaillible, les sièges des décideurs et des banquiers. Si les bonnes portes se trouvent à Bruxelles, ils iront à Bruxelles. On s'aperçoit ainsi que les élus locaux détiennent désormais les clés du pouvoir sur le terrain, et que l'évolution les conduit presque naturellement, sans arrière-pensée politique, à penser «européen». Un problème capital va se passer. Sauf quelques élus régionaux de la Corse, personne ne remettra en cause le pouvoir central, mais tout le monde aura tendance à l'oublier, ou du moins, à le considérer comme un pouvoir parmi d'autres. Ce mouvement s'accomplit d'autant plus facilement qu'il n'est pas très visible, et que sa discrétion ne nuit en rien à sa force. Personne ne crie au démembrement de l'Etat national et à la fin de la France. ... Cette évolution est pourtant plus importante qu'un changement de majorité présidentielle et l'on s'en rendra compte lorsque cette dérive insidieuse des régions françaises sera visible à l'oeil nu, à la fin du millénaire.

Extrait de: Gérard Fayolle: Des élus locaux sous la Ve République. Paris 1989 (Hachette), pp. 51 sqn

Questions

1. Pourquoi les élus locaux pourront-ils «grignoter les responsabilités» (l. 3) de l'Etat?
2. Comment se manifeste déjà cette tendance européenne?
3. Décrivez les rapports entre les collectivités locales et leurs élus, l'Etat et la Communauté européenne tels que l'auteur les présente pour l'avenir.
4. Quel jugement Gérard Fayolle porte-t-il sur cette évolution?

Solutions

1. Cette possibilité leur est offerte par le fait que la CE gère déjà un large nombre de domaines politiques qui concernent directement les communes ou les collectivités locales. C'est-à-dire, pour obtenir soit des fonds ou des crédits soit des informations ou des décisions, ces élus s'adressent immédiatement à Bruxelles et non plus à Paris. Ils n'ont plus besoin du pouvoir central et national.
2. Depuis le milieu des années 80, on trouve dans les budgets même de petites communes françaises des lignes de crédits européens sans qu'y figurent celles de l'Etat français. Les élus locaux se réunissent déjà dans des colloques internationaux.
3. Ils prévoient une montée du pouvoir local, surtout du côté des régions françaises qui se transformeront en «véritables provinces européennes»: celles-ci auront tendance à traiter sans l'intermédiaire du gouvernement français avec le pouvoir supranational à Bruxelles. Ceci pour autant parce que l'Etat national ne détiendra plus les compétences ni les moyens et le gouvernement français perdra encore plus en importance sans se voir mis en cause.
4. Sans en attribuer la faute aux élus locaux, G. Fayolle reproche à la classe politique de ne s'être pas encore rendu compte du risque pour l'unité de la France. Comme l'échéance de 1993 n'est plus loin, il déclenche l'alerte pour attirer l'attention sur cette évolution qui se passe de manière inaperçue et qu'on risque de ne remarquer que trop tard: la fin de la France.

Texte 49 – Alain Duhamel: La nation française et l'Europe

Le dernier budget de l'Etat strictement hexagonal a été voté par le Parlement français en 1988; les dernières élections générales franco-françaises ont eu lieu elles aussi en 1988. Depuis 1989, l'empreinte européenne s'impose beaucoup plus directement et même beaucoup plus brutalement et les effets concrèts du grand Marché unique de 1993 se font sentir.

Dans la société civile, ... les industriels, les banquiers, les assureurs, et aussi les dirigeants syndicaux ont dû réviser leur stratégie et leurs perspectives en fonction de ce nouvel horizon. ... Mais le Marché unique aura également des conséquences pour les régions, les professions et les corporations ... Ce n'est pas une coïncidence si tant de firmes envisagent ou réalisent déjà en toute hâte des fusions ou des modifications de leurs investissements. L'Europe des affaires existe, l'Europe des entrepreneurs progresse, l'Europe des décideurs se mobilise et se hâte. L'Europe de la société civile est déjà une réalité ... A partir du moment où le principe était acquis et le calendrier fixé, l'immobilisme devenait suicidaire. La métamorphose s'imposait.

La société politique fixe les modalités du Marché unique et elle y intégre enfin – la coopération politique. Mais elle a depuis perdu du temps. C'est le Français Jacques Delors, président de la Commission de Bruxelles, qui a conçu ce projet ... Ce sont les chefs d'Etat et de gouvernement qui, notamment sous l'impulsion de François Mitterrand et d'Helmut Kohl, chancelier fédéral d'Allemagne, en ont pris la responsabilité politique.

Le projet a été lancé alors que la France entrait en campagne électorale. C'était trop tard pour que l'Acte unique fût contesté, trop tôt pour que ses conséquences fussent mesurées. L'Europe et le Marché unique de 1993 ont donc été promus durant les campagnes présidentielles et législatives au statut de tabou collectif. Les trois candidats éligibles (François Mitterrand, Jacques Chirac et Raymond Barre) lui rendaient hommage en chaque circonstance, ... mais se gardaient bien de détailler les disciplines nouvelles et les transformations drastiques qu'elle exigerait. La vraie discussion commence donc à peine, et, aux prochaines élections législatives et présidentielles, elle sera au coeur même du débat et elle s'y installera pour longtemps.

Les effets du Marché unique seront alors devenus vraiment perceptibles et vraisemblablement fort sensibles. Sur le plan budgétaire, on peut d'ailleurs commencer à les mesurer ... Trois ans constituent en effet un strict minimum pour préparer les finances de l'Etat aux premières adaptations nécessaires pour 1993. Le budget de 1990 – préparé et voté en 1989 – ne pourra donc en aucun cas se dispenser des exigences européennes: les enjeux politiques hexagonaux ont pour la dernière fois pu éclipser et repousser les novations nécessaires.

... L'harmonisation des fiscalités européennes de l'épargne coûtera dès cette année une vingtaine de milliards de recettes à l'Etat, si l'on ne veut pas voir les capitaux français s'envoler en toute légalité vers les autres places financières européennes. De même, un premier abaissement du taux moyen de la TVA s'impose puisqu'il faut bien étaler sur trois ans le choc de sa réduction. Il en coûtera là encore une autre vingtaine de milliards de recettes au Trésor public ... Et ce n'est qu'un modeste début. Il est sûr que de nouvelles polémiques s'engageront sur ce terrain et que de nouveaux clivages politiques se dessineront immanquablement face à ces choix concrets ... La société politique doit se préparer à de nouvelles transformations. A peine s'accoutume-t-elle aux évolutions nées de deux septennats de crise économique qu'il faut faire face à l'adaptation européenne.

L'Europe exigera de la classe politique sa cinquième modernisation mais, par l'ampleur du dessein et l'impact des conséquences, la première. ... Elle représente une chance immense et un risque certain, car elle est le seul grand dessein aujourd'hui disponible. Quinze ans de crise ont fait voler en éclats les illusions idéologiques: il n'existe pas de politique économique nationale qui permette d'améliorer substantiellement à elle seule la société hexagonale. Trois alternances en sept ans ont également démontré qu'aucun parti, qu'aucun candidat, qu'aucun magicien n'était capable de fournir un projet ou une ambition nationale qui satisfasse une nette majorité de Français. Mais personne n'accepte que la France devienne une nation moyenne banalisée, un peuple occidental normalisé, un simple «objet» des rapports de force entre les Etats-Unis et l'Union Soviétique. Dès lors, un seul destin s'impose: l'Europe. Elle seule peut satisfaire ce désir d'Histoire profond qui habite les Français. L'Hexagone a été une grande puissance: il n'a plus les moyens de l'être. ... Il veut rester fort légitimement un acteur qui compte, il ne peut plus y parvenir avec ses seulcs forces, par ses seules ressources. A l'échelle européenne, par contre, il demeure important, et même décisif. Géographiquement, la France est le coeur de la Communauté. Démographiquement, elle en sera le pays membre le plus peuplé au XXIe siècle, comme elle le fut si souvent par le passé. Politiquement, elle y possède d'incomparables lettres de noblesse.

Extrait de: Alain Duhamel: Les habits neufs de la politique. Paris 1989 (Flammarion), p. 201 sqq (texte abrégé et adapté)

Questions

1. Dans quels domaines «l'empreinte européenne» s'est-elle fait très vite sentir? Expliquez aussi pourquoi.
2. Comment A. Duhamel justifie-t-il sa thèse selon laquelle les dernières décisions purement nationales auraient été prises en 1988?
3. Est-ce que les hommes politiques ont, aux yeux de l'auteur, bien assumé leurs responsabilités?
4. La France a-t-elle encore la possibilité de choisir entre la grandeur nationale et l'Europe?
5. Commentez la phrase «La société politique ... la coopération politique». (ll. 17/18)

Solutions

1. C'est dans les mondes de l'économie et des collectivités locales (les régions) qu'on s'est très vite rendu compte des risques et des avantages du Marché unique (Cf. aussi le texte de Gérard Fayolle: Les élus locaux et l'Europe). Après s'être informé sur les suites de cette décision politique, les entreprises se sont mises à la recherche de partenaires ou ont essayé de fusionner pour pouvoir mieux supporter la concurrence européenne. Ne pas se préparer, donc rester immobile, aurait été néfaste. Mais n'oublions pas non plus que toute la «société civile» – artisanat, patronat, syndicats, e. a. – a déjà anticipé le grand marché.

2. Selon A. Duhamel, la décision en faveur de l'Acte unique tomba en 1988 sans qu'on se rende compte de toutes ses retombées. Lors des prochaines législatives et présidentielles, la réalité européenne pèsera dans les débats. L'auteur dirige notre attention sur le fait que, depuis au moins l'année 1989, l'assemblée nationale devra tenir compte des exigences européennes qui l'obligeront à changer radicalement la structure des ressources de la République (baisse de la TVA, réduction rapide de la fiscalité sur l'épargne). A part cela, la France devra également s'adapter au plan monétaire.

   Les changements et développements qui surviendront, dépasseront de loin en importance les années de crise. Voilà pourquoi l'auteur parle du nouvel horizon ou de la cinquième modernisation en rapport avec les exigences d'un niveau supranational.

3. A. Duhamel établit ici la différence entre deux niveaux politiques: l'européen et le national. Au niveau européen, il loue d'abord la hardiesse et la volonté de Jacques Delors en insistant sur sa nationalité. Ensuite, il se félicite du soutien que lui ont apporté les deux chefs d'Etat, le Président français et le chancelier allemand. Mais par la suite, on aurait laissé traîner les choses.

   Au niveau national cependant, les campagnes électorales auraient empêché une discussion et une évaluation des suites de l'Acte unique. Les candidats à la magistrature suprême auraient soigneusement évité de se lancer dans ce débat, d'où les implications sur les élections à venir.

4. Théoriquement oui. Mais la réalité est tout autre. Face aux décombres des combats idéologiques et aux illusions perdues d'une solution d'ordre national à la crise, on ne peut que miser sur l'Europe. Avec la volonté de maintenir un rôle proéminent de la France, non plus comme puissance mondiale, les Français retrouveront cette position dans le cadre européen où la position géographique et le développement démographique assureront à leur pays une position décisive.

5. A. Duhamel exprime ici sa satisfaction («enfin!») de voir les chefs d'Etat européens (c'est-à-dire de la CE) s'engager pour la réalisation de la coopération politique. Celle-ci s'était jusqu'alors heurtée au refus des gouvernements de céder des compétences dans ce domaine ou de se soumettre au vote à majorité. Déjà Charles de Gaulle avait parlé de l'Europe des patries et insisté sur le droit de veto.

Texte 50 – José Vidal-Beneyto: L'Europe comme elle se parlera

Est-ce que l'unification de plus en plus forte des pays de l'Europe aboutira à une unification linguistique? Y aura-t-il une seule langue capable de remplacer les autres sans pertes culturelles et communicatives? Voici quelques réflexions dont il faudra tenir compte.

Langue et pouvoir sont inséparables. C'est pourquoi les politiques linguistiques aujourd'hui proposées pour l'Europe conçoivent de façon très différente son avenir culturel et institutionnel. La Communauté européenne compte neuf langues officielles – sans compter celles disposant d'un statut particulier ... (gaélique en Irlande, basque et catalan en Espagne, gallois au Royaume-Uni, etc) et celles des immigrations extra-européennes. Dans les vingt-deux pays membres du Conseil de l'Europe, se parlent dix-sept langues officielles. Et, si l'on ajoute les pays de l'Est, il faut en ajouter cinq de plus.

Faut-il parler – face à cette multitude – d'avantage ou de handicap? Voilà pourquoi deux modèles de politique linguistique s'opposent: le monolinguisme et le plurilinguisme, l'uniformisation et la pluralité.
L'unilinguisme a un antécédent historique: le russe est imposé comme première langue étrangère obligatoire dans l'enseignement secondaire des pays de l'Est. Ce modèle a également ses partisans en Europe occidentale ... Alain Minc (auteur de «La Grande illusion»), ose écrire ce que bien d'autres pensent tout bas: l'anglais doit devenir la langue commune de l'Europe des Douze. Exactement ce que le russe est – encore – aux membres du pacte de Varsovie ...
A économie mondiale; langue mondiale; à universalitè de la science, langue universelle: ... ces affirmations semblent marquées du sceau du bon sens. A condition toutefois de ne voir dans une langue qu'un simple vecteur de la communication technique, sorte de code pour l'échange d'informations instrumentales ... Mais est-ce qu'une telle langue est encore une langue? Peut-on oublier que l'oppression linguistique est encore une source de violents conflits en Belgique, au Québec, et au Jura suisse? ...
Accorder à une langue le privilège d'être le seul moyen de communication en Europe et dans le monde revient à enfermer les autres dans les rapports privés ... Face aux inégalités dans l'apprentissage, cela permettrait à un groupe transnational parlant bien l'anglais de dominer d'autres groupes nationaux cloisonnés dans une langue que personne d'autre n'apprendrait? Cela condamnerait paradoxalement une grande partie des Européens à ne pouvoir communiquer, ruinant ainsi par avance une construction qui ne survivrait pas à de fortes tensions linguistiques, reflets de tensions sociales et politiques.
L'hégémonie de l'anglais limiterait l'Europe à une seule de ses grandes composantes, l'anglo-saxonne, et en ferait un protectorat culturel qui n'aurait désormais nul besoin de projets tels que Média ou Eurêka audiovisuel, dont l'objectif est précisément de «désaméricaniser» les programmes de télévision. Ce serait alors une finlandisation à l'envers. Cela renforcerait en Europe la coupure Est-Ouest qui est justement en train de s'atténuer, comme en témoignent l'adhésion de la Yougoslavie et le rapprochement de la Pologne et de la Hongrie du Conseil de l'Europe ...
Il faut donc encourager, dans les Etats européens, l'enseignement des langues étrangères en offrant la plus grande diversité possible de choix. Une connaissance suffisante – active ou passive – de trois ou quatre langues par la majorité des Européens n'est pas un rêve impossible, comme

l'atteste l'exemple de la Suisse. Voilà pourquoi le Conseil de l'Europe a développé depuis bientôt trente ans un programme très ambitieux d'enseignement des langues, dans lequel, bien entendu, l'anglais n'a pas été oublié ...

L'apprentissage des langues dès l'enseignement primaire que le ministre de l'Education nationale, vient de projeter pour la France offre une belle occasion de promouvoir le plurilinguisme. C'est-à-dire, comme on le propose avec raison, de donner la priorité à «une langue européenne n'ayant pas un statut international, de préférence celle d'un peuple voisin (l'italien à Nice, l'allemand à Nancy)».

Même si les jeunes Européens apprennent deux ou trois langues étrangères, le développement de la traduction restera une nécessité. Ainsi naîtront de très nombreux emplois contribuant à une élévation du niveau culturel et à une amélioration de la qualité de la vie en commun. ... L'Europe pourra ainsi se doter d'une politique linguistique originale et novatrice qui prenne au sérieux l'impératif de l'Europe des citoyens. Car l'apprentissage des langues peut être un facteur décisif de la formation de la personnalité et de l'intégration sociale de l'enfant, futur citoyen.

José Vidal-Beneyto: L'Europe, comme elle se parlera; dans: Ecoute 5/89, p. 62 sq (texte abrégé et adapté)

Questions

1. Qu'est-ce qui pousse beaucoup de gens à la recherche d'une solution linguistique pour l'Europe unifiée à venir?
2. Deux camps s'affrontent. Quels sont les arguments avancés par les partisans de l'unilinguisme?
3. Quels seraient les risques du monolinguisme?
4. Quelle est la solution que l'auteur favorise?
5. Comment l'Europe devra-t-elle donc préparer ses citoyens à l'avenir?
6. Le plurilinguisme, atout ou handicap? Quel est votre avis?

Solutions

1. L'existence de neuf langues officiellement retenues au sein de la CE et de dix-sept pour les pays du Conseil d'Europe, mises à part celles disposant d'un statut particulier et celles des pays de l'Est, mène à la question de savoir com-

ment les habitants d'une Europe unie avec un seul marché et des institutions internationales pourront communiquer sans devoir attendre la traduction de tout ce qui les concerne.

2. Les partisans du monolinguisme veulent éviter le handicap de la pluralité linguistique et s'appuient pour cela sur un fait historique: l'introduction de l'enseignement obligatoire du russe comme première langue étrangère dans les pays de l'Est qui permet la communication dans les pays membres du Comecon. Mais ils hésitent à proposer en public le même procédé pour l'anglais dans les pays de l'Europe de l'Ouest. A leurs yeux, l'anglais permettrait à lui seul l'accès linguistique à deux domaines de première importance: le marché mondial et celui des sciences.

3. La langue choisie, ici l'anglais, serait réduite à la fonction de code servant à la simple transmission d'informations. Le refoulement des autres langues européennes au deuxième rang risquerait de provoquer des conflits violents (tels que l'on les connaît p. ex. en Belgique) au niveau européen. L'établissement d'une langue privilégiée mènerait alors à un clivage social entre ceux qui parleront bien cette langue et pourront se placer aux commandes de l'Europe unie et ceux qui se trouveront, au niveau national, isolés du niveau international sans savoir s'exprimer en anglais et sans pouvoir se faire comprendre faute de connaissance de leur langue chez l'interlocuteur.
   A tout cela s'ajoute le fait que les Anglo-Saxons obtiendraient ainsi une chasse gardée en Europe occidentale, ce qui perpétuerait la séparation de l'Est de l'Ouest et rendrait des programmes européens tels que Eurêka superflus.

4. Pour éviter le «finlandisation» de l'Europe de l'Ouest et pour rendre possible l'ouverture vers l'Est, il n'y a, à son avis, que l'ouverture vers l'apprentissage de plusieurs langues, donc le plurilinguisme. C'est sur cette voie que différents pays, comme p. ex. la Suisse, et des organisations comme le Conseil d'Europe et la CE se sont engagés. Cette Europe plurilingue correspondrait également aux souhaits qu'elle devienne l'Europe des citoyens. Voilà la formation et l'intégration idéales du jeune citoyen européen de l'avenir.

5. Pour que les citoyens parlent ou comprennent plusieurs langues, il faudra enseigner les langues étrangères dès le premier cycle. Ils apprendront ainsi de préférance les langues des pays voisins. Cette politique comprendrait en même temps des efforts soutenus dans le domaine de la traduction. Une chance supplémentaire pour la création d'emplois et le développement du niveau culturel et de la qualité de la vie.

6. –

Texte 51 – Dominique Wolton: Le petit écran de l'Europe

L'enjeu de la télévision européenne est essentiel: maintenir une identité culturelle, menacée par les programmes américains et les technologies japonaises. Mais trois dangers se dessinent.

Le premier s'appelle «idéologie libérale». Fascinés par le modèle américain, certains ne parlent que de ce «marché de 300 millions d'habitants» et de la nécessité impérieuse de construire au plus vite de grands groupes de communication pour rivaliser avec les «majors». Mais il n'existe pas, ce marché de 300 millions! Eventuellement pour les réfrigérateurs et les voitures, et encore; mais sûrement pas pour les produits audiovisuels: les différences entre pays restent réelles, comme le savent très bien les Américains, qui ont l'habitude de nous vendre des programmes. D'ailleurs, s'ils réclament, avec si peu de discrétion, la création d'un vrai marché libre, cela devrait faire comprendre aux Européens l'urgence d'adopter une autre stratégie!

Le deuxième danger, à l'opposé, se nomme le «protectionnisme», illustré par l'échec de la proposition française de maintenir un quota de 60 % d'oeuvres européennes à la télévision. L'idée n'était pas mauvaise, en dehors du mot mal choisi, mais sa déconfiture montre bien ce qui sépare les Européens. Nos partenaires n'ont pas compris notre démarche, très française, procédurale et légèrement donneuse de leçons. Cet échec est à méditer, car, à moins de croire les autres pays «vendus aux intérêts américains», ou dépourvus d'identité nationale – ce qui, dans les deux cas, paraît fort contestable – force est d'admettre la nécessité, pour l'avenir, de mieux comprendre la manière dont chacun vit son identité culturelle et entend la défendre. Le problème de fond est l'absence d'unité culturelle européenne. Si celle-ci existe, elle dépasse largement le cadre des Douze, intègre l'Europe de l'Est, une bonne partie de la culture américaine et s'appelle la culture occidentale.

Le troisième danger, peut-être le pire, est le «technocratisme» ou l'Eurocratie au-delà de ses limites. C'est le thème classique de l'«élite éclairée» qui fait le bien des Européens avec ou malgré eux.

On retrouve, ici, l'ambiguïté de «l'Eurêka audiovisuel», qui mélange trois problèmes de nature différente. Le premier, urgent, est technologique. Il porte sur la capacité de concevoir une norme de télévision de haute définition pour résister aux Japonais et aux Américains. Le deuxième est industriel et concerne la capacité des Européens de fabriquer, dans des délais et des coûts raisonnables, cette télévision haute définition. Mais le troisième, qui porte sur les programmes, est en réalité d'une autre nature, car on ne fabrique pas des programmes européens comme des satellites ou du câble. C'est infiniment plus complexe. Ce que les Eurocrates ne comprennent pas assez, c'est que – au travers des jeux, des variétés, de l'information, des films, de la publicité, de la météo ... – c'est l'identité profonde de chaque pays qui se joue. Si les pères fondateurs de l'Europe, dans leur grande sagesse, se sont occupés non pas de culture, mais uniquement de charbon et d'acier en prévoyant un calendrier sur une génération, la culture devrait au moins bénéficier de la même modestie.

Supposer qu'il sera plus facile de dépasser des siècles de conflits, de différences, de haine, sous prétexte que l'on dispose d'un grand nombre de satellites et d'un marché commun, c'est succomber à l'idéologie technocratique. Quel est le danger de ces discours qui, tout en soulignant les «différences de culture, source de richesse», ne parlent que d'«identité européenne»? Tout simplement de créer demain, par réaction, un «intégrisme culturel» plus violent que celui auquel nous assistons dans le domaine religieux. Dans les sociétés laïcisées actuelles, tout ce qui touche à l'identité culturelle est probablement aussi passionné que l'espace sacré hier. Ce d'autant plus que, les différences étant plus faibles, elles prennent un poids et une valeur essentiels.

Le «nationalsime culturel» qui va renaître n'a rien de réactionnaire, et si les Européens ne le prennent pas en compte, ou le traitent comme un reste du passé, les conflits politiques peuvent être graves. Il est donc vital de ne pas brûler les étapes. Le problème, aujourd'hui, est non pas de faire la «télévision sans frontières» ni le «marché commun de la télévision», mais de faciliter une meilleure connaissance des différences radicales entre Européens. Concrètement, il faut s'inspirer du puissant facteur d'intégration européen qu'a été ... le tourisme. Pourquoi allons-nous chez les autres? Pour voir ce qu'il y a de «typique». Il faut faire la même chose avec la télévision. Favoriser au maximum les échanges de programmes les plus caractéristiques de chaque pays: l'inspecteur Derrick, l'inspecteur Maigret, par exemple, pour l'Allemgane et la France, ou l'Homme invisible, pour la Grande-Bretagne! Diffuser chez le voisin ce qui est caractéristique de soi est le meilleur moyen de se rapprocher, car on s'accepte mieux en comprenant ce qui nous distingue.

Il faut ensuite multiplier les coproductions, mais à deux ou trois pour éviter les grosses opérations «sans odeur et sans saveur» et trouver un moyen accepté par tous pour limiter la présence des productions américaines.

Renforcer les droits d'auteur et unifier leur protection est, de ce point de vue, indispensable, et non pas agir comme la Cour européenne de justice, qui, dans une vision technocratique, réclame à la Sacem, au nom d'un libre-échangisme étroit, un alignement de la rémunération des auteurs français sur celle, plus basse, des autres pays. Comment faire une télévision si on ne mobilise pas ceux qui peuvent la créer?
Il faut laisser la télévision européenne se développer au jour le jour, sans tambour ni trompette, et sans discours politiques ni technocratiques. On a assez dit depuis dix ans qu'il était nécessaire de désengager l'Etat et la politique de la télévision pour ne pas faire le contraire au niveau européen.

Dominique Wolton: Le petit écran de l'Europe; dans: L'Express, 13-10-89

Ecoute 4/1990

Questions

1. Résumez les trois dangers dont parle D. Wolton.
2. L'auteur reproche aux Eurocrates de commettre une grave erreur. Laquelle?
3. Pourquoi serait-il dangereux de succomber à l'idéologie technocratique?
4. Commentez la phrase «Si les pères fondateurs de l'Europe ... bénéficier de la même modestie». (ll. 43 – 46)
5. Quelle est alors la solution que propose D. Wolton?
6. Croyez-vous aussi que l'identité profonde d'un pays se manifeste à travers ses jeux, ses variétés, ses informations, ses films, sa publicité et sa météo?

Solutions

1. La télévision européenne doit supporter l'assaut de la production audiovisuelle des USA et de la technologie japonaise. Si elle veut survivre, elle doit affronter trois dangers. Le premier serait une ouverture du marché européen dans l'audiovisuel à la vague des programmes américains à cause d'une idéologie libérale mal comprise. Le deuxième danger consisterait en une fermeture protectionniste du marché en insistant sur un taux très élevé d'émissions européennes à la télévision. Ceci sans tenir compte du fait qu'il y a seulement une culture occidentale qui dépasse de loin les seuls pays de la CE. Ce deuxième danger en fait ressortir un troisième encore plus grand, celui d'une élite d'Eurocrates qui définirait seule ce qu'est la télévision européenne.
2. Il leur reproche de confondre des problèmes d'ordre technologique et normatif où il s'agit de développer la capacité de réaliser une technologie de pointe pour la télévision, et le problème des identités de pays membres de la Communauté qu'on ne peut pas soumettre à des normes simplistes.
3. Vouloir faire croire qu'à l'aide de moyens techniques, on pourrait créer une identité européenne et, par là, dépasser toute l'histoire européenne, risque de faire naître une poussée intégriste pour les cultures «nationales». Cette réaction sera d'autant plus vive que, dans les sociétés laïcisées, la culture commune a presque remplacé en importance le domaine religieux.
4. Par le rappel des débuts de l'union européenne, de la prudence avec laquelle les responsables se sont approchés des problèmes, et du temps qu'ils jugeaient alors être nécessaire, D. Wolton veut illustrer la hâte et l'ignorance des technocrates qui pensent pouvoir réussir dans un domaine de valeurs non seulement matérielles mais émotionnelles, voire beaucoup plus explosives.

5. Il propose de suivre l'exemple du tourisme où les nations découvrent en voyageant les différences qu'il y a entre elles et les traits caractéristiques de leurs voisins. La diffusion d'émissions typiques pour chaque nation aidera ainsi à mieux se comprendre en découvrant en quoi on se distingue. Il ne s'arrête pas à cette proposition. Au fur et à mesure, une augmentation des coproductions de préférence binationales permettrait, à son avis, de limiter l'avance des productions américaines.

   Il n'oublie pas non plus la protection des droits d'auteurs sans lesquels la télévision serait morte. Et à la fin, il nous exhorte à rester sur nos gardes pour ne pas nous jeter dans les bras d'un tuteur supranational après nous être échappés de justesse de ceux de l'Etat central.

6. –

Texte 52 – Raymond Barre: l'Europe politique, tout de suite

Espress: Approuvez-vous l'idée de François Mitterrand d'une confédération européenne?

R. Barre: Je n'ai pas très bien compris la formule du président de la République. Cela m'a paru flou. J'admets l'intérêt d'une perspective européenne à long terme, l'importance d'une organisation commune et permanente d'échanges, de paix et de sécurité associant tous les Etats de notre continent. Mais une confédération, au vrai sens du terme, pourrait-elle fonctionner efficacement alors que le continent est si hétérogène? N'excluons rien à long terme, mais cherchons à agir au mieux dans le moyen terme. Renforçons la Communauté des Douze; organisons ses relations avec les pays de l'Association européenne de libre échange; établissons avec les pays de l'Europe centrale et de l'Europe orientale des relations d'étroite coopération, et éventuellement d'association, en fonction de leur évolution. Tirons un plus grand parti du Conseil de l'Europe. Sur les dix ans à venir, voilà déjà un programme ambitieux!

Faites-vous partie de ceux que la réunification de l'Allemagne inquiète?

J'ai souvent dit qu'il ne fallait pas avoir peur de la réunification de l'Allemagne. Nous, Français, nous sommes toujours montrés favorables à l'autodétermination des Allemands de l'Ouest et de l'Est. Nous n'avons jamais exclu leur aspiration normale à l'unité. Ne donnons pas aux Allemands le sentiment que nous craignons cette unité et que nous serions prêts à leur mettre des bâtons dans les roues. N'ayons surtout pas de complexe d'infériorité: à nous de nous doter d'une économie dynamique, d'assurer la solidité de notre monnaie, de maintenir la crédibilité de notre force de dissuasion! Il nous faut être en tout cas conscients d'une réalité fondamentale: l'avenir de l'Europe dépend avant tout d'un étroit accord entre la France et l'Allemagne. Si des soupçons se manifestent, si la confiance disparaît entre les deux peuples, alors nous pouvons être exposés à toutes les aventures.

Certains Français craignent de voir l'Allemagne dériver hors de l'Europe ...

C'est vrai qu'il y a des inquiétudes qu'explique le passé. Mais pensons d'abord aux exigences de l'avenir. Notre continent, dont l'est recouvre la liberté, ne pourra s'épanouir dans le développement, la coopération ni la paix que si les deux grands pays qui en portent la responsabilité principale, c'est-à-dire la France et l'Allemagne, travaillent en étroite liaison. Nous avons fait ce choix en 1950, ce n'est pas aujourd'hui que nous devons l'oublier. Je souhaiterais que, dans les circonstances extraordinaires que nous vivons, la France propose à l'Allemagne fédérale et à ses autres partenaires de la Communauté d'établir sans tarder une union politique. Notre pays doit montrer qu'il est prêt à aller loin, aussi loin que le veulent ses partenaires, et d'abord les Allemands. C'est le temps de l'audace. L'initiative peut aussi bien échouer que réussir, mais chacun saura alors à quoi s'en tenir pour ce qui est des espoirs concevables ou des illusions verbales! Chacun saura qui veut quoi!

Comment avez-vous interprété les propositions américaines en vue de nouvelles relations entre les Etats-Unis et l'Europe?

Elles ne m'ont pas étonné. Ce qui caractérise la politique étrangère d'un grand pays, c'est sa continuité. M. Baker et le Département d'Etat se sont rendu compte qu'une occasion exceptionnelle se présentait de ressusciter l'atlantisme, de proposer un nouvel atlantisme. Je suis profondément attaché à l'alliance entre l'Europe et les Etats-Unis, mais l'objectif que nous devons poursuivre, ce n'est pas l'Europe atlantique, c'est l'Europe européenne!

Extrait de: Barre: Europe politique, tout de suite; dans: L'Express, 19-01-1990

Questions

1. Pourquoi R. Barre se prononce-t-il contre l'idée du Président actuel?
2. La réunification allemande lui fait-t-elle peur?
3. Comment est-ce qu'il veut que la France reprenne l'initiative dans le domaine politique?
4. Que pense-t-il des propositions du ministre des affaires étrangères américain?

Solutions

1. Il ne voit pas d'opportunité de concevoir une organisation européenne encore plus large que la C. e. tant que la dernière ne sera pas entièrement réalisée. Ceci d'autant plus que l'hétérogénéité des intérêts empêcherait une réalisation rapide d'une Europe dépassant les Douze. Donc, il donne la priorité à la C. e., à ses rapports avec l'Association européenne de libre échange et à une revalorisation du Conseil de l'Europe.
2. Il soutient que non et qu'on aurait tort de provoquer, chez les Allemands, l'impression de vouloir les en empêcher. En même temps, il rassure ses concitoyens en leur disant que la France sera capable de contrebalancer le poids augmenté d'une Allemagne réunifiée. Tout dépendra d'eux-mêmes, selon lui. Mais il leur assène aussi une vérité: l'avenir de l'Europe et dès lors de la France également dépend d'un accord étroit entre ces deux pays. Et il rappelle aux Français l'engagement pris en 1950. Quant à la peur d'une dérive éventuelle de l'Allemagne, il ne nie pas sa raison d'être à cause du passé, mais renvoie tout de suite aux tâches à accomplir.
3. C'est dans la proposition française d'une étroite union politique qu'il voit la chance de reprendre le contrôle. Ainsi, il espère regagner la position de tête en s'alignant aux désirs et aspirations exprimés surtout du côté allemand et jusqu'alors négligés. Une fois cette proposition faite, l'heure de la vérité serait venue et on reconnaîtrait les vrais desseins des partenaires.
4. Tout en approuvant la nécessité de relations étroites entre les USA et l'Europe, il décline le besoin des relations intensifiées comme les propose le ministre américain. Pour lui, la Communauté européenne qui entretiendrait de bonnes relations avec son partenaire américain et qui parlerait d'une seule voix a la priorité absolue.

Texte 53 – Jean-Claude Casanova: Les chances de l'Europe

A entendre certains hommes politiques français s'inquiéter de l'évolution à l'Est, on se demande s'ils ne trouvaient pas la division de l'Allemagne, le Rideau de fer, le Mur et le monopole communiste tellement satisfaisants qu'il faille regretter le passé et redouter l'avenir.

Peut-on leur dire que craindre l'unité allemande serait une faute doublée d'une erreur? Cela ferait revivre à nos dépens le nationalisme de nos voisins. De plus, si des autorités légitimes, après des élections libres, réclamaient l'unification, au nom même de nos principes, nous ne pourrions nous y opposer. Pourquoi alors s'indigner de ce qui est inévitable et qui ne nous menace en rien?

Car il ne faut pas exagérer la puissance de l'Allemagne. Sa population ne représente que 19 % de celle de la Communauté européenne dans sa composition actuelle. Le revenu réel n'y est guère supérieur à celui des Français ou des Britanniques et ne dépasse la moyenne de la CEE (en incluant donc la Grèce, le Portugal et l'Irlande) que de 13,5 %. Elle n'est pas une puissance nucléaire et, à l'inverse des Etats-Unis et du Japon, elle ne joue pas un rôle essentiel dans les industries de pointe. Pour plus de la moitié de son commerce extérieur, elle dépend de la Communauté et, comme tous ses partenaires, elle doit acheter ses matières premières hors d'Europe. Sa population vieillit rapidement, et ses syndicats réclament la diminution de la durée du travail et l'augmentation des transferts sociaux. Certes, elle dispose d'une monnaie solide, d'une balance des paiements excédentaire, et d'atouts considérables dans les secteurs de la mécanique, de la chimie et des biens d'équipement. Mais rien ne rend cette réussite cumulative au point que l'écart puisse se creuser entre elle et le reste de l'Europe et qu'elle acquière un poids politique disproportionné. Rien ne permet d'affirmer que les Européens les plus pauvres aujourd'hui ne rattraperont pas le niveau allemand. Après tout, l'Italie exporte, désormais, autant de produits industriels que l'Angleterre.

C'est ce que l'on craint le plus qui risque le moins de se produire: la constitution d'une puissance militaire allemande, insatisfaite de ses frontières, mettant sa capacité économique au service de ses ambitions territoriales et ouvrant ainsi une nouvelle période d'instabilité. Cette vision ne correspond ni à la situation ni à l'esprit du temps. Le commerce, la politique et la démographie sont passés par là. L'Allemagne n'est ni impériale, ni national-socialiste, ni expansionniste, parce qu'elle est devenue démocratique, capitaliste et vieille. Que les Soviétiques veuillent nous persuader du contraire est conforme à leurs intérêts, mais n'offre pas une raison suffisante pour les croire. Pas plus que nous ne devons prendre au sérieux les Français campés sur la ligne bleue des Vosges et rêvant à l'éternelle Allemagne.

En revanche, trois hypothèses méritent d'être méditées. La plus simple serait le statu quo: l'évolution à l'Est pourrait se ralentir et la situation se coaguler, avec plus de libertés et moins d'armes, mais sans altération des blocs ni des alliances. Le mieux serait alors, pour l'Europe occidentale, de poursuivre son unification, et de mesurer son aide à l'aune de la libéralisation et son désarmement en proportion du risque soviétique et du retrait américain.

On peut aussi concevoir l'extension progressive de la Communauté vers l'Europe centrale. Si la Pologne, la Hongrie, la Tchécoslovaquie et la RDA nous rejoignaient, cela augmenterait à peine la part de la population allemande unifiée dans l'ensemble (19,30 %). Et comme, dans cette configuration, la Suède, la Norvège, l'Autriche et la Suisse se rallieraient aussi à nous, la grande Allemagne ne représenterait plus que 18 % de la Confédération européenne. La CEE, ainsi élargie, gagnerait en efficacité par l'extension du marché, et la remise à niveau de l'Europe centrale en serait accélérée. Mais le gain ne serait pas seulement économique, car le propre de la forme fédérative est de permettre la solution paisible des problèmes de frontières et de minorités que les nouveaux venus porteraient dans leur corbeille.

Comme nous deviendrions ainsi la première économie du monde et une puissance politique égale aux plus grandes – si nous en prenions les moyens – cette perspective déplaira à l'Union soviétique. Aussi appellera-t-elle de ses voeux – et pas seulement de ses voeux – une solution moins fédérale. Celle qui transformerait l'Allemagne réunifiée en une sorte d'Autriche neutralisée et prospère, et qui distendrait les liens communautaires, si patiemment construits et encore inachevés, pour aboutir à une zone libre ouverte à l'Est et à l'Ouest, sans velléités politiques ni militaires. L'Allemagne, courtisée pour les avantages commerciaux qu'elle pourrait procurer, aurait pour mission d'industrialiser et d'éduquer l'Est. Elle serait, en même temps, dénoncée à mots couverts aux autres Européens, sur son front occidental. Par un retournement dialectique, l'URSS défendrait la présence américaine sur notre continent, pour justifier la sienne, et le libre-échange, pour affaiblir notre volontarisme. On peut noircir, à volonté, cette politique en lui donnant une couleur machiavélienne ou léniniste, mais, dans son principe le plus simple, elle consisterait à empêcher qu'une puissance politique autonome ne puisse émerger à l'ouest de l'Europe, et à nous forcer à demeurer une sorte de grand magasin prospère ouvert à l'Est, tous les jours de la semaine.

Pour que cette hypothèse se réalise, il faut remplir deux conditions. D'abord, que l'Europe ait la faiblesse de s'y prêter. Ce serait le signe le plus sûr de son déclin. Pour nous prémunir contre cela, il suffit de transformer, sur un mode actif, la formule passive de François Mitterrand et de dire: «Il y a l'Europe communautaire qu'il faut continuer à faire, et l'Europe communiste qu'il faut laisser se défaire.» La seconde condition serait que la Russie reste une puissance mondiale, impériale et communiste. Or de deux choses l'une: si elle renonce à ce fardeau, elle s'intégrera à l'ordre européen; si elle persiste, il nous suffira d'attendre que le désordre économique, les nationalités et la libre expression, comme la vieille taupe de Marx, accomplissent leur oeuvre.

Jean-Claude Casanova: Les chances de l'Europe; dans: L'Express, 15-12-89

Questions

1. Qu'est-ce que J.-C. Casanova reproche à ceux qui s'inquiètent de l'évolution à l'Est?
2. Comment présente-t-il l'Allemagne à ses lecteurs français?
3. L'auteur expose trois hypothèses pour l'avenir de l'Europe. Laquelle des trois trouve son approbation? Quelles en sont les raisons?
4. Comment la Communauté européenne devrait-elle réagir si cette hypothèse ne se réalisait pas?
5. Partagez-vous entièrement la présentation de l'auteur de l'Allemagne au sein de l'Europe?

Solutions

1. D'après lui, ils auraient bien aimé pouvoir se reposer sur le statu quo qui leur permettait de ne pas devoir prévoir un quelconque changement. De plus, ils doubleraient cette faute d'une erreur grave: on ne pourrait pas s'opposer au désir d'unification (légitime) sans faire naître le nationalisme d'antan et sans bafouer ses propres principes démocratiques. Et finalement, cette peur d'une Allemagne unifiée serait irraisonnée.
2. En présentant d'abord la RFA dans le cadre de la Communauté européenne par des données statistiques venant des domaines économique et démographique, il souligne le poids réel de la RFA qu'on tend à exagérer. A cela il ajoute les

arguments que la RFA n'est pas une puissance nucléaire, que son industrie, par rapport aux USA et au Japon, n'est pas à la tête du développement technologique, dépend des matières premières hors d'Europe et se voit confrontée à des revendications syndicales qui l'affaibliront. Malgré les atouts d'une monnaie forte, d'équipements et d'industries et d'un excédent dans le commerce international, la RFA n'atteindra pas un poids politique qui déséquilibrera la balance politique.
Cette Allemagne démocratique, capitaliste et vieille par son développement démographique, n'a aucune tendance vers l'expansion territoriale ou le militarisme des temps passés.

3. Casanova présente sous la deuxième hypothèse son modèle préféré du développement. Ayant pour résultat une Europe qui soit à la fois première puissance économique et puissance politique égale aux autres puissances mondiales, cette union exigerait l'entrée de quatre pays de l'Europe de l'Est, de la Norvège, de la Suède, de l'Autriche et de la Suisse. Cette extension de l'Europe permettrait le redressement des pays de l'Est et la solution paisible des problèmes frontaliers et ethniques. Dans son sein, l'Allemagne réunifiée tiendrait même une place quelque peu réduite.

4. J.-C. Casanova se prononce de toute façon pour la poursuite de l'unification européenne des Douze qui devraient également s'entendre sur leurs efforts militaires et l'aide consentie aux pays de l'Europe centrale. Ceci exclut une neutralisation de l'Allemagne unifiée qui servirait de prétexte à la présence de troupes américaines et soviétiques stationnées dans les pays appartenant aux deux blocs et qui ferait éclater l'union déjà atteinte.
L'auteur se réfère à la formule proposée par le président de la République suivant laquelle l'Europe communautaire attribuerait sa part à la défection de l'Europe communiste.

5. –

Euro-Gipfel in Paris: „Ich habe Appetit für zwei!"
Plantu, Le Monde, Paris

Aus: Zeit vom 24.11.89

Texte 54 – Alain Louyot: La communauté européenne face au changement politique en Europe de l'Est

Voici trois scénarios que, d'après l'hebdomadaire L'Express, les responsables discuteraient face au développement à l'intérieur du Comecon et du Pacte de Varsovie et à leurs répercussions sur l'Europe de l'Ouest.

La réunification est le premier des scénarios pessimistes que les responsables de la CEE répugnent le plus souvent à envisager. Il est vrai que, à la différence de celui de la confédération, il ne leur laisserait guère le temps de se retourner. Pourtant, un diplomate occidental qui fut longtemps en poste en RDA et en Union soviétique déclare sans ambages: «C'est l'hypothèse que je privilégie.» Pourquoi? Parce que, au pied du Mur, ce même diplomate a vu d'abord la fête des retrouvailles entre Allemands plutôt que celle de la liberté. En outre, il estime que la réunification est voulue depuis longtemps par Mikhaïl Gorbatchev, soucieux de neutraliser l'Allemagne et d'affaiblir l'intégration européenne. «Moscou ne manquera pas de traire la vache à lait européenne, mais il le fera en tentant d'imposer des contacts bilatéraux, afin de mettre les Douze en concurrence», estime-t-il.

Sans prêter au maître du Kremlin de si noirs desseins, certains experts de la CEE admettent, du bout des lèvres, qu'«on ne peut exclure tout à fait que les Allemands de l'Est brûlent les étapes si leurs gouvernants les déçoivent trop». On notera que les derniers sondages réalisés en RDA font apparaître 59 % de réponses favorables à la réunification. Même si les dirigeants de l'opposition est-allemande se refusent à prendre en considération une telle question. Cette réunification serait catastrophique pour les Douze. Superpuissante économiquement, la nouvelle nation allemande, totalisant 80 millions d'habitants, exercerait une hégémonie insupportable pour ses partenaires. Mais plus déstabilisatrices encore seraient les conséquences géostratégiques qu'impliquerait l'inévitable neutralisation de cette Allemagne réunifiée ...

La balkanisation est l'autre scénario catastrophe que Jacques Delors n'a pas hésité à citer. Celui d'une Europe «où personne ne contrôle plus personne, où l'on voit monter des revendications des régions ou des ethnies». Le risque d'un tel éclatement réside surtout à l'Est. Mais il existe. «L'hégémonie soviétique leur a imposé ce que nous avons réussi par consensus», constate Claus-Dieter Ehlermann[1]. En principe, les risques de contagion semblent donc exclus du côté des Douze. Mais ceux-ci se trouveraient confrontés à un problème énorme: devoir suppléer le Comecon, ce «marché commun de l'Est», fondé sur une division internationale du travail aujourd'hui réduite à la gestion désespérée d'une pénurie généralisée. «La solidarité entre pays de l'Est ayant disparu, il nous faudrait alors soutenir tout le monde à bout de bras! Ce serait économiquement insupportable», estime un haut fonctionnaire. Avec tant de sollicitations, il serait aussi probable que la Communauté ne puisse plus approfondir son union et doive renoncer, à terme, à toute ambition politique. Il appartiendrait alors au Conseil de l'Europe, d'accueillir en son sein les pays de l'Est engagés sur la voie démocratique – la Pologne, la Hongrie, la Yougoslavie – sans qu'aucune structure politique vienne consolider cette ébauche désordonnée d'une Europe des libertés et des droits de l'homme.

L'échec de Gorbatchev est le plus noir des scénarios. Le Mur reconstruit, les manifestations réprimées, un nouveau régime de type brejnévien instauré à Moscou. Face à un tel retour à l'«équilibre» de Yalta – paradoxalement justifié, du reste, par les accords d'Helsinki, en 1975 – les Douze serrent les rangs. La cohésion des Européens de l'Ouest se manifeste d'abord dans le domaine de la politique étrangère, le grand marché et l'union monétaire passant au second plan. Entre l'URSS et la Communauté, les échanges économiques sont fortement ralentis, ce qui, dans le domaine énergétique, par exemple, constitue une catastrophe pour nombre de pays membres. «Les tensions seraient à leur paroxysme, car, après tant d'espoirs nés de la perestroïka et des brèches ouvertes dans le Mur, l'Occident ne pourrait plus assister, les bras croisés, à un bain de sang, type Budapest ou Prague», assurent, unanimes, plusieurs analystes européens. Mais qui, à l'Ouest, est prêt à mourir pour Leipzig, comme hier pour Dantzig? Quel dirigeant de l'Otan osera défier les 380.000 soldats de l'Armée rouge stationnés sur le territoire est-allemand?

Pascal Lamy, chef de cabinet de Jacques Delors, précise cependant qu'il n'a pas demandé à ses services de travailler sur de tels scénarios. Il est suffisamment occupé à gérer le présent. Pour l'avenir, il veut surtout faire confiance, en ces temps incertains, à la présence apaisante et rassurante de la Communauté des Douze au sein de l'Europe, «semblable à celle d'une église au milieu d'un village».

[1]Claus-Dieter Ehlermann est le porte-parole de la Commission de Bruxelles.

Extrait de: Alain Louyot: Cinq scénarios pour l'Europe; dans: L'Express, 24-11-89

Questions

1. Quels seraient, suivant les réflexions présentées, les rôles à assumer par la Communauté?
2. D'où viendraient les risques et les dangers qui pourraient mettre en question le cheminement vers l'Acte unique?
3. Est-ce que la Communauté européenne est la seule organisation capable d'organiser l'Europe?
4. Comment envisagez-vous l'Europe future, ses structures et ses tâches?

Solutions

1. Dans le scénario qui prévoit l'unification allemande, la Communauté aurait à contrebalancer une hégémonie allemande due au poids démographique et économique du nouvel Etat. La Communauté aurait alors un membre neutre, ce qui provoquerait des perturbations géostratégiques et ce dont la Communauté devrait, en partie, amenuiser les conséquences.
   Dans le second cas envisagé, la Communauté se verrait confrontée à la nécessité de devoir secourir les pays du Comecon. Le risque serait alors encore plus grand parce que le processus vers l'union approfondie, voire politique, en serait entamé ou arrêté.
   Un renversement politique en Europe de l'Est cependant mènerait à une union plus étroite où les aspects de politique étrangère passeraient au premier plan et les intérêts économiques et monétaires au second. Cette Communauté se verrait devant le dilemme de devoir réagir aux événements dans le domaine de la politique intérieure des pays membres du Pacte de Varsovie.
   Le rôle idéal par contre serait celui d'une Communauté renforcée par l'union monétaire et politique qui serait le point d'appui pour le reste de l'Europe et arriverait ainsi à appaiser les turbulences et à rassurer le monde entier.
2. On voit un premier risque dans le fait que les Allemands pourraient brûler les étapes vers l'unification et, par là, soutenir le but du chef d'Etat soviétique qui envisagerait la neutralisation de l'Allemagne. Dans un second temps, l'éclatement du Pacte de Varsovie risquerait de faire renaître les conflits ethniques jusqu'alors supprimés; celui du Comecon provoquerait l'écroulement des économies des pays de l'Est sans qu'il y ait une nouvelle structure politique. Le troisième danger consiste en un retour à la guerre froide des décennies passées et à la répression sanglante dans les pays de l'Est.

3. Certainement pas. A côté d'elle, il y a le Conseil de l'Europe à Strasbourg qui pourrait accueillir les pays en voie de démocratisation. Mais il ne prévoit pas la coopération économique et politique de ses pays membres.
4. –

Texte 55 – Alain Louyot: Jacques Delors: le jeu à treize

Comme tous les architectes d'avant-garde, Jacques Delors a parfois du mal à être compris. Aussi le président de la Commission européenne manifestait-il, cette semaine, «une certaine déception» au lendemain de la réunion, le week-end dernier à Dublin, des ministres des Affaires étrangères de la CEE. Et planchant, mardi soir, devant les caméras de «L'Heure de vérité» pour expliquer «sa» vision d'une fédération européenne «avant la fin du millénaire», il lui a fallu mobiliser toute son ardeur et sa force de conviction pour répondre à ses détracteurs.

«Prématuré.» Telle fut la réponse de la majorité des Douze, lorsque, reprenant son idée énoncée quelques jours plus tôt au Parlement de Strasbourg, Jacques Delors insista, en Irlande, sur la nécessité de prendre en considération, le moment venu, l'éventuelle candidature de la RDA comme 13e membre de la Communauté. Moins nuancé que ses collègues européens, Hans van den Broek, chef de la diplomatie néerlandaise, déclara que l'Allemagne de l'Est était loin de remplir les conditions requises et que, de toute façon, l'Autriche avait présenté antérieurement sa demande d'adhésion.

Le rendez-vous impromptu de Dublin n'a pas été pour autant celui de la discorde. D'une seule voix, les Douze ont approuvé l'octroi d'une aide d'urgence de 515 millions de francs à la Pologne et à la Roumanie, ainsi que le projet de transformer progressivement en «accords d'association» établissant des liens politiques les accords de coopération économique déjà signés ou à venir avec les pays de l'Est en cours de démocratisation.

Plus significative encore a été leur acceptation de convoquer, courant 1990, un sommet de la CSCE (Conférence sur la sécurité et la coopération en Europe), comme le leur avait proposé Mikhaïl Gorbatchev. Ce sommet, qui pourrait avoir lieu, l'automne prochain, à Paris, réunira 35 chefs d'Etat et s'efforcera de définir la nouvelle configuration de l'Europe.

Restait donc la RDA comme pierre d'achoppement. Pour comprendre la déception de Delors, il faut se rappeler son raisonnement. On peut le résumer ainsi: l'intégration européenne se fera avec la pleine participation des Allemands, ou ne se fera pas. D'où la nécessité de les séduire. L'important discours que le président de la Commission prononça à Strasbourg avait cette ambition. La nouveauté de cette longue allocution réside dans l'appel au renforcement des pouvoirs des institutions communautaires, en particulier du Parlement européen. Un thème beaucoup plus mobilisateur en RFA que celui de l'Union économique et monétaire ... L'idée d'une communauté d'«inspiration fédérale» dont la RDA serait partie prenante est aussi de nature à satisfaire le peuple allemand, qui aspire à des retrouvailles dans un cadre européen. A l'issue d'un dîner en tête à tête, l'autre mercredi, avec Jacques Delors Chez René, un restaurant du boulevard Saint-Germain cher au président de la Commission, le chancelier Kohl, la mine réjouie, a pris congé de la patronne en promettant de revenir bientôt et plus longuement. Les détracteurs européens de Delors vont encore jaser.

Alain Louyot: Delors: le jeu à treize; dans: L'Express, 02-02-1990

Questions

1. Pourquoi y a-t-il discorde entre le président de la Commission de la CE et les ministres des affaires étrangères des pays membres?
2. Quelle est la position prise par le président face au développement dans les pays de l'Est?
3. Comment est-ce que Jacques Delors espère pouvoir mobiliser l'opinion publique en RDA pour l'union européenne?

Solutions

1. Le fossé s'est creusé quand les ministres ont refusé, lors de leur conférence à Dublin, d'adopter les vues du président de la Commission présentée avant la réunion au Parlement européen. D'après eux, l'adhésion de la RDA ne correspondrait pas à la réalité politique et économique puisque la RDA n'est pas encore préparée et qu'elle devra s'aligner derrière l'Autriche.
2. Dans une large mesure, on peut parler d'une position commune que les ministres et le président soutiennent: aider d'urgence la Pologne et la Roumanie et la transformation des accords de coopération économique en accords d'association. Mais ils diffèrent concernant la RDA. Faisant partie de l'Allemagne, ce pays devra, selon le président, devenir membre, si l'on ne veut pas risquer un ralentissement de l'union par la RFA.

3. D'abord par l'adhérence de la RDA. Ensuite, il envisage de faire avancer le renforcement des pouvoirs politiques des institutions européennes. Là, il pense surtout au Parlement européen. Ce but est beaucoup plus populaire en RDA que celui de l'union monétaire et économique. Et le président réclame l'idée d'une organisation fédérale de l'Europe qui a, elle aussi, beaucoup de partisans chez nous.

Vocabulaire

le plan Schumann	Schumann-Plan
la CECA (Communauté Européenne du Charbon et de l'Acier)	E.G.K.S. (Europäische Gemeinschaft für Kohle und Stahl); Montanunion
les traités de Rome	die Römischen Verträge
la CEE (Communauté économique européenne)	EWG (Europäische Wirtschaftsgemeinschaft)
la CEA (l'Euratom; Communauté européenne de l'énergie atomique)	EAG (Euratom; Europäische Atomgemeinschaft)
la politique de la chaise vide	Politik des leeren Stuhls (d. h. Blockierung von Beschlüssen durch Abwesenheit)
le Marché commun	der Gemeinsame Markt
les arrangements de Luxembourg	Luxemburger Kompromiß
le Conseil des Communautés	Rat der Gemeinschaften
l'union économique	Wirtschaftseinheit
l'union monétaire	Währungseinheit
l'union douanière	Zollunion
l'élargissement de la Communauté	Erweiterung ...
la CPE (Coopération politique européenne)	europ. politische Zusammenarbeit (EPZ)
la conférence au sommet, le sommet	Gipfelkonferenz
le pays membre	Mitgliedsland, -staat
le Parlement européen	Europaparlament
le Conseil des chefs d'Etat(s)	Rat der Regierungs- und

et de gouvernement(s)	Staatschefs
le SME (système monétaire européen)	EWS (Europäisches Währungssystem)
le serpent monétaire	die Währungsschlange (d. h. die im EWS vertretenen Währungen)
l'écu m.	Ecu (European currency unit; die europäische Verrechnungseinheit; ca. DM 2,--)
l'adhésion d'un pays	Mitgliedschaft ...
l'Acte unique européen	Einheitliche Akte
le Conseil de l'Europe	Europarat
la C.e. (Communauté européenne)	EG (die Europäischen Gemeinschaften)
le grand marché	europäischer Binnenmarkt
la Commission (les commissions)	Europäische Kommission
l'Europe des patries	Europa der Vaterländer
la CSCE (Conférence sur la sécurité et la coopération en Europe)	K.S.Z.E. (Konferenz für Sicherheit und Zusammenarbeit in Europa)

Les relations franco-allemandes

1 Vue d'ensemble

1870–1871	Dans la guerre franco-allemande, la France dut céder l'Alsace et la Lorraine. A Versailles, le 18 janvier 1871, les Allemands fondent leur nouvel Etat national, le second Empire sous Guillaume Ier.
1914–1918	Première guerre mondiale: jusqu'à son éclatement, il y eut plusieurs conflits politiques entre les deux pays, entre autres les crises marocaines. Après la défaite et l'armistice du 11 novembre 1918, le
1919	traité de Versailles mit fin à la guerre. La période entre les guerres mondiales fut marquée d'un côté par un durcissement des positions – la France
1923	occupait la rive gauche du Rhin, en 1923, la Ruhr, et d'un autre côté par les essais d'une approche initiés par Gustav Stresemann et Aristide Briand.
1925	Signature des accords de Locarno, prévoyant l'entrée de
1926	l'Allemagne à la Société des Nations et
1930	l'évacuation de la zone d'occupation par la France.
	Sous le IIIe Reich, le plébiscite en Sarre (1935) et les accords de Munich accompagnés de la remilitarisation allemande augmentèrent la tension.
1939/40–1945	La campagne de France, l'occupation de la partie nord, le régime de Vichy, la Résistance, les prisonniers de guerre français qui devaient remplacer des ouvriers allemands, le Service du travail obligatoire ne contribuèrent guère à l'amélioration des relations.
1945	Par les accords de Potsdam, la France devint un des quatre Alliés doté d'une zone d'occupation en Allemagne et d'un secteur à Berlin. Elle fut jusqu'au 12 septembre 1990 une des forces responsables de la totalité de l'Allemagne, donc de la réunification.
1949	Après la création de la République fédérale d'Allemagne et son entrée dans l'Organisation européenne de coopération économique (OECE), les deux pays créent avec d'autres la

1951	Communauté européenne du charbon et de l'acier (CECA) en 1951 (après la proposition du chancelier Adenauer d'une union franco-allemande et la présentation du plan Schumann par le gouvernement français en 1950). C'est en cette année qu'on déclare aussi la fin de l'état de guerre entre les deux pays.
1952	En 1952, la signature de la Convention de Bonn (Deutschland-Vertrag) qui prévoit la C.E.D., Communauté européenne de défense refusée en 1954 par l'Assemblée nationale, prépare la souveraineté de la République fédérale.
1954/55	C'est par la signature des Accords de Paris, la modification de la Convention de Bonn et l'entrée de la RFA. dans l'OTAN que l'Allemagne fédérale requiert sa souveraineté. Dans la même année les Sarrois rejettent le Statut de la Sarre et, en 1956, le Traité sur le règlement de la question sarroise ouvre la voie au rattachement de la Sarre à la RFA du 1er janvier 1957. C'est aussi l'année des Traités de Rome (CEE)
	Après son arrivée au pouvoir en 1958, de Gaulle prépare avec Adenauer la réconciliation franco-allemande et la coopération dans tous les domaines de la politique.
1963	Le 22 janvier, les deux chefs d'Etat signent le «Traité entre la République française et la République fédérale d'Allemagne sur la coopération franco-allemande» et plus tard dans l'année, on crée l'Office franco-allemand pour la Jeunesse (OFAJ) dont l'accord sera modifié à partir de 1984.
1966	Après le retrait de la France de l'OTAN, un échange de lettres entre les ministres des Affaires étrangères règle le statut des forces françaises en Allemagne (FFA).
1974	Le Président Giscard d'Estaing et le Chancelier fédéral Schmidt soulignent la nécessité du parallélisme du développement économique et de la coopération franco-allemande pour le développement dc l'Europe. Ils préparent aussi le
1978/79	système monétaire européen (SME) qui entrera en vigueur le 1er mars 1979.
1982	Lors des consultations franco-allemandes à Bonn, en octobre 1982, on décide d'intensifier la coopération dans le domaine de la politique de sécurité (Commission franco-allemande sur la sécurité et la défense).

1984 En 1984, l'accord de Sarrebruck vise la suppression graduelle des contrôles aux frontières.

1986 Et c'est en 1986 qu'on décide lors des 47es consultations d'intensifier la coopération des armées. Après la visite commune de la manoeuvre

1987 franco-allemande «Moineau hardi», H. Kohl et F. Mitterrand décident la création d'un Conseil de Défense franco-allemand et d'une brigade franco-allemande.

1988 Depuis janvier 1988, le Conseil économique et financier franco-allemand est appelé à se réunir quatre fois l'an.

1989 L'ouverture de la frontière entre les deux Etats allemands en novembre cause des irritations entre la France et la RFA en ce qui concerne le réunification et la réalisation de l'Acte unique (union européenne) que les deux chefs d'Etat s'efforcent de calmer.

1990 Le 12 septembre, les discussions aux cours de la conférence dite «2 + 4» aboutissent à l'accord «2 + 4» et à la réunification allemande. Les anciens allies, parmi eux la France, renoncent à leurs droits de puissances occupantes.

1991 Le 14 octobre, Helmut Kohl et François Mitterand lancent le projet d'une coopération militaire, le corps franco-allemand, dans le but de renforcer l'identité de sécurité européenne.

2 Les Français vus par eux-mêmes

Texte 56 – La méthode du discours

En 1985, l'hebdomadaire L'EXPRESS a publié un dossier sur la société française. En voici deux extraits.

Le malheureux Descartes n'y est sans doute pour rien. Mais, en France, le discours est plus qu'un penchant, plus qu'un talent, c'est une fin en soi. Au point de servir de substitut à l'action. Il s'accompagne d'une survalorisation de la forme, d'une passion pour les statuts, les situations à angle droit. En un mot, d'une prédilection pour la rhétorique qui s'épanouit fâcheusement dans un juridisme pointilleux et un esprit de système.

Symboliques de notre esprit de géométrie cher à Pascal, le système métrique, inventé sous Robespierre (et exporté depuis dans le monde entier), les jardins à la française tirés au cordeau. S'attaquant au découpage de la France, la Constituante, en 1790, commença par dessiner des départements quadrangulaires. Celui de l'Oise conserve encore aujourd'hui une vague trace de cette logique poussée à l'absurde. On en retrouve aussi la marque dans certains endroits, comme dans la petite ville de Brouage, en Charente-Maritime.

Mais, là où le souci de la forme est le plus sensible, c'est évidemment dans la langue. Ce fut une révolution, par exemple, quand, dans les années 60, Sciences po décida solennellement d'opter pour le plan en deux parties, plutôt que celui en trois. L'oral de l'agrégation d'économie, le grand oral de l'Ena, chronomètre sur la table (dix minutes d'exposé, pas une seconde de moins ni de plus), sont des exercices de virtuosité oratoire à laisser des observateurs étrangers pantois. On trouve à tous les niveaux de la société cette fascination pour le verbe. Manie du calembour dans les classes populaires, envolées chez les hommes politiques dignes du forum ou de l'agora. «Ce n'est pas du Cicéron», commentait, un brin sarcastique, François Mitterrand en écoutant un passage d'un discours de son Premier ministre, Pierre Mauroy, à la télévision. Le président de la République est bien le représentant d'une longue tradition de politiciens-écrivains, dans la lignée de Lamartine, de Victor Hugo et de Léon Blum. De l'amour des mots découle le goût des idées, qui porte naturellement à celui des idéologies. Etre de droite, de gauche, radical, libéral, tiers-mondiste, atlantiste, laïc, autant de mots vagues qui offrent l'avantage inestimable pour des Français de pouvoir se classer. Et de nourrir des débats interminables qui font les délices de leurs soirées télé. Même épanchement à l'écrit. La France est, entre tous, le pays des constitutions (quinze en deux siècles), des programmes politiques, des livres blancs, des manifestes, des tracts. ... Quant aux innombrables rapports de sages, ils sont voués à la poussière des tiroirs. Quand on ne sait pas comment régler un problème, on crée une commission. Bonne excuse pour ne rien faire.

Extrait de: «Les dix blocages de la société française»; dans: L'Express, 01-03-85

Questions et sujets de conversation

1. Comment se manifesta l'esprit de système en France?
2. Qu'en est-il aujourd'hui pour les Français?
3. Quel est la rapport entre «l'esprit de système» et la dernière phrase?

Solutions

1. Il y eut plusieurs manifestations de cet esprit. Commençons par la prédilection des Français pour la rhétorique. A part le sacro-saint oral à l'Ena par exemple, ils ont introduit le système métrique et influé sur toute l'Europe à travers le jardin à la française. Cet esprit poussé à son comble se montra également dans la conception d'une division du territoire français en quadrangulaires au lendemain de la Révolution. La suite de 15 constitutions en deux siècles en est une preuve supplémentaire.
2. Encore aujourd'hui, les Français se laissent fasciner par un orateur habile, même le soir, devant leur téléviseur. Ils ont tendance à se ranger du côté d'une idéologie quelconque. L'oral des examens représente encore l'épreuve ultime. Leur amour du système se manifeste aussi par la foule de rapports, de livres blancs ou de programmes.
3. Cette phrase contient la somme de toute critique possible qu'on peut exprimer concernant ce fameux esprit de système. Le système métrique ou autre ne cache-t-il pas un manque d'idées ou d'initiative, voire de flexibilité. L'auteur nous signale que, derrière toute activité bien ordonnée, toute signification de sens peut être mise en question. C'est le système ou la rhétorique qui comptent plus que l'originalité ou l'introduction de nouvelles idées.

Texte 57 – La tentation monarchique

Tout se passe comme si les Français, inconsolables d'avoir un jour coupé la tête à l'un de leurs rois, avaient la nostalgie de Versailles, de sa pompe, de son prestige et de l'autorité absolue qui y régnait. En tout cas, ils ont gardé un goût très vif pour le protocole et pour la personnalisation du pouvoir (à condition que le contrat soit à durée limitée). Un goût persistant que l'on retrouve, toutes proportions gardées, dans le fonctionnement quotidien des entreprises, des partis politiques, voire des services de médecine.

«On se tutoie?» Cette apostrophe d'un «camarade», à la fin d'un chaleureux congrès socialiste, à l'adresse de François Mitterrand fit un flop. «Si vous voulez», rétorqua, distant, le premier secrétaire. Quelques années plus tard, l'autocratique chef de parti se déclare parfaitement à l'aise dans les habits du Général, dont il avait tant combattu l'absolutisme. On n'échappe pas à l'attente des électeurs. De de Gaulle à Mitterrand, en passant par Giscard, tous les présidents que se sont choisis les Français ont plus ou moins un profil de monarque. A chaque remaniement, la première préoccupation des nouveaux ministres est de savoir quel «palais» leur est assigné, la honte étant de ne pas avoir droit à l'hôtel du XVIIIe siècle, entre cour et jardin. Alors que lui échoyaient les locaux casernes du ministère de la Santé, avenue de Ségur, Pierre Bérégovoy exigea – et obtint – l'hôtel dû à son rang d'ancien secrétaire général de l'Elysée. Laissant, sans états d'âme, ses services à 500 mètres. La France entière s'est délectée du spectacle royal, sur fond de jets d'eau et de feux d'artifice, offert par un Mitterrand en habit, plus imposant que jamais, à ses partenaires du Sommet de Versailles, en juin 1982.

La République française a, par ailleurs, le monopole mondial d'une singularité en matière de droit des sociétés: le président-directeur général. Copiée sur le modèle du «Führer Prinzip» par le gouvernement de Vichy, cette formule de direction des entreprises a pour particularité de mettre entre les mains d'un seul homme ce qui, dans tous les autres pays, est réparti entre plusieurs: la décision, l'exécution d'une politique et son contrôle. Le patron règne en maître absolu, quitte à être blackboulé sans préavis par le conseil d'administration qui le désigne. Il faut voir, en particulier dans les grosses entreprises nationales, l'apparat et le phénomène de cour qui entourent les précieux P.d.g., avec huissier personnel, ascenseur privé et collaborateurs directs qui servent du «Monsieur le Président» gros comme le bras à celui que des Américains appelleraient tout simplement «Bob» ou «Bill». En cherchant un peu, on trouve en France, finalement partout, de ces mandarins vénérés par leurs ouailles, que ce soit à la tête de clubs de football ou de services de médecine avec leurs «grands patrons», comme on dit encore.

Extrait de: «Les dix blocages de la société française»; dans: L'Express, 01-03-85

Questions et sujets de conversation

1. Comment les Français ont-ils remplacé leur roi absolu à la tête de l'Etat?
2. Où peut-on encore remarquer cette prédilection monarchique?
3. Quelle est la critique exprimée dans cet extrait?

Solutions

1. C'est par un Président de la République à mandat limité qu'ils ont remplacé leurs monarques. Cela leur épargne une nouvelle révolution et l'installation de la guillotine. Mais ce qu'ils vénèrent, c'est le protocole d'un Président quasiment royal qui noue avec la tradition si regrettée de la cour de Versailles.

Voilà François Mitterrand bien à l'aise dans la pompe de de Gaulle si souvent critiquée de lui-même.

2. Comme le titre de «Monsieur le Président» (ou de président-directeur général) s'est répandu à travers toute la société, on en retrouve un peu partout, soit à la tête d'un parti ou d'une association sportive soit dans l'industrie ou dans les hôpitaux. Ils sont de petits rois dans leur royaume limité, mais ont toujours leur tête sous le «couperet» de la révolution qui pourrait s'éclater d'un conseil d'administration ou chez les simples membres du club. La tradition monarchique est encore incorporée par la course aux palais des ministres qui préfèrent même être éloignés de leur ministère que de résider dans un immeuble quelconque.
3. La critique ressort surtout dans le passage sur les P.d.g. Déjà l'allusion faite au «Führer-Prinzip» du régime de Vichy introduit le doute sur l'utilité de ce poste. La critique devient plus intense lors de la comparaison avec l'étranger, où l'efficacité semble mieux assurée par un système de contrôles mutuels et moins de pompe. La critique perce aussi à travers la description de la vie politique et son admiration du côté des Français.

Texte 58 – Alain Duhamel: 55 millions de frondeurs légitimistes

Les Français ont l'esprit contrariant: ils respectent la puissance de l'Etat, mais ils la frondent en chaque occasion; ils aiment la pompe républicaine, mais ils se moquent du protocole; ils révèrent le pouvoir, mais ils sont périodiquement saisis par d'irrésistibles pulsions contestataires. Ils sont conservateurs mais ironiques, déférents mais railleurs, indisciplinés mais légitimistes, mauvais sujets mais bons citoyens. La Gallicanie tout entière se nourrit de ces contradictions, moins incohérentes, cependant, qu'elles n'en ont l'air.

Les Hexagonaux se comportent en individualistes impénitents, rebelles aux contraintes, aux réglementations, aux carcans. Ils sont fraudeurs dans l'âme. Ils font de détestables contribuables. Ils attendent de l'Etat aides et subventions, protections et prestations. Ils exigent le respect le plus strict de leurs droits acquis, ne plaisantent jamais avec les allocations qui leur sont dues, considèrent que la Sécurité sociale ou les caisses de retraite ont envers eux des devoirs sur lesquels on ne saurait transiger. Lorsqu'il s'agit de dépenser les fonds de l'Etat ou des institutions sociales, ils sont impitoyables. En revanche, s'il existe un moyen, légal ou non, de payer moins d'impôts ou de cotisations, de berner le fisc, d'échapper aux prélèvements, ils ne s'en font pas faute.

Les Français jouent sans se lasser aux gendarmes et aux voleurs avec les contrôleurs des contributions, mais tentent aussi de tromper les douaniers ou de glisser entre les mains des contractuelles. Ils sont, en Europe, ceux qui s'acquittent le plus mal de leurs amendes pour stationnement illicite. Ils respectent selon leur humeur les règles de la circulation et sont considérés par les étrangers comme des chauffeurs effrayants, par-dessus tout systématiquement indisciplinés. En Grande-Bretagne, un panneau de priorité est sacré, l'ordre d'un policeman exécuté sur-le-champ. En France, sur les routes, c'est chacun pour soi, et que le plus habile, ou le plus chanceux, gagne. En Allemagne fédérale, aux Etats-Unis, en Suisse, en Autriche, faire la queue devant un arrêt d'autobus, un guichet de banque ou une salle de cinéma postule un ordre naturel. En France, l'art du resquillage et le sport de la débrouillardise sont regardés comme des activités presque hygiéniques.

Cette mentalité d'élèves dissipés s'accompagne de la recherche anxieuse et parfois éperdue de parrainage, de protection, d'appuis. Le maire et le député apparaissent comme des recours contre les règles générales; cent fois, mille fois par an, il leur est demandé exemptions et faveurs. Ce peut être un simple délai de grâce ou une lettre d'introduction. Bien souvent, cela devient l'espoir naïf d'un privilège, d'une exception. Plus les Français se sentent administrés et gouvernés, plus ils sont harcelés par un environnement de codes et de règlements, plus ils cherchent des échappatoires. Face aux pouvoirs officiels, ils se comportent en adolescents, en citoyens imprégnés de clientélisme latin. Toujours tentés de tricher, toujous soucieux de protecteurs, toujours révérents à l'égard de la puissance publique.

Et, cependant, ces frondeurs, ces ligueurs impénitents se révèlent, aussi, légitimistes. ... Ayant beaucoup admiré le général de Gaulle, voté maintes fois en sa faveur ou selon ses préférences, ils ont refusé de le suivre cependant en 1969, lorsqu'il sembla s'en prendre aux prérogatives du Sénat. L'exécutif d'abord, mais contrôlé par le Parlement. N'est-ce point là sens inné de l'équilibre des pouvoirs, plus grand, en somme, chez les citoyens que chez les constituants?

Et puis, on insiste souvent sur les prurits poujadistes des Français. On souligne les actions violentes perpétrées chaque année par les viticulteurs du Languedoc, on déplore les barrages des chauffeurs routiers, les petites jacqueries bretonnes, les perceptions agressées, les usines occupées, les violences locales de tel ou tel syndicat (ou de tel ou tel patron). Tout cela existe bel et bien mais masque l'essentiel. Les Français sont légitimistes, ont le sens de la durée et de l'autorité. Le présidentialisme de la Ve République les a séduits parce qu'il faisait d'eux des faiseurs de rois, parce qu'il confiait aux citoyens eux-mêmes le choix de leur monarque provisoire, mais également parce qu'il garantissait la stabilité. Sous la IIIe République, les gouvernements de la France ont duré en moyenne huit mois, et six mois sous la IVe République. Les Hexagonaux, ces individualistes si chatouilleux, veulent être gouvernés. Ils détestent donner de l'argent, qui leur paraît toujours peu ou prou dérobé par l'Etat. En revanche, ils résistent fort bien à d'autres tentations délétères.

Extrait de: Alain Duhamel: Le complexe d'Astérix; dans: L'Express, 25-01-85

Vocabulaire

l. 9:	impénitent	hier: verstockt, unverbesserlich
l. 10:	le carcan	Halseisen, hier: Zwang
l. 12:	la prestation	Leistung (z. B. einer Versicherung)
l. 18:	berner	betrügen
l. 23:	illicite	verboten
l. 31:	le resquillage	Schwarzfahren, Schmarotzen
l. 37:	l'exemption f.	Befreiung (von Steuern oder Strafe)
l. 40:	harcelé	gequält, gestört
l. 43:	le clientélisme	hier: Vetternwirtschaft
l. 48:	la prérogative	Vorrecht
l. 52:	le prurit	hier: Reiz, Sehnsucht
	poujadiste	von Pierre Poujade: Gründer der Union de défense des commerçants et artisans de France, einer klein-bürgerlichen, rechtsorientierten Partei, die gegen Ende der IV. Republik gegen die sozio-ökonomische Entwicklung kämpft.
l. 55:	la jacquerie	Bauernaufstand
	la perception	Steuerkasse (Finanzamt)
l. 66:	délétère	fig. verderblich

Questions

1. Quelle est l'attitude des Français concernant leur argent et celui des autres?
2. Faites le portrait d'un citoyen français.
3. Comment se distinguent-ils d'autres nationalités?
4. Que représente un élu aux yeux de ses compatriotes?

Solutions

1. Les attitudes des Français concernant leur propre argent et celui d'autrui sont tout à fait opposées. Ayant payé quelques impôts, ils exigent aides, subventions, allocations et versements de retraite comme des dûs qui leur reviennent. Cependant, tout leur semble permis pour frauder au maximum dans le but de réduire au minimum inévitable la mainmise du fisc, quand il s'agit de payer les impôts.
2. Le citoyen français contestaire et rebelle, malgré sa tendance conservatrice, se voit toujours sur le pied de guerre avec les représentants des autorités et cherche à conserver son individualité face aux contraintes de la législation. Il a cependant le goût du pouvoir et de légitimité qu'il respecte en tant que tels, et est à la recherche continuelle de protecteurs contre les intempéries venant d'en haut. Bref, peu enclin à respecter l'ordre à première vue, il est au deuxième regard dans son coeur un citoyen réfléchi.
3. Contrairement aux autres Européens cités dans le texte, les Français montreraient moins d'esprit civique et de solidarité. Ce serait le «system D» et le «à qui mieux mieux» qui l'emporteraient. Leur «clientélisme latin» les placerait plutôt du côté de la Méditerranée avec les habitudes d'un camelot que de l'Europe de l'Ouest respectant les conventions.
4. Le citoyen moyen se sentant débordé et entouré par la vague de règlements contre lesquels ils tente de lutter en individu, considère ses élus comme les sauveteurs et protecteurs naturels. N'est-ce pas eux qu'il a élus pour qu'ils le soutiennent dans son combat? Ne serait-ce que pour faire sauter une contravention ou pour procurer une lettre de recommandation.

Texte 59 – Jean-Paul Franceschini: Les Français, les bien-aimés du monde?

La République française se croit en paix avec tout le monde. C'est faux. En février dernier, seule à aller jusqu'au bout de ses antipathies, la petite commune suédoise de Jerle a déclaré la guerre à Paris. Pour protester contre les expériences nucléaires dans le Pacifique, elle a usé d'un droit qui lui avait été concédé, en 1647, par la reine Christine.

La colère n'est pas toujours folklorique. L'ennemi le plus déterminé, le plus implacable de la France est l'Iran. Depuis toujours, son élite parlait le français élégant du dernier chah. Pour rendre grâces de l'hospitalité accordée à son imam, la République islamique a d'abord rebaptisé «rue Neauphle-le-Château» l'artère qui longe l'ambassade de France. La rue n'a pas changé de nom, mais on y brûle des drapeaux français.

Les Australiens ne nous portent pas dans leur coeur. En 1973, ils ont refusé pendant six mois – record du monde – de distribuer le courrier provenant de France. Ils nous accusent de souiller leur arrière-cour – à 6.700 kilomètres, tout de même! – par les expériences de Mururoa et de répondre à leurs protestations avec notre morgue nationale, le «Gallic contempt». En Nouvelle-Zélande, depuis Greenpeace, tous les Gaulois ont l'oeil torve et les pieds palmés. Commentaire du «New York Times» après l'«affaire»: «Comment un peuple si intelligent s'est-il fourré dans un tel guêpier?»

Car notre pays a souvent droit à des hommages empoisonnés. Comme le «maudits Français!» des Québécois, qui nous font l'amitié de nous en vouloir encore de notre «lâchage». Ou l'affection ambiguë des francophones: Wallons excédés par les histoires belges; Genevois pour qui le vrai Paris se mire dans le Léman; Libanais amoureux d'une France défunte; Africains et Maghrébins dans les affres d'une éternelle émancipation.

Nos principaux partenaires, les Allemands? Leur confiance à notre égard rejoint presque, sur l'Eurobaromètre, la cime portugaise. Le couple est d'une solidité à toute épreuve. De la France ils aiment comme tout le monde la culture, les paysages, la cuisine, les vins. Mais pas le coq, emblème de la fierté nationale. De Gaulle, l'homme de la réconciliation, a incarné l'ambiguïté de l'amitié germanique. «Admiré beaucoup et beaucoup blâmé», comme l'Hélène du second Faust, il a été l'objet d'autant d'amour que de sarcasmes. Dans aucun pays européen la grande presse ne publie d'aussi furieuses diatribes qu'en RFA. C'est le «dangereux voisin atomique» pour le «Spiegel», la «prétendue grande nation» pour «Stern». Quelques échantillons de ces gracieusetés: «Les Français ont-ils la folie des grandeurs? Ils ne savent concevoir que des projets inutiles: le paquebot «France», le Concorde». Que peut-on attendre de gens qui «vont saucissonner, le dimanche, devant leurs centrales atomiques»?

Extrait de: Paul-Jean Franceschini: «Français, qui vous aime?»; dans: L'Express, 13-05-88

Vocabulaire

l. 14:	souiller	verschmutzen
l. 16:	la morgue	hier: Arroganz
l. 17:	torve	scheel (Blick)
l. 18:	palmé	mit Schwimmhäuten (Anspielung auf das Attentat des französischen Geheimdienstes auf das Schiff «Rainbow Warrior» von Greenpeace)
l. 19:	le guêpier	Wespennest
l. 25:	les affres	Qualen
l. 34:	la diatribe	heftige Kritik

Questions

1. Pourquoi est-ce que le sentiment des Français d'être en paix avec le monde entier est trompeur?
2. Résumez le jugement que portent les Allemands envers leurs voisins français.

Solutions

1. Les essais nucléaires dans le Pacifique, accompagnés de l'affaire du Rainbow-Warrior, leur ont procuré beaucoup d'ennemis déclarés comme par exemple la petite commune suédoise de Jerle, qui est allée jusqu'à déclarer la guerre à la France. Les sentiments amicaux qu'éprouvaient les Iraniens ont également changé. Et même les pays ou les étrangers qui se prononcent en faveur de la France y voient autre chose que la France actuelle dans toute sa réalité.
2. Les Allemands hésitent entre l'admiration pour la civilisation française, le rejet du nationalisme français qui vise la «grande nation», la peur d'un voisin peu soucieux de l'environnement et des dangers du nucléaire et l'ironie de la grandiloquence française qui n'aboutirait qu'à des projets inutiles. Malgré toutes les critiques qu'ils assènent aux Français, ils voient dans les Français leurs voisins de prédilection.

3 Les Allemands aux yeux des Français

Texte 60 – Le mal allemand

Nationalistes, les Allemands de l'Ouest? A peine la moitié des moins de 30 ans continueraient de vivre dans leur pays s'ils en avaient le choix, pour 92 % des jeunes Américains. La fierté nationale est, en République fédérale, le sentiment le moins bien partagé. 21 % seulement des Allemands se disent fiers de l'être, alors que 33 % des Français et ... 80 % des Américains revendiquent leur appartenance nationale.

Culpabilité historique, division géographique: il n'y a pas une, mais des Allemagnes – alors que la France est nette comme l'hexagone, le drapeau tricolore et les valeurs républicaines. Le language courant entretient la confusion: une majorité d'Allemands parlent de l'Allemagne et non de la «République fédérale» ou de l'Allemagnes de l'Ouest». Comme s'ils n'avaient pas accepté l'autre Etat allemand ou s'ils se sentaient mal par rapport à leur République.

Ils en approuvent pourtant les fondements économiques et politiques: de tous les Européens, ce sont les Allemands qui s'estiment les plus satisfaits du système dans lequel ils vivent. Friedrich, 27 ans, à la limite de la marginalité, sans espoir et sans futur, préfère vivre en Allemagne qu'en France, où le système est trop répressif, dit-il. Mais cette République n'emporte pas les coeurs. On la considère un peu comme la Maria Braun de Rainer Werner Fassbinder: une Maria enrichie après la guerre par la prostitution et les affaires, qui, lorsqu'elle retrouve son mari, n'aime plus qu'un souvenir. C'est la manière dont la génération des 40 ans voit son pays. Hans Jurgen Kaack, spécialiste des questions allemandes au sein de la fraction parlementaire de la CDU u. CSU, déplore que «absorbés par la reconstruction nationale, les Allemands aient commis la bêtise d'oublier que les hommes ne peuvent vivre sans référence à une histoire nationale».

Non que la République de Bonn ait fermé les yeux sur l'Histoire: pour surmonter le passé, il fallait le regarder en face. Mais, pour échapper au traumatisme du nationalisme, les Allemands ont laissé de côté l'ingrédient national. L'Europe et le miracle économique leur ont servi de substitut. Seulement, l'Europe s'essouffle, le miracle s'effrite. Et les Allemands s'aperçoivent qu'ils n'ont plus rien. Un trou, un vide, un vide idéologique, disent la plupart des intellectuels et des politiciens. Crise d'identité: le mot est sur les lèvres depuis un an.

Franz Stauffenberg, député de la CSU bavaroise, dont le père manqua d'assassiner Hitler en juillet 1944, n'y voit qu'une mode, «une invention d'intellectuels». Il est vrai que le regard innocent des pacifistes décourage les soupçons. Wolfgang Pohrt se veut le dernier rescapé de la gauche soixante-huitarde. Il fit scandale, récemment, avec «Un peuple, un Reich, une paix», où il pourfendait la nouvelle gauche nationale. L'article, proposé à un jounal d'extrême gauche, parut finalement dans le respectable «Zeit». Féroce. Un mot d'identité est un «mot trahison, une variante raciste du nationalisme.»

Crise d'identité et question nationale: l'une et l'autre sont liées. D'abord parce que, en reconnaissant la RDA en 1972, les Allemands de l'Ouest se sont retrouvés face à eux-mêmes. La RFA s'était jusqu'alors considérée comme un Etat provisoire, destiné à s'étendre à la RDA. Le provisoire s'installait. «Avant 1972, la majorité des citoyens ouest-allemands n'avaient pas la moindre idée de la question allemande», dit Peter Brandt. Le fils de Willy Brandt et toujours un pas plus à gauche que son père, contestataire des années 60, c'est le théoricien de la gauche nationale. «On se demandait simplement comment récupérer les territoires est-allemands. C'est après l'acceptation du statu quo que la question allemande est devenue évidente». En reconnaissant la RDA, Willy Brandt avait semblé clore la question, son fils la considère en bonne logique ouverte.

Extrait de: Le mal allemand; dans: L'Express, 03-02-84

Vocabulaire

l. 28/79:	le traumatisme	Trauma
l. 29:	l'ingrédient m.	Bestandteil, Teil
l. 40:	pourfendre	hier: heruntermachen

Questions

1. Comment est-ce qu'on cherche à introduire l'explication du manque de sentiment national chez les Allemands?
2. Qu'est-ce qu'on entend dans cet extrait par «crise d'identite»?

Solutions

1. Les auteurs se servent de plusieurs preuves pour appuyer leur thèse. D'abord, des données statistiques servent à illustrer le peu de nationalisme et, en même temps, la satisfaction de vivre en RFA, chez les Allemands de l'Ouest par rapport à d'autres nationalités. Puis, on explique cela par l'existence de deux

Allemagnes qui contribuerait au sentiment d'incertitude. Citations à l'appui, on attribue la faute de ce manque d'esprit national à la seule préoccupation de reconstruire qui aurait poussé les Allemands à oublier leur histoire nationale. Traumatisés par le passé immédiat, ils auraient tout misé sur l'unification de l'Europe.

2. Cette crise aurait surtout deux sources. D'un côté, les deux buts fixés d'après-guerre, le miracle économique et l'Europe, ont perdu leur attrait, et, on constaterait le manque d'un but commun. D'un autre côté, le rapprochement des deux Etats allemands depuis 1972 aurait confronté les Allemands de l'Ouest à la question allemande qu'ils avaient jusqu'à alors essayé de nier. Les deux Brandt, le chancelier et son fils, illustrent cette situation.

Texte 61 – L'Allemand, le voisin inconnu?

Voici un texte qui nous montre comment les Allemands se présentaient aux yeux des Français avant la réunification.

L'Histoire a fait sa rentrée, d'abord par la petite porte, il y a une dizaine d'années, avec la découverte des dialectes, des traditions. Non que l'Allemagne ait, avec la guerre, tout perdu. L'Allemagne d'après la guerre, c'était quand même les traditions rhénanes et bavaroises, le carnaval, qui a repris dès 1946, les petites villes tout droit sorties des contes de Grimm. Il n'empêche que les gens rectifiaient leur accent et s'efforçaient de parler l'allemand de Westphalie. Depuis, ils ont perdu leurs complexes et s'interdisent d'imposer à l'école un parler uniforme. Bap, un groupe de rock, chante en Kölsch (dialecte de Cologne), et Ougenweide en vieil allemand. Le rock s'est fait en allemand: de la musique synthétique du groupe Kraftwerk aux accents métalliques de Nina Hagen.

Rien qui diffère vraiment de ce qui se passe en France depuis quelques années, avec Pierre-Jakez Hélias ou Charlélie Couture. Mais cette renaissance est d'autant plus remarquable et remarquée qu'elle fait suite à des bouleversements plus grands. C'est la réponse, trente ans plus tard, à l'afflux des réfugiés venus de Prusse-Orientale, de Poméranie ou d'ailleurs, à la mobilité géographique, sociale, professionnelle qui fut le lot de l'après-guerre. «Les gens-là, dit Ludolf Hermann, rédacteur en chef de «Capital», «L'Expansion» d'outre-Rhin, sont maintenant établis depuis plusieurs décennies. Ils veulent se sentir bonnois ou colognais.» La mobilité a fortement diminué. Les Allemands déménagent moins que les Français, alors que c'était l'inverse il y a dix ans.

Retour aux sources, rejet d'une modernisation qui a été plus voulue que subie et que les générations de 1968 et d'après ont mise en accusation ... C'est peut-être l'explication d'un écologisme qui mord mieux en Allemagne qu'en France, du look baba des 30–35, Verts et pacifistes...

La politique de défense française, on ne la comprend pas très bien non plus, bien qu'on reste francophile: «La société ouest-allemande, se sent trahie, lâchée par ses voisins occidentaux», dit Hans Schumacher. Comme si la République fédérale voulait la paix et les autres la guerre ... Dans une brasserie de Munich, un Bavarois joufflu, jovial, fervent de Strauss, pleure sur l'Allemagne, île isolée en Europe.

De la peur de la guerre, on glisse à la peur pour l'Allemagne. Allemagne victime. Si guerre il y a, elle partira du sol allemand, disent nos voisins d'outre-Rhin: il suffit de regarder une carte. Nombrilisme? Catastrophisme? Pour le Français étonné, la guerre ne se joue pas en Europe, mais ailleurs, au Liban, en Afrique. L' Allemagne tremble pour elle-même en répétant que, en cas de conflit, les Allemands tireront sur les Allemands. Il faut éviter une guerre fatalement fratricide, éviter que la Bundeswehr ne décime la Nationale Volksarmee, de l'autre côté de l'Elbe, que les Hadès français ne détruisent Dresde ou Berlin pour sauver Hambourg. Et, de toute façon, Hambourg ne serait pas sauvé. «Plus jamais de guerre à partir du sol allemand», répète-t-on pour conjurer à la fois le passé et l'avenir. A cette différence près – sous-entendue – qu'une guerre future, partant du sol allemand, se ferait contre et non par la volonté des Allemands.

Allemands des deux Allemagnes, affûtez vos armes pacifistes! Des deux côtés du Mur, les dirigeants parlent de paix. Honecker et Schmidt voulaient instaurer une association de sécurité, en feignant d'ignorer les divergences idéologiques. Le SPD s'y réfère toujours. Mais le gouvernement de Helmut Kohl, lui, préfère «communauté de responsabilités». Manière de dire: «Vous et moi voulons prévenir la guerre – et pour cause ... Il n'empêche que nous sommes différents.»

La traduction politique, c'en est l'impressionnant réseau de relations interallemandes tissé par Willy Brandt et Helmut Schmidt lorsqu'ils étaient au pouvoir, et que le gouvernement actuel, après un temps mort, s'est empressé de multiplier.

Extrait de: Le mal allemand; dans: L'Express, 03-02-84

Vocabulaire

l. 26:	le look baba	hier gemeint: Jugendliche bis Mittdreißiger, die sich für den Umweltschutz engagieren und sich durch ihr Äußeres vom Normalbürger abheben
l. 31:	joufflue	pausbäckig
l. 35:	le nombrilisme	Nabelschau
l. 40:	l'Hadès	französische Kurzstreckenrakete
l. 46:	affûter	schärfen
l. 48:	l'association de sécurité	Sicherheitsgemeinschaft
	feindre	heucheln, vortäuschen

Questions

1. Quels sont les traits communs aux Allemands et aux Français?
2. En quoi est-ce que ces deux peuples se distinguent?
3. Expliquez dans le contexte la phrase «Allemands des deux Allemagnes, affûtez vos armes pacifistes!» (l. 46)
4. Pourrait-on parler de frictions existant entre Français et Allemands?
5. Est-ce qu'on fait encore allusion à l'Allemagne des préjugés dont l'image est si répandue chez les Français?
6. Le jugement tel qu'il ressort de ce texte est-il encore valable au début des années 90?

Solutions

1. Dans les années 70, on a pu constater dans les deux pays qu'on se détourne de l'importance primordiale de la langue «élevée» ou neutre et penche plus vers les dialectes. Les jeunes générations dénoncent les avantages et l'utilité du progrès technologique et préconisent une orientation plutôt écologique.

2 Le développement mentionné plus haut a cependant des sources différentes. Pour les Allemands, le changement dans le domaine linguistique serait plutôt la manifestation d'une implantation réussie des réfugiés. Ceci se montre également par le développement inverse du nombre de déménagements. Et, en Allemagne, les écologistes trouvent plus de partisans qu'en France.

3. Cette phrase fait allusion au fait que la RFA et la RDA, malgré toutes différences idéologiques, essaient, par le tissu dense des relations inter-allemandes, de prévenir la guerre dans laquelle elles péricliteraient ensemble.
4. Oui. Tout en restant francophiles, les Allemands, conscients de leur situation géographique, sont irrités de devoir constater que, dans un conflit éventuel, les fusées françaises détruiraient toujours des villes allemandes et les Allemands s'entretueraient. Ainsi, ils s'opposent à cette éventualité: il n'y aura ni guerre en partant du sol allemand ni guerre avec le consentement allemand. Voilà ce qui irrite les Français.
5. Non seulement on rappelle l'Allemagne des contes de Grimm et ses traditions, mais on souligne aussi le côté irrationnel des Allemands: le Bavarois qui pleure le sort d'une Allemagne trahie ou le penchant pacifiste un peu aveugle.
6. –

Texte 62 – Alain Besançon: Ce qui travaille l'Allemagne

Ce cerait certainement une erreur, en France, d'exagérer la «dévrive vers l'Est» de l'Allemagne. Une erreur de fait: le chancelier Kohl ne se lasse pas de rappeler, en termes émouvants, l'engagement profond, sincère, populaire de l'Allemagne en faveur de l'Alliance atlantique, de l'Amérique, de la France, de l'Europe. Et, certes, de ce point de vue, depuis 1945, l'Allemagne n'a de leçon à recevoir d'aucun de ses voisins, en particulier de la France. Une erreur politique: la prévision en ce cas serait créatrice, parce que l'accent mis sur cette éventuelle dérive ne ferait que la rendre plus probable. La diplomatie soviétique fait tout ce qu'il faut pour aggraver ce genre de soupçon.

Cependant, tout en prenant au sérieux cette détermination politique de l'Allemagne fédérale, il serait temps que, de ce côté-ci du Rhin, on prenne également au sérieux le sort, à la longue insupportable, qui est fait à la nation allemande; je ne dis pas au nationalisme, mais au patriotisme allemand le plus légitime.

Une fois formée, une nation devient une sorte de corps vivant que la moindre mutilation fait souffrir. Nous avons été, entre 1871 et 1918, malades de l'Alsace-Lorraine. Qu'en aurait-il été si nous avions perdu tout ce qui se trouve à l'est de la Meuse, de la Saône et du Rhône, c'est-à-dire le fruit entier de notre Histoire depuis le Moyen Age? Si, en outre, un tiers du pays restant était emprisonné derrière une haie de barbelés renforcée de mitrailleuses? La souffrance est d'autant plus vive qu'elle peut plus difficilement s'exprimer. L'Allemagne ne peut penser à son passé sans rencontrer le nazisme, la shoah et d'autres choses qui ne peuvent être regardées fixement. Elle ne peut penser à son présent sans raviver une intolérable douleur. Elle ne peut penser à son avenir, tant il semble barré et hors de portée de son action autonome.

Aujourd'hui, en Allemagne fédérale, la moitié de la population est née après la guerre et se sent, à juste titre, innocente des fautes de ses parents. Elle constate que la réunification est plus que jamais hors de question.

... Avec la permission de Moscou, Honecker a été reçu honorablement, quoique sans complaisance, par Kohl. Imaginons que les successeurs de de Gaulle reçoivent ainsi les successeurs de Laval ... Gorbatchev laisse entrevoir pour dans cent ans l'hypothèse d'une réunification, demande, pour aujourd'hui, la dénucléarisation et, pour demain, la neutralisation. En attendant, l'Allemagne fédérale entretient la RDA, rachète ses prisonniers, reconstruit ses monuments, paie ses pasteurs, lui assure un niveau de vie convenable et associe à cette oeuvre le Marché commun. Cette relation entre les deux Allemagnes sera-t-elle un jour le modèle des relations entre l'Europe et le monde communiste?

Extrait de: Alain Besançon: Ce qui travaille l'Allemagne; dans: L'Express, 02-10-87

Questions

1. Dans la première partie du texte, Alain Besançon s'adresse aux Français et leur met les points sur les i. Expliquez pourquoi.
2. Comment cherche-t-il à expliquer la question allemande aux Français?
3. Pourquoi les relations inter-allemandes pourraient-elles servir de modèle?
4. Commentez les phrases: «Aujourd'hui, ... hors de question.» (ll. 28–30)

Solutions

1. Il reproche aux Français de commettre trois fautes. La première serait contre toute épreuve de soupçonner la RFA de vouloir s'orienter vers l'Est en reniant tout ses engagements pris à l'Ouest. La deuxième d'en introduire par un tel comportement l'éventualité. Et la troisième de ne pas être prêts à voir la plaie vivante de la nation allemande.
2. Il commence en leur rappelant le combat de longue haleine mené pour la reconquête de l'Alsace-Lorraine. Puis il leur explique, en se servant des régions et provinces de la France, l'étendue des territoires que l'Allemagne dut

céder en 1945. Ensuite, il leur demande de s'imaginer le territoire français restant divisé à l'intérieur par une frontière meurtrière. Finalement, il dirige leur attention sur le fait que l'Allemagne ne peut se retourner vers son passé désagréable ou son présent douloureux et qu'elle ne peut agir en Etat autonome dans cette question.

3. D'après ce texte, la RFA, dans l'attente d'une réunification, se résigne à entretenir des relations normales avec la RDA et à améliorer le sort de ses compatriotes en s'appuyant sur ses partenaires européens. Ceci pourrait devenir le modèle pour les relations des pays de l'Europe de l'Ouest avec les pays socialistes.
4. –

4 Les relations franco-allemandes au début des années 90

Texte 63 – Olivier Wormser: Feu l'ennemi héréditaire

Les Alliés qui, le 6 juin 1944, débarquèrent en Normandie devaient libérer l'Europe occupée et contraindre, conjointement avec les Soviétiques, le IIIe Reich à la capitulation inconditionnelle. En mai 1945, ce résultat était acquis. Hitler avait détruit l'équilibre européen moins vingt ans après la paix de Versailles. Il avait été victorieux en 1940. Toute récidive devait être rendue impossible ...

Les commandants des quatre zones d'occupation exercèrent le pouvoir suprême dans une Allemagne ramenée à ses frontières de 1937 et amputée de la Prusse-Orientale et des territoires situés à l'est de la ligne Oder-Neisse.

Quarante ans ont passé. Un traité de paix formel n'a pu être signé. Aussi l'Allemagne, qui demeure divisée en deux Etats, n'a-t-elle pu recouvrer sa souveraineté intégrale. A Berlin, le pouvoir suprême appartient aux quatre puissances occupantes.

Jusqu'en 1973, la France ignora la République démocratique allemande (RDA). Après l'abandon de la doctrine Hallstein, quelques relations économiques et culturelles ont été entretenues.

Quant à la République fédérale d'Allemagne, elle est non pas un Etat «pastoral», mais la première puissance économique de l'Europe occidentale et notre interlocuteur privilégié. Point de contentieux entre les deux pays. Certes, trop peu de Français apprennent l'allemand, et vive versa. Les relations économiques sont intenses. Bonn et Paris s'efforcent d'harmoniser leur politique extérieure, et y parviennent souvent depuis que la RFA s'est accomodée de la division de l'Allemagne, du statu quo territorial (1971 et 1975) et ne suit plus automatiquement les avis de Washington.

Les forces armées allemandes sont intégrées dans le commandement atlantique. La France en est sortie. Aussi une coopération plus étroite se heurte-t-elle à des problèmes complexes. La France détient l'arme atomique, tant stratégique que tactique. La RFA a pris au sujet de cette arme des engagements en 1954. Aussi une défense franco-allemande véritablement commune n'existe-t-elle pas. En matière atomique, la décision ne se partage pas. En l'absence d'un gouvernement franco-allemand, qui donc pourrait donner des ordres à une armée commune? Il reste, certes, l'important domaine de la coopération en matière d'armements, mais qui demeurera mal exploité tant que les utilisateurs, c'est-à-dire les états-majors, exprimeront des besoins différents, ou des besoins identiques mais pour des dates différentes. ...

Le désir de la RFA et des populations de la RDA de ne pas être entraînées dans un combat fratricide est chose naturelle. L'est également celui de la RFA de se rapprocher de la RDA – d'où l'Ostpolitik. Le fait de songer à la réunification et de s'exprimer sur ces sujets est nouveau. Il a surpris ceux qui méconnaissent le coeur humain. Il engendre suspicion de neutralisme et prête à des observations souvent erronées quant à l'ancrage de la RFA à l'Ouest. D'où, en France, des réflexions renouvelées sur le potentiel économique et démographique d'une Allemagne réunifiée. Dans cette affaire, l'Allemagne tout entière ne porte-t-elle pas le poids de son histoire? Malgré les lacunes de la coopération, les erreurs des années 1919–1939 n'ont pas été répétées. Dans les esprits, comme le montrent les sondages, de grands progrès ont été faits.

France et RFA reviennent en effet de loin. La politique des années 1945–1948 était inspirée par l'esprit de précaution et par les passions du moment. Cette politique, tout en indisposant l'opinion allemande, méconnaissait un fait fondamental, à savoir que le danger venait non plus des ambitions des Germains, mais de celles des Slaves. Moscou avait installé des régimes à sa dévotion à Varsovie, Prague, Budapest, Bucarest, Sofia, et transformait en Etat communiste sa zone d'occupation. Le blocus de Berlin, le rejet du plan Marshall par Molotov montrèrent vite les intentions prévalant derrière le Rideau de fer.

Cependant, l'Europe ruinée ne parvenait pas à se rétablir. La misère allait engendrer l'extrémisme politique. Le général Marshall offrit une aide massive à condition que les Européens se missent d'accord pour l'utiliser au mieux, c'est-à-dire pour coopérer. Ce fut le tournant, l'événement majeur qui a permis à l'esprit de coopération de se développer, et à la construction européenne de commencer. Robert Schuman voulut aller plus loin et situer les relations avec l'Allemagne occidentale dans un cadre nouveau où disparaîtraient les discriminations la frappant.D'où, en mai 1950, la mise en commun des charbonnages et des aciéries (CECA).

L'Allemagne restait cependant assujettie aux clauses de démilitarisation. En 1949, elle n'avait point signé le traité de l'Atlantique. L'Europe occidentale ne pouvait cependant se passer d'une contribution allemande à la défense, à l'équilibre des forces. Après l'échec de l'armée européenne en 1954, Bonn adhérait au traité de l'Atlantique. La question sarroise était tranchée. Les six pays de la C.e.c.a. négociaient le traité de marché commun, qui entrait en vigueur au moment même où le général de Gaulle mettait la France en mesure de jouer un rôle d'animateur dans la construction européenne (1958) et se liait d'amitié avec Conrad Adenauer. Entre Paris et Bonn s'ouvrait une ère de coopération étroite, qui n'a plus cessé et qui du domaine économique s'est étendue à tous les autres, après la signature, en janvier 1963, du traité franco-allemand de coopération. Les ennemis héréditaires avaient cessé de l'être. Et c'est très bien ainsi.

Olivier Wormser: Feu l'ennemi héréditaire; dans: L'Express, 09-06-84 (abrégé)

Vocabulaire

l. 5:	la récidive	Rückfall
l. 14:	la puissance occupante	Besatzungsmacht
l. 38:	fratricide	brudermörderisch
l. 41:	la suspicion	Verdacht
l. 50:	la précaution	Vorsicht
l. 67:	assujettir	unterwerfen

Questions

1. Résumez ce qu'Olivier Wormser écrit sur le développement des relations franco-allemandes.
2. Pourquoi est-ce que la coopération dans le domaine militaire rencontre des obstacles?
3. Dans cette image idyllique, n'y a-t-il pas quelques nuages noirs à l'horizon? Quelle valeur O. Wormser leur attribue-t-il?

4. Qu'est-ce-qui a changé depuis la publication de ce texte?
5. Partagez-vous le point de vue d'Olivier Wormser sur les relations franco-allemandes?

Solutions

1. D'après O. Wormser, l'état actuel des relations franco-allemandes serait caractérisé par l'absence de contentieux graves, les efforts intensifiés d'harmonisation dans le domaine de la politique extérieure et des échanges économiques intenses. L'ennemi héréditaire s'est mué en «interlocuteur privilégié».
   Pour arriver à cet état des choses, les deux pays ont dû faire un chemin de plusieurs décennies ensemble.
   L'Allemagne défaite et amputée de ses territoires de l'Est, devait rester surveillée de l'oeil méfiant des Alliées jusqu'en 1948. Après cette période, Robert Schumann a ouvert la voie à des relations moins discriminantes à l'aide de la C.e.c.a. Après la solution du problème sarrois, la RFA, qui était entretemps entrée à l'OTAN (France sortirait en 1969), a signé avec cinq autres pays européens les traités de Rome. Le marché commun a vu le jour dans la même année où la Ve République a été fondée. C'est par le traité franco-allemand de coopération qu'on a élargi la coopération sur les autres domaines. Depuis les années 70, dans lesquelles la RFA aurait renoncé à la réunification et depuis lesquelles elle ne s'allignerait plus automatiquement derrière les USA, le rapprochement s'est encore intensifié.
   Tout ceci n'est pas valable pour la RDA avec laquelle la France n'entretient des relations officielles que depuis 1973. Mais déjà depuis l'abandon de la doctrine Hallstein par Bonn, la France entrenait des relations économiques et culturelles.
   Les Allemagnes cependant, jusqu'à un traité de paix, n'ont pas encore pu recouvrir leur souvernaineté intégrale, ce qui se manifeste par la présence des Alliées à Berlin dont la France fait partie.
2. D'abord, les doctrines militaires diffèrent. l'armée ouest-allemande est intégrée à l'OTAN pendant que la France l'a quittée. La force de frappe nationale dont la France entend disposer d'une manière souveraine et le renoncement de la RFA aux armes nucléaires posent des difficultés supplémentaires. Faute de gouvernement commun, on n'arrivera pas à se mettre d'accord sur une stratégie commune.
3. Wormser parle de «lacunes de la coopération» (l. 46) et du fait nouveau qu'on parle ouvertement en Allemagne de la réunification. Mais il ne semble pas y

attribuer de grande valeur parce que la coopération franco-allemande aurait permis d'éviter les fautes des années vingt et trente et que les mentalités auraient changés.La RFA est, d'après lui, solidement ancrée à l'Ouest. La discussion sur la réunification ne serait qu'une simple question du coeur humain, donc d'une importance plutôt humanitaire que politique.

4. Cf. vue d'ensemble des rapports franco-allemands

5. –

Texte 64 – Le point de vue des Français sur l'unification allemande

L'unification de l'Allemagne vous fait-elle ...

Très peur	5	36 %
Plutôt peur	31	
Plutôt pas peur	26	**62 %**
Pas peur du tout	36	
Sans opinion	2	

Certaines personnes imaginent différentes conséquences possibles à propos de l'unification allemande. Pour chacune des suivantes, vous semble-t-elle probable ou pas? Vous fait-elle plutôt peur ou plutôt pas peur?

	Proba-ble	Fait plutôt peur
Une domination commerciale de l'Allemagne unifiée dans les pays de l'Est	**78 %**	**42 %**
Une domination économique de l'Europe par l'Allemagne	64	58
Une obligation pour l'Europe des Douze d'aider financièrement l'unification allemande	58	32
Une entente entre l'URSS et l'Allemagne unifiée	55	46
Une remise en question des frontières de l'Allemagne	49	37
Une renaissance du nationalisme allemand	46	62
Une domination politique de l'Europe par l'Allemagne	44	51
Un obstacle à la construction européenne des Douze	40	36
Une résurgence d'une certaine forme de nazisme	36	**77**

Une neutralisation de l'Allemagne et sa sortie de l'Alliance atlantique	33	33
Une augmentation des risques de guerre en Europe	29	61
Une domination culturelle de l'Europe par l'Allemagne	27	26

Résultats d'un sondage Louis Harris publiés dans: L'Express, 16-03-90, p. 43

Le Monde, 03-02-90 (tiré de L'Express, 16-03-90)

Texte 65 – Jean-Marc Gonin: Paris – Bonn: fin de bail

L'Histoire plus forte que la génétique: en quelques semaines, voire en quelques jours, elle a fait d'un nain un géant. L'effondrement du mur de Berlin a enfoui sous les décombres l'expression convenue «l'Allemagne, géant économique mais nain politique».

Dans un monde en gestation, la nouvelle Allemagne va peser d'un poids considérable. Sa puissance économique, sa situation géographique, sa culture centre-européenne, ses vieux réseaux d'influence vont lui donner une force prodigieuse. Partout à l'Est, de Varsovie à Budapest, de Prague à Bucarest, sans oublier Moscou, on attend l'industrie germanique comme le Messie, et le deutsche Mark comme le saint sacrement. On est prêt à refouler les souvenirs douloureux de l'Occupation, et même à enterrer une deuxième fois les millions de morts de la Seconde Guerre mondiale, en échange d'une promesse de mieux vivre. Forte d'une nation bientôt réunifiée de 80 millions d'âmes, l'Allemagne se voit offrir ume formidable zone d'hégémonie.

La France, partenaire privilégié de la RFA depuis la naissance des Communautés européennes, et surtout depuis le traité d'amitié franco-allemand de janvier 1963, observe – c'est le plus qu'elle puisse faire – cette évolution encore inconcevable il y a six mois. Helmut Kohl, le «petit-fils» d'Adenauer, qui avait placé sa politique extérieure sous le signe de la coopération avec Paris et de la construction européenne, semble délaisser son allié occidental, empressé qu'il est d'étreindre une RDA moribonde. Y a-t-il fêlure, voire rupture, du couple franco-allemand? Certains l'annoncent déjà. Faut-il, tel Michel Jobert, interviewé le samedi 3 mars sur FR 3, tirer un trait sur les conceptions d'axe Paris-Bonn et d'intégration européenne?

Une chose est sûre: rien ne sera plus comme avant. Pendant trois décennies, le couple franco-allemand a coulé des jours heureux, pimentés d'orages passagers. Mais il était fondé sur un contrat de mariage dans lequel un des époux était plus égal que l'autre. Dès le départ, le général de Gaulle avait conçu sa politique de rapprochement avec Bonn comme une manière de conserver son «rang» à la France et d'installer durablement le leadership de Paris au sein de la Communauté européenne. Il rêvait d'une «Europe gravitant autor de la France, qui en serait l'élément principal». Dévotement, Michel Debré affirmait que la «force de l'Europe devait reposer sur la capacité nationale, et d'abord sur la capacité française». Quant à Georges Pompidou, il expliquait, en février 1964, un an après le traité de l'Elysée: «La France définit ce qui est bon pour l'Europe.» Et une telle prépondérance de Paris ne pouvait s'exercer qu'avec une Allemagne complaisamment soumise.

En s'associant alors à la RFA, la France sait qu'elle demeurera son «supérieur hiérarchique». Elle dispose de la bombe atomique et peut donc jouer dans la cour des grands, alors que la RFA n'a pas d'armes nucléaires. Elle occupe un siège permanent au Conseil de sécurité de l'Organisation des Nations unies, comme les Etats-Unis, l'URSS et la Grande-Bretagne.

Elle est l'une des puissances qui détiennent une coresponsabilité sur l'Allemagne et administrent Berlin. Enfin, et c'est essentiel avant la normalisation des relations RFA-URSS entreprise par Willy Brandt au début des années 70, elle joue un rôle intermédiaire entre Bonn et Moscou. Quatre atouts maîtres qui garantissent à la France une meilleure main que son partenaire pendant de longues années ...

De Gaulle et ses successeurs se ménagent ainsi un droit de regard sur l'évolution de la RFA. On l'«ancre à l'Quest», comme on dit dans le jargon des diplomates qui craignent régulièrement que Bonn ne succombe au chant des sirènes soviétiques. On profite de sa puissance économique croissante (la proposition s'inversera rapidement). Et, la géographie aidant, on contrôle un «glacis» stratégiquement commode entre le Rhin et les divisions de l'Armée rouge. Une position enviable, qui nourrit l'illusion de dialoguer d'égal à égal avec les grands (le fameux «rang» de la France). Et, au besoin, de jouer la crise au sein de la Communauté européenne, comme en 1965-1966, en pratiquant la «chaise vide» (refus d'assister aux Conseils européens) jusqu'à ce que Paris obtienne satisfaction: une politique agricole favorable aux paysans français.

Deux facteurs simultanés vont modifier la relation privilégiée: la montée en puissance économique de la RFA et l'imbrication croissante des marchés nationaux dans la CEE. Dès le début des années 70, les déséquilibres se creusent entre les deux pays. ... Pour faire pièce à l'hégémonie commerciale et financière allemande, Georges Pompidou accepte l'entrée de la Grande-Bretagne dans la Communauté. Une manoeuvre qui se révélera vaine. De plus, le successeur du Général n'apprécie guère ce chancelier Brandt, auteur d'une Ostpolitik suspecte de bienveillance à l'égard de Moscou. Le courant ne passe pas entre les deux hommes. De mémoire de traducteurs, on n'avait jamais eu à interprêter de si longs silences.

Avec le tandem Giscard Schmidt s'installe à nouveau un rapport exceptionnel, comme à l'époque de de Gaulle et d'Adenauer. Mais, cette fois, les termes ont changé. Quand ils décident conjointement de créer le système monétaire européen, c'est la France qui est demandeuse, et le chancelier fédéral doit «violer» la Bundesbank, sa sourcilleuse banque centrale, pour le mettre en place. Mais Helmut Schmidt a un sens inné de la politique étrangère; il ne veut pas trop en faire et ménage les Français. Affublé du sobriquet de «Feldwebel» par la presse tricolore, il évite soigneusement l'arrogance à l'égard de la France. ... Les apparences sont sauves.

Le rééquilibrage se poursuivra avec leurs successeurs. Les changements de majorité dans les capitales ne vont finalement pas nuire à la bonne entente. Mitterrand et Kohl font de dignes hérétiers. Mais le facteur économique allemand s'impose un peu plus. Aidé par les erreurs initiales des socialistes français, qui relancent la consommation nationale et dopent ainsi les exportations du voisin. Emprisonné par la contrainte européenne, le président de la République cherche le salut dans la coopération franco-allemande et l'intégration dans la CEE. L'accélération porte ses fruits: l'Acte unique donnant naissance au grand marché de 1993 et les projets d'union économique et monétaire. Parallèlement, Paris et Bonn créent ensemble un conseil de défense et un conseil économique et monétaire.

Au fil des négociations, le ton a changé entre Français et Allemands. Les premiers supplient, les seconds se font prier. Très tôt, François Mitterrand prend acte du basculement du fléau de la balance. Quand, le 20 janvier 1983, il parle devant le Bundestag pour convaincre la RFA d'accepter l'installation des fusées nucléaires américaines sur son territoire, il parle d'«une Allemagne forte et d'une France forte». Rien d'un discours de suzerain à vassal ...

Le 9 novembre 1989, jour où le mur de Berlin s'écroule, un bloc de béton tombe dans le jardin de la France. Alors que, contraint et forcé, Paris avait accepté une relation quasi égalitaire, son partenaire s'éloigne soudain à pas de géant. La France a perdu ses atouts:

– sa stratégie de dissuasion nucléaire, fondée sur l'«ultime avertissement», n'a plus de sense depuis que la Pologne, la RDA et la Tchécoslovaquie, cibles des missiles Pluton et Hadès, se sont libérées du joug communiste;
– le leadership européen n'existe plus, dès lors que l'Allemagne retrouve ses 80 millions d'habitants;
– la tutelle politico-militaire sur la RFA et Berlin s'évanouira bientôt.

Les pessimistes entrevoient déjà la fin de l'idylle et le triomphe de la Grande Allemagne retrouvée. Les optimistes aperçoivent une chance pour l'Europe. A condition que la CEE mette les bouchées doubles pour arriver à son intégration totale et que les partenaires de la RFA cessent d'entraver sa fusion avec la RDA.

La réponse viendra avant tout de cette nouvelle Allemagne à la souveraineté restaurée. On ne peut douter des engagements européens du chancelier Kohl ni de ceux de son ministre des Affaires étrangères, Hans-Dietrich Genscher. Les deux hommes ont trop oeuvré en faveur de la CEE pour penser à un repli national. Le probable candidat social-démocrate à la chancellerie, Oskar Lafontaine, compte de son côté faire campagne sur le thème européen. Bref, pas de revirements spectaculaires à attendre de ces politiciens-là.

La grande énigme se cache dans les réactions du peuple allemand lui-même. Certes, la RFA a produit de bons démocrates. Mais près de 17 millions d'Allemands de l'Est viendront les rejoindre, qui n'ont, eux, aucune expérience de ces libertés-là. Pas plus que des contraintes communautaires. Et les fortes tensions sociales qu'entraînera l'unification se liront aussi au fond des urnes. Raison de plus pour la France de ne pas abandonner les Allemands à leur propre sort et de leur rappeler les bienfaits de trente ans de coopération fructueuse.

Jean-Marc Gonin: Paris–Bonn: fin de bail; dans: L'Express, 16-03-1990

Vocabulaire

l. 2:	le nain	Zwerg
l. 3:	les décombres m.	Trümmer
l. 5:	en gestation	im Werden, Entstehen
l. 19:	inconcevable	unvorhersehbar
l. 22:	moribond,e	sterbend
l. 33:	dévotement	heuchlerisch
l. 37:	la préponderance	Übergewicht, Vormachtstellung
l. 51:	le droit de regard	Kontrollrecht
l. 53:	succomber	erliegen
l. 56:	le glacis	Vorfeld (militärisch)
l. 60:	(la politique de) la chaise vide	Politik des leeren Stuhls (vgl. Kapitel «La France et l'Europe»)
l. 64:	l'imbrication f.	hier: Vernetzung
l. 79:	ménager qn	rücksichtsvoll behandeln
l. 79:	affublé du sobriquet de	mit dem Spitznahmen ... versehen
l. 81:	sauver les apparences	den Anschein wahren
l. 98:	le suzerain	oberster Lehensherr
l. 104:	la dissuasion	Abschreckung
l. 106:	le joug	Joch
l. 112:	mettre les bouchées doubles	hier: beschleunigen
l. 113:	entraver	verschleppen, hindern
l. 119:	le repli	hier: das Zurückziehen auf den Nationalstaat
l. 123:	l'énigme f.	Rätsel

Questions

1. Résumez les raisons pour lesquelles la coopération franco-allemande était dans l'intérêt de la France.
2. Quelle description est-ce que l'auteur donne de la position future de l'Allemagne?
3. A travers quelles étapes est-ce que les relations franco-allemandes ont changé?
4. Faut-il, d'après l'auteur, "tirer un trait sur les coneptions d'axe Paris – Bonn et d'intégration européenne?
5. Comment voyez-vous personnellement l'avenir de l'Allemagne en Europe?

Solutions

1. Les relations sont bien illustrées par l'image du «contrat de mariage» entre époux inégaux (ll. 28–39). La France espérait ainsi pouvoir maintenir le leadership au sein de la Communauté européenne où la RFA l'accepterait comme «supérieur hiérarchique» (l. 41). La France ayant une coresponsabilité sur l'Allemagne se voyait alors au même rang que les puissances mondiales et, dans la CE, se permettait si le besoin se présentait de forcer les partenaires à accepter ses exigences. De plus, la RFA servait de glacis stratégique ce qui confortait la France dans sa position de puissance nucléaire. Ainsi, elle pouvait jouer le rôle d'intermédiaire entre les deux pays, la RFA et l'Union soviétique.
2. D'abord l'Allemagne réunifiée pourra esperer à une zone d'hégémonie en Europe de l'Est. Ceci à cause de sa force démographique et économique. A cela s'ajoutent sa situation géographique et ses liens traditionnels avec les pays de l'Est. Ainsi, l'Allemagne dépassera de loin son partenaire jusqu'alors privilégié et dominant, la France. La politique de dissuasion et la tutelle politique de France perdront sous peu de temps leur importance ou raison d'être. Le nain politique s'est transformé en géant inquiétant.
3. Depuis le début des années 70, le poids économique de la RFA pèse de plus en plus. Même par son consentement à l'entrée de l'Angleterre, la France n'est plus arrivée à équilibrer le déséquilibre. Après la période où Georges Pompidou et Willy Brandt étaient les chefs d'Etat, les relations s'amélioraient de nouveau sous Helmut Schmidt et Valéry Giscard d'Estaing. Malgré le poids croissant de son pays, le chancelier Schmidt sauvait les apparences et évaitait de froisser l'amour propre des Français.

Après les changements de majorité dans les deux pays, Helmut Kohl et François Mitterrand poursuivaient d'abord la bonne entente jusqu'à l'élargissement de coopération dans les domaines économique et militaire. Les deux chefs d'Etat font également avancer l'union européenne. Mais les rapports ont changé vers un rapport d'égalité.

4. Non, parce que l'Allemagne, par l'intermédiaire de ses hommes politiques, s'engagera pour l'union européenne. Et elle soutiendra également des rapports étroits avec son partenaire privilégié, la France. L'auteur pose cependant une condition. Il faut que les partenaires européens de l'Allemagne accélèrent le processus d'union et cessent de vouloir empêcher l'unification allemande. Reste quand même quelques doutes. Les doutes de savoir comment pèseront les habitants de la RDA peu habitués à la démocratie et aux contraintes européennes et de savoir mesurer l'impact des problèmes sociaux nés de l'unification sur la politique intérieure de l'Allemagne. Et voilà qu'il exhorte les Français à ne pas abandonner l'Allemagne pour pouvoir lui rappeler les avantages de la coopération franco-allemande.

5. –

5 Vocabulaire

l'armistice m.	Waffenstillstand
le traité	Vertrag
les accords de Locarno	Locarno-Verträge
la Société des Nations	Völkerbund
les accords de Munich	Münchner Abkommen
les accords de Potsdam	Potsdamer Abkommen
la zone d'occupation	Besatzungszone
le secteur	Sektor
la réunification	Wiedervereinigung
l'Organisation européenne de coopération économique (OECE)	Organisation für Europäische Wirtschaftliche Zusammenarbeit
la Communauté européenne du charbon et de l'acier (CECA)	Europäische Gemeinschaft für Kohle und Stahl (EGKS)
l'état de guerre	Kriegszustand
la Convention de Bonn	Deutschlandvertrag
la Communautè europénne de défense (C.E.D.)	Europäische Verteidigungsgemeinschaft (EVG)

les Accords de Paris	Pariser Verträge
le Statut de la Sarre	Saarstatut
le rattachement	Wiederanschluß
le Traité entre la République française et la République fédérale d'Allemagne sur la coopération franco-allemande (également: le traité d'amitié ...; traité de coopération franco-allemand; traité de l'Elysée)	Deutsch-französischer Freundschaftsvertrag
l'Office franco-allemand pour la Jeunesse (OFAJ)	Deutsch-französisches Jugendwerk (DFJW)
les Forces françaises en Allemagne (FFA)	in der Bundesrepublik stationierte französische Truppeneinheiten
la consultation	Beratung
le Conseil de Défense franco-allemand	Deutsch-französischerVerteidigungsrat
le Conseil économique et financier franco-allemand	Deutsch-französischer Finanz- und Wirtschaftsrat
la Constituante	Verfassungsgebende Versammlung

Tendances de la société française

1 Avant-propos

Après la 2e guerre mondiale, la France a subi de multiples changements qui ont transformé profondément la vie quotidienne des Français. Parmi ces transformations il faut nommer en premier lieu les changements économiques qui ont fait passer la France du rang de pays agricole à celui de pays hautement industrialisé. Cette industrialisation de la France a été réalisée surtout grâce à la Planification et à l'Aménagement du territoire. Pour la société française, cette transformation a entraîné de nombreux changements qui ont fortement influencé les conditions de vie de chaque Français. Le rôle de l'agriculture vis-à-vis de l'industrie a beaucoup diminué ce qui a provoqué l'exode rural et l'urbanisation. De plus, les classes sociales traditionnelles ont été remplacées par des groupes socioculturels et des minorités ethniques, linguistiques, économiques et sociales qui vivent souvent en marge de la société et posent au pays de grands problèmes.

2 Changements économiques dans la France actuelle et ses conséquences pour la société

2.1 Introduction générale

L'économie ou la vie économique d'un pays est définie comme «l'ensemble des activités d'une collectivité humaine relatives à la production et à la consommation des richesses» (Petit Larousse), et elle comprend les secteurs suivants:

les besoins	der Bedarf
la production	die Gütererzeugung
la consommation	der Güterverbrauch
le commerce	der Güterumschlag
la distribution	die Güterverteilung

La production est de nouveau divisée en trois secteurs, selon la nature des produits:

l'industrie et les métiers	Industrie und Gewerbe
l'agriculture	Landwirtschaft
le secteur tertiaire	Dienstleistungen

Les personnes qui font partie de la production sont:

le patronat, les employeurs	Arbeitgeberschaft
les employés, les salariés	Arbeitnehmerschaft

Ces derniers comprennent:

le directeur général	Generaldirektor
le cadre	leitender Angestellter
le contremaître	Werkmeister
l'ouvrier spécialisé	Facharbeiter
le manoeuvre	ungelernter Arbeiter
l'apprenti	Lehrling

S'y ajoutent les fonctionnaires (Beamte), les artisans (Handwerker) et les personnes exerçant une profession libérale (Freiberufliche).

L'industrie comprend les secteurs suivants:

l'industrie lourde	Schwerindustrie
l'industrie de transformation	Veredelungsindustrie
l'industrie du bâtiment	Bauwirtschaft
l'industrie minière	Bergbau
l'industrie chimique	chemische Industrie
l'industrie électrique	Elektroindustrie
la sidérurgie	eisenverarbeitende Industrie
l'industrie alimentaire	Nahrungsmittelindustrie
l'industrie textile	Textilindustie
l'industrie automobile	Kraftfahrzeugindustrie
la construction mécanique	Maschinenbau

Les secteurs principaux de l'agriculture sont:

l'élevage (bovin, ovin, l'aviculture, la pisciculture)	Tierzucht
la laiterie	Milchwirtschaft
l'agriculture	Ackerbau
l'horticulture	Gartenbau
la culture maraîchère	Gemüsebau
la culture fruitière	Obstbau
la viticulture	Weinbau
la pêche	Fischfang

Vocabulaire relatif aux conditions de travail:

la durée du travail	Arbeitszeit
la journée de 8 heures	Achtstundentag
la semaine de 40 heures	Vierzigstundenwoche
les heures supplémentaires	Überstunden
les congés payés	bezahlter Urlaub
la réduction de la durée du travail	Arbeitszeitverkürzung
la rémunération du travail	Vergütung der Arbeit
le salaire	Lohn
le revenu	Einkommen
le traitement	Gehalt
l'augmentation du salaire	Lohnerhöhung
les conflits du travail	Arbeitskonflikte
la grève (faire la grève, le gréviste)	Streik
le licenciement	Entlassung
le chômage (être au chômage, le chômeur)	Arbeitslosigkeit
le syndicat	Gewerkschaft

Quand on parle du changement économique de la France actuelle on pense surtout à l'industrialisation qui, après la 2e guerre mondiale, a fait passer la France du rang de pays agricole à celui de pays hautement industrialisé. Ce pro-cessus a été déclenché, entre autres, par l'accroissement de la population et par la planification, comprenant la décentralisation et l'aménagement du territoire.

Ce changement économique a eu des conséquences importantes pour la société, comme p.ex.

la décroissance de la population active agricole
l'exode rural
l'urbanisation
la naissance d'agglomérations urbaines
la pénurie de logements
la spéculation sur les terrains
l'augmentation des loyers
les problèmes de la circulation
les conflits sociaux
l'immigration de travailleurs étrangers
la pollution de l'environnement
la spécialisation professionnelle

l'importance de la formation continue
la mécanisation, l'automatisation
l'augmentation du taux de chômage

2.2 Regards en arrière sur l'histoire économique de la France:

Colbertisme, Physiocrates, Poujadisme

Le colbertisme: Forme française du mercantilisme, d'après Jean-Baptiste Colbert (1619–1683), contrôleur général des Finances sous Louis XIV. Le colbertisme favorisa, par des mesures protectionnistes, le développement de l'industrie et du commerce français, fit venir en France des artisans de l'étranger, multiplia les manufactures d'Etat et encouragea l'initiative privée.
Le colbertisme est à l'origine de la tradition étatiste en France (la conception d'Etat de Charles de Gaulle, la planification).
Les Physiocrates: La doctrine des économistes physiocrates fut formulée en 1750 par Quesnay. Elle considère la terre comme la seule source de richesse et veut que l'impôt frappe uniquement la propriété foncière. Elle défend le principe du «laissez-faire» et du «laissez-passer», c.-à-d. de la circulation libre des biens.
Le poujadisme: Doctrine politique de «L'union de défense des commerçants et artisans», mouvement fondé en 1954 par Pierre Poujade. Le poujadisme est un mouvement antiparlementaire, antieuropéen et nationaliste qui veut protéger les petits commerçants et artisans contre l'industrialisation de la France.

Texte 66 – Décentralisation et aménagement du territoire

On ne saurait exagérer la différence entre Paris et la Province. Cependant au XIVe siècle encore des capitales régionales comme Reims, Lyon, Rouen ou Toulouse rivalisaient avec Paris. Mais Paris était la résidence des rois et c'est ainsi qu'elle allait devenir l'expression du centralisme français.
En 1539, François Ier décrète que tous les actes juridiques du royaume seront à l'avenir écrits en français. On fut dès lors obligé d'apprendre dans tous les coins du royaume la langue de la capitale.
Au XVIIe siècle, Louis XIV concentra toute l'administration du pays à Versailles. L'autonomie régionale disparut peu à peu.
En 1790, la Révolution va découper la France en départements. Ainsi vont se trouver supprimées toutes les anciennes provinces.

Au XIXe siècle, la France se présente de plus en plus sous la forme d'une opposition entre Paris et la Province. La Province tend à devenir la vaste étendue qui commence de l'autre côté des portes la capitale.
Lorsque l'on va construire les voies ferrées on les fait toutes à partir de Paris vers les différents points cardinaux. La carte ferroviaire a l'aspect d'une gigantesque toile d'araignée.
L'enseignement n'échappait guère à cette centralisation: en 1939 près de la moitié des étudiants faisaient leurs études à la Sorbonne.
Depuis la Deuxième Guerre mondiale, les économistes ont convaincu les hommes politiques que cette situation ne pouvait durer. On pensa alors à *l'aménagement du territoire*. L'expression était inconnue avant 1940. Mais aujourd'hui, moins de 20 ans après son entrée dans la langue française, elle a été intégrée au langage courant des hommes politiques et de la presse quotidienne. Elle exprime en effet une exigence.
Il s'agit de rétablir un équilibre sain entre la «Ville» et la Province et de rendre leur vie aux campagnes «en organisant l'espace, dans le cadre d'unités territoriales plus ou moins vastes, de manière à mettre en valeur par des équipements appropiés et en utilisant rationnellement la main d'œuvre, les ressources naturelles du lieu et à satisfaire les besoins humains des populations intéressées» (Th. SUAVET, Dictionnaire économique et social, Paris, 1962)
En 1946, le Plan Monnet se préoccupe de développer les sources d'énergie: houille blanche, gaz naturel des Pyrénées, force de la marée en Bretagne.
Du point de vue administratif, il fallait assouplir la structure rigide des Départements. La Ve République a regroupé les Départements en régions, ressemblant un peu à des provinces pour l'exécution du plan économique.L'essentiel était d'encourager l'industrie à quitter la région parisienne et à fonder de nouvelles usines dans les régions défavorisées.
De leur côté les centres théâtraux créés en Province ont un succès croissant. De nouvelles Universités comme Nantes, Reims pourront peut-être recréer progressivement des capitales intellectuelles.

Truffaut, Haensch, Steiner: Qu'il faut savoir sur la civilisation française; in: Civilisation française: Hueber. München 1965, S. 134 f.

Questions

1. Comment le texte décrit-il les relations entre Paris et la province jusqu'à la 2e guerre mondiale?
2. Qu'est-ce qui a changé dans ces relations depuis la 2e guerre mondiale?

Solutions

1. Jusqu'à la Deuxieme Guerre mondiale, Paris a été incontestablement le centre de la France, et cela depuis au moins le XIVe siècle. Cette position dominatrice de Paris s'explique surtout par le fait que Paris était la résidence des rois de France. Au cours de l'histoire, Paris a renforcé continuellement son rôle de capitale: en 1539, l'Edit de Villers-Cotterêts, décrété par François Ier, assurait au français la suprématie parmi les autres langues et dialectes, surtout le latin et la langue d'oc. Au XVIIe siècle, l'idée de la monarchie absolue fit de la cour de Versailles, où résidait Louis XIV, le centre politique et culturel de la France au dépens de la province. La centralisation trouva son apogée avec la Révolution française et Napoléon Ier qui découpa la France en départements et fit disparaître ainsi l'autonomie relative des anciennes provinces.

   Aux XIXe et XXe siècles, le fossé entre Paris et la province s'accentua encore par le fait du développement économique de la France. Paris devint alors outre le centre politique et culturel de la France le centre commercial, industriel et économique ainsi que le noeud de communications le plus important.
2. A partir de la Deuxième Guerre mondiale, cette situation a profondément changé. Grâce à la politique de la décentralisation et de l'aménagement du territoire, un équilibre sain entre Paris et la province s'est établi. On a essayé d'améliorer la situation économique des régions en encourageant l'industrie à s'installer en province, on a rendu plus souple la structure rigide des départements et on a favorisé la création d'institutions culturelles dans les grandes villes de la province.

2.3 Vue d'ensemble de la structure économique en France

Système économique:	économie du marché capitaliste et libre, comprenant des interventions de l'Etat; nationalisation de nombreux secteurs et entreprises; planification
Secteurs économiques:	proportion relativement grande de l'agriculture par rapport à l'industrie Industrie: proportion relativement petite des biens d'investissement; existence problématique de secteurs en crise; dépendance de l'importation dans certains secteurs de haute technologie

Structure régionale:	centres industriels au nord-est de la ligne Le Havre – Marseille; prédominance de la région parisienne; sous-développement de l'ouest et du sud-ouest
Concentration d'entreprises:	aide de l'Etat à la concentration d'entreprises; grande proportion de petites et moyennes entreprises qui ne sont pas orientées vers l'exportation; graves conflits sociaux (néo-poujadisme)
Commerce extérieur:	commerce extérieur déficitaire; dépendance structurelle de la RFA

2.4 La Planification

Pour rattraper le retard économique de la France, on fonda après la 2e guerre mondiale le Commissariat général au plan dont le premier commissaire fut Jean Monnet. Par là, la France se décida pour une planification de l'économie, unique parmi les pays capitalistes.

Objectifs des différents plans quadriennaux:
1erplan (1947–1950/53) = Plan Monnet
- reconstruction rapide de l'industrie française
- donner à la France des moyens de production adéquats pour produire plus et au plus vite
- 1951: Fondation de la Communauté européenne du charbon et de l'acier (Montanunion) par Robert Schumann

2e plan (1954–1957):
- accroissement de la production
- amélioration de la qualité et de la rentabilité
- premiers pas vers l'aménagement du territoire

3e plan (1958–1961):
- préparer le plein emploi de la jeunesse
- acheminer l'économie vers le marché commun
- assurer une plus grande stabilité monétaire (création du Nouveau Franc)
- assurer un équilibre de la balance des paiements
- la participation (Mitbestimmung)

4e plan (1958–1961):
- expansion, modernisation, investissements, p.ex.création de la Force de Frappe, construction du quartier de La Défense, de La Villette et du marché de Rungis
- aménagement du territoire

5e plan (1966–1970):
- expansion et compétitivité internationale (mis en question par les événements de mai 68)

6e plan (1971–1975):
- croissance forte, compétitive et équilibrée avec priorité au développement industriel (mis en question par la crise de l'énergie en 1973/74)
- création du Conseil de Plan

7e plan (1976–1980) = Plan Barre:
- assurer les conditions économiques du plein emploi, du progrès social et de la liberté de décision
- améliorer la qualité de la vie
- réduire les inégalités
- mieux répartir les responsabilités
- abolition des accords sur les prix (Aufhebung der Preisbindung)

8e plan (1981–1985):
- porter la recherche française au niveau de celle des pays les plus avancés
- réduire la dépendance de la France dans les domaines de l'énergie et des matières premières (construction de centrales nucléaires, essor des énergies renouvelables: énergie solaire, biomasse, géothermie, énergie éolienne, usines marémotrices)
- développer une industrie concurrentielle et des technologies d'avenir (informatique, minitel, aéronautique, espace, TGV)
- mieux valoriser le potentiel agricole et alimentaire
- développement de la formation continue
- consolider la protection sociale des Français et de leur famille
- améliorer le cadre de vie en gérant écologiquement le patrimoine naturel = protection de l'environnement
- la semaine des 39 heures
- loi sur la réforme régionale et la décentralisation
- nationalisation des banques et des grandes entreprises industrielles.

2.5 L'aménagement du territoire

1. Le terme «aménagement du territoire» est relativement récent. Il existe depuis 1945 et désigne une politique qui tend à réaliser une nouvelle géographie économique. L'aménagement du territoire est étroitement lié à l'idée de la décentralisation et de la planification.
2. Les raisons pour lesquelles le gouvernement français a décidé d'intervenir d'une façon dirigiste sont les suivantes:
   - Après la deuxième guerre mondiale, l'économie française se trouvait dans une situation difficile. Elle était en retard par rapport aux autres nations industrialisées et n'était plus compétitive sur le marché international.
   - Le potentiel économique était réparti d'une façon inégale: il existait des régions riches dont l'économie était en pleine expansion, et des régions pauvres qui risquaient de mourir d'anémie.
   - La région parisiennne attirait de plus en plus d'entreprises aux frais des régions sous–développées, ce qui causait de graves problèmes économiques et sociaux.

   Pour toutes ces raisons dues au régime capitaliste libéral, le gouvernement français s'est vu obligé d'intervenir de façon dirigiste.
3. les objectifs de cette intervention sont les suivants:
   - Moderniser l'économie française et la rendre compétitive sur le marché international.
   - Favoriser le développement économique des régions pauvres en encourageant les entreprises à s'y installer.
   - Remédier à la concentration économique dans la région parisienne en incitant les entreprises à se transplanter de la région parisienne vers la province.

   Ces objectifs n'ont été atteints que partiellement: Dans le secteur industriel, l'aménagement du territoire a réussi à créer de nouveaux emplois en province, et la décentralisation a été efficace surtout en ce qui concerne l'industrie automobile. Par contre, elle a échoué dans le secteur tertiaire.

2.6 L'agriculture

La Production

La France est restée pendant longtemps un pays essentiellement agricole, et différentes caractéristiques politiques, économiques ou sociales du pays, s'expliquent par le mode de vie des agriculteurs et le point de vue qui est le leur. Cette prépondérance, liée à une longue tradition protectionniste, s'atténue aujourd'hui: la population active agricole décroit très rapidement: de 29 % de la population active totale en 1949, elle est passée à 12 % en 1972.

Un territoire cultivé dans sa presque totalité

Bien plus que la plupart des ses voisins, la France exploite son sol: sur les 550.000 km^2 que compte le territoire métropolitain, 16 % – soit 90.000 km^2 – seulement représentent les terres incultes ou bâties. C'est dire que toutes les parcelles qui peuvent être cultivées le sont. Le plus souvent, le paysage agricole français se caractérise par des champs de petite taille.

Une grande variété de productions

La valeur de la production animale dépasse la valeur des productions végétales, après avoir été longtemps inférieure. La production de viande de boucherie est devenue insuffisante pour couvrir les besoins d'une consommation toujours croissante.

Les volailles sont produites en quantités de plus en plus grandes et sur un mode industriel.

L'élevage bovin et ovin est également effectué pour la production de lait et de fromages (deuxième rang mondial pour ces derniers). L'extrême variété des fromages atteste le caractère original des coutumes régionales et l'intérêt gastronomique du produit dans un pays qui se targue d'apprécier la grande cuisine.

La production végétale se divise en trois catégories principales:

La vigne, culture traditionnelle, après avoir beaucoup souffert du phylloxera au début du siècle, s'est reconstituée. Un vignoble dit "de quantité", destiné à produire avec de forts rendements des vins de qualité courante, s'est constitué dans le Midi méditerranéen, principalement dans le Languedoc. Cependant la régression de la consommation de ce type de vin en France entraîne l'extension des vignobles «de qualité» au détriment des autres: premier producteur du monde, la France augmente sa production de vins de qualité contrôlée: vins à appellation d'origine contrôlée (V.A.O.C.), vins délimités de qualité supérieure (V.D.Q.S.). Les premiers constituent le sommet de la hiérarchie et les vignobles ont leur histoire et leurs caractéristiques propres.

Les céréales: la France arrive au cinquième rang mondial pour la production de blé. Les rendements moyens augmentent régulièrement et sont particulièrement forts dans les principales régions productrices, Bassin parisien et plaines du Nord. La culture de l'orge, du maïs et du riz est en progrès constants.

Les légumes et fruits, dont la culture couvre une faible superficie, sont importants par la valeur de la production, favorisée par le climat de la France. Les fruits se trouvent surtout dans la vallée du Rhône à partir d'Avignon, dans le Languedoc et dans le Sud–Ouest. Les cultures maraîchères se répartissent dans toute la France.

Une pêche artisanale

Les Français ne sont pas gros consommateurs de poisson, malgré les possibilités nombreuses qu'offrent les côtes et malgré leur amour pour la pêche individuelle. La production pourrait être très largement supérieure aux 420.000 tonnes annuelles.

La Mutation Agricole

Les difficultés de l'exploitation familiale

La terre est cultivée encore par de nombreux exploitants individuels attachés à des techniques traditionnelles, mais surtout au mode de vie paysan. En témoigne le grand nombre d'exploitations de moins de 10 ha (qui ne sont pas toutes nécessairement constituées par un seul champ, mais souvent par plusieurs), et le nombre d'agriculteurs indépendants.

Les avantages fiscaux dont bénéficient les agriculteurs, avantages qui vont souvent jusqu'à l'exonération , ne suffisent pas à compenser les difficultés actuelles. Le rendement du secteur agricole est inférieur au rendement moyen de l'économie, le prix des fournitures nécessaires au paysan s'accroît beaucoup plus rapidement que le prix des produits agricoles, les successions posent chaque fois des problèmes insolubles pour éviter le morcellement, les modes de vie traditionnels ne satisfont plus les jeunes. Aussi, chaque année, près de 150.000 agriculteurs quittent la terre pour chercher un emploi dans les villes.

L'extension de la coopération agricole

Les agriculteurs, souvent rétifs devant l'association, ont compris peu à peu qu'il convenait d'unir leurs forces. C'est ainsi que se sont constitutées des coopératives d'approvisionnement, de stockage, de transformation, de distribution des produits, qui permettaient à ces agriculteurs, tout en conservant une gestion individuelle, de se trouver moins faibles devant leurs fournisseurs et leurs acheteurs, généralement mieux organisés qu'eux.

Mais il fallait aussi étendre la prise de conscience à l'exigence d'une gestion rationalisée: sous l'impulsion le plus souvent des *cercles de jeunes agriculteurs,* des regroupements ont été opérés pour constituer des C.E.T.A. (Centres d'Études Techniques Agricoles) où une vingtaine d'agriculteurs discutent de leurs problèmes avec un technicien agricole, ou des C.U.M.A. (Coopératives d'Utilisation du Matériel Agricole) qui achètent l'équipement agricole, nécessaire mais individuellement non rentable, et le mettent en commun. Ainsi l'agriculture s'industrialise.

La subordination de l'agriculture

Malgré tout, et surtout quand ils restent isolés, les agriculteurs sont menacés par la pauvreté ou par la subordination. Industriels, fournisseurs ou clients de l'agriculture, tendent à dominer celle–ci.

L'aménagement des structures agricoles

Sous l'impulsion de l'État, diverses institutions ont été prévues pour améliorer la dimension des exploitations agricoles et favoriser le passage d'une agriculture traditionaliste à une agriculture dynamique et rentable: en particulier les sociétés d'aménagement foncier et d'établissement rural (S.A.F.E.R.) doivent assurer une redistribution et un aménagement du sol cultivable par constitution de réserves foncières.

Un fonds spécial perment d'attribuer des suppléments de retraite aux vieux agriculteurs disposés à céder leurs exploitations pour favoriser l'aménagement foncier.

Enfin, on encourage le remembrement, le regroupement d'exploitations agricoles, on décourage les cumuls d'activités agricole et non agricole, ou les cumuls d'exploitations.

A l'heure du Marché commun, l'agriculture française est appelée à connaître encore de grands changements.

Michel Poaletti: Civilisation française contemporaine: Stuttgart 1975, S. 87 ff.

2.7 L'industrie

L'industrie n'est pas régulièrement répartie en France

Le déséquilibre régional

Le carte de France peut être séparée en deux zones de superficies à peu près égales, par une ligne droite Le Havre/Marseille. Les régions situées à l'ouest de cette ligne produisent 30 % de la production industrielle, les régions situées à l'est 70 %. Parmi ces dernières, la région parisienne assure à elle seule 25 % de la production totale.

La Nord: les houillères (plus de la moitiè de la production française) ont suscité le développement de la région: carbochimie, sidérurgie, industries mécaniques, qui s'ajoutent aux industries textiles de vieille tradition et à l'industrie du verre.

Le Lorraine: la proximité de charbon et de minerai de fer explique la prééminence de cette région sur celle du Nord dans la production nationale de fonte et d'acier.

Paris: le cinquième de la population, groupé sur 2 % du territoire, réalise le quart de la production nationale, notamment dans le domaine des industries de transformation (automobile, électroménager, etc.).

Lyon/Saint-Étienne: la vieille industrie de la soie trouve un prolongement dans celle des textiles synthétiques, en même temps que se développe la chimie. La sidérurgie reste importante autour des bassins houillers.

Les Alpes: c'est là, près des sources hydrauliques d'électricité, que s'est établie l'industrie de l'aluminium, principalement dans la Maurienne (vallée de l'Arc).

Un certain nombre de concentrations industrielles, quelquefois très importantes, se trouvent aux alentours des grands ports: Le Havre/Rouen sur la vallée de la Seine, Saint-Nazaire à l'embouchure de la Loire, Bordeaux sur la Gironde et surtout Marseille, avec l'important port pétrolier de Lavéra et le futur centre industriel du golfe de Fos.

Témoignage de l'histoire industrielle du pays

Au XIXe siècle, c'étaient la présence et l'exploitation de gisements de charbon et de minerai de fer qui imposaient le choix de l'implantation industrielle. Toute la métallurgie lourde, grâce à laquelle s'est effectué le "démarrage" économique français s'est donc trouvée fixée dans la région du Nord. La diversification actuelle de l'économie, utilisant des formes d'énergie plus facilement transportables et moins localisées comme l'électricité (qui peut en outre, grâce à l'énergie atomique, être fabriquée aujourd'hui n'importe où), le recours à de nouveaux métaux comme l'aluminium, l'augmentation de la complexité et de la valeur des produits pour lesquels la qualité de la main-d'oeuvre devient plus importante que le coût de transport des matières premières, font que les servitudes physiques pour l'implantation des industries deviennent moindres.

Cependant la localisation des industries dépend du réseau que dessinent les transports intérieurs. Or le chemin de fer réalisé à partir de Paris au XIXe siècle est à l'image des routes qui convergèrent de tous temps vers la capitale; le réseau intérieur navigable fait lui aussi apparaître la prééminence de celle-ci, seulement contestée par la région du Nord.

L'abaissement des coûts de transports maritimes permet la constitution de complexes industriels autour des ports: cette "industrialisation du bord de l'eau" est concentrée dans trois zones principales: Dunkerque – Gravelines, Le Havre, Marseille – Fos.

Un aménagement industriel du territoire

L'État s'efforce, par des mesures multiples d'encouragement et notamment par le versement de subventions ou l'offre d'exonérations fiscales, d'attirer les entreprises dans les régions les plus défavorisées. Les collectivités locales, communes ou départements, participent à l'effort, en créant l'infrastructure nécessaire à l'établissement d'une zone industrielle dans un lieu déterminé.

La voie difficile de l'avenir

Le secteur industriel est le plus productif

Le secteur industriel, qui emploie 39 % de la population active, fournit approximativement la moitié du produit national brut (plus précisément en 1971 47,7 %, contre 5,7 % pour l'agriculture et 46,6 % pour les services).Il connaît une croissance rapide et régulière, plus encore aujourd'hui qu'au début du siècle. Si la croissance avait eu lieu au rythme actuel depuis 1900, la production industrielle française serait aujourd'hui 30 fois ce qu'elle est.

D'hier à aujourd'hui

De nombreuses entreprises françaises peuvent être qualifiées d'entreprises-pilotes au point de vue technique: celles qui sont nationalisées ne sont pas les dernières, comme la S.N.C.F. (Société Nationale des Chemins de fer français) dont les trains sont parmi les plus rapides du monde. Ou la Régie Renault, pionnier en France de l'automation à grande échelle dans ses chaînes de montage.

Les réussites de la Caravelle attestent également la vitalité de l'industrie française.

Parfois apparaît cependant une sorte d'essoufflement: la recherche industrielle doit être partiellement suscitée par des commandes de l'Etat pour les programmes militaires (fusées et force de frappe) ou civils (en particulier la recherche nucléaire et ses implications électroniques), ou aidée par des subventions; les investissements publics doivent compléter ou même se substituer à ceux du secteur privé pour assurer l'avenir en maintenant un taux d'investissements suffisant. Depuis 1950, la part de ressources consacrées aux investissements a augmenté pour atteindre le quart du produit national brut. Le profit n'a pas bonne réputation et il ne donne pas bonne conscience à ceux qui le réalisent. Un ancien réflexe, venu du modèle de comportement offert par la noblesse d'Ancien Régime, fait encore préférer la dépense à la production et n'est contredit que par l'esprit d'épargne, venu peut-être du fonds paysan. L'esprit d'entreprise n'y trouve pas son compte, et les hautes carrières administratives attirent sans doute encore l'élite plus que les carrières industrielles ou commerciales.

La tendance à la concentration des entreprises

Il existait déjà en France de nombreuses liaisons financières, qu'avait illustrées dans l'entre-deux-guerres le mythe des «deux cents familles». Cependant, la dimension des entreprises françaises restait modeste. L'évolution actuelle va dans le sens de la concentration des entreprises soit par fusion, soit par disparition des plus petites: de 1966 à 1971, le nombre des établissements employant plus de 1.000 salariés est passé de 550 à 813, alors que le nombre total d'établissements, de toutes tailles confondues n'a augmenté que de manière modérée.

Le goût de la prouesse technique

Nombre d'observateurs ont estimé que les industriels français ne savaient pas toujours très bien vendre mais qu'ils aimaient la prouesse ou la perfection technique. Même si cette affirmation n'est pas tout à fait exacte, il faut bien dire que des efforts considérables sont souvent faits dans différents domaines pour atteindre des techniques «de pointe» ou pour produire des biens de conception avancée. On peut par exemple penser aux recherches entreprises dans le domaine des transports urbains et interurbains (métro sur pneus, monorail, aérotrain ...), de certains composants électroniques, de la réception et de la reproduction des images (télévision en couleur, cristaux liquides), ou encore au projet franco–britannique de construction de l'avion Concorde.

Michel Poaletti: Civilisation française: Stuttgart 1975, S. 94 ff.

Texte 67 – Le Français, producteur industriel

André Maurois

Avant tout il n'est pas vrai que l'industrie française soit, dans tous les domaines, incapable de lutter contre ses concurrents étrangers. Nous équipons des usines en Allemagne, en Australie, en Belgique, au Brésil, en Italie et même aux États-Unis (mais oui! une usine de synthèse de l'ammoniaque). Nous vendons des locomotives électriques et des automotrices dans le monde entier. Les trains de la S.N.C.F. sont les plus rapides et les plus réguliers du monde. Notre usine Renault fait l'admiration des industriels américains qui la visitent. Nous rivalisons très honorablement avec l'Allemagne et la Suisse sur le marché des matières colorantes, qui jadis était leur monopole. Vous me direz que les voitures américaines l'emportent sur les nôtres, à prix égal, et qu'un poste de radio qu'on paie aux États-Unis 15 dollars coûte, en France, 15.000 francs. Tout cela est vrai *aussi*, mais c'est une autre histoire.

Sur de nombreux terrains, nous sommes plus chers alors que nos salaires sont moins élevés. Pourquoi? Les techniciens et les ouvriers étrangers sont–ils plus intelligents? Certainement non. L'équipement des autres pays est-il supérieur? En beaucoup d'industries, non. La mission envoyée par le textile français aux États-Unis et en Grande-Bretagne n'y a trouvé aucun matériel dont nous ne soyons pourvus. Alors pourquoi les tissus anglais sont-ils meilleur marché que les nôtres? Il n'y a là rien de mystérieux. D'abord nous observons, nous Français, des conventions adoptées par le Bureau International du Travail et que nos concurrents n'ont jamais ratifiées. Nous payons les mêmes salaires aux femmes qu'aux hommes. C'est juste; c'est excellent; mais nous sommes les seuls. Nos charges sociales, nos impôts sont très lourds. Surtout, l'industrie française travaille trop souvent sur mesures; l'individualisme obstiné de ses clients la contraint à multiplier les modèles.

L'activité de nos industriels et de nos ouvriers n'est pas assez stimulée par la concurrence. Le patron craint l'ouverture des frontières; il cherche la protection de l'État et celle des ententes industrielles; l'ouvrier demande que l'immigration de la main-d'œuvre soit strictement limitée. Bref une grande partie de la France voudrait vivre en circuit fermé, comme si elle avait tout à redouter des contacts avec l'extérieur. C'est une agoraphobie névrotique. Chez nous, le passé est organisé; l'avenir ne l'est pas. Nous tenons à conserver ce qui existe, parce que nous n'avons pas confiance dans ce qui pourrait naître. Les effets de ce régime n'ont pas été heureux. La production française n'a augmenté sur 1929 que de 8 % contre 81 % aux États-Unis, 44 % en Italie, 27 % en Grande-Bretagne, 25 % en Allemagne. Tout le malaise français vient de là. Premier axiome: On ne peut partager que ce qu'on produit. Deuxième axiome: Le prix de revient s'abaisse rapidement quand la production augmente.

La passion française des systèmes atteint jusqu'à l'industrie. Dire qu'il y a encore des gens pour se quereller au sujet des mots libéralisme et dirigisme! On ne produit ni ne vend avec des étiquettes de parti. Aucun homme raisonnable, dans le monde occidental, ne nie que le dirigisme ne soit parfois nécessaire; personne, en Russie, ne renonce à stimuler l'intérêt personnel. Nous réalisons ce miracle de combiner les défauts des deux régimes. "Le producteur, a écrit M. Antoine Pinay, est trop souvent libéral pour les profits, dirigiste pour les pertes." Au lieu d'accepter la dispartion des entreprises qui on cessé d'être viables, on s'aligne sur elles, ou l'on supplie l'État de les prendre en charge. Conséquence: l'État, dont le budget est alourdi de ces déficits, demande plus à l'impôt, ce qui ruine de nouvelles entreprises; et ainsi de suite. C'est un cycle infernal.

On fait alors passer la question sur le plan sentimental. La mine qui produit de l'or au-dessus de prix du marché mondial doit être exploitée à perte (aux frais de l'État) pour occuper le personnel, alors que la solution humaine et raisonnable serait la reconversion des entreprises déficitaires. Le problème charbonnier est du même ordre. Mines et mineurs français ont fait, depuis la guerre, de remarquables efforts. L'accroissement de la production, par ouvrier, dépasse ce qu'ont fait les Allemands. Mais la consommation du charbon a baissé. La construction d'immenses barrages a produit de la houille blanche. La S.N.C.F. a électrifié de nombreuses lignes. La sidérurgie travaille en partie au mazout. Bref, les mines secondaires ne sont plus rentables. En économie libérale, et aussi en régime totalitaire, on les fermerait. Chez nous, dès que l'on ferme un puits, tous les partis protestent. Le notaire, le pharmacien, l'épicier du pays menacent de voter communiste. La grande industrie (rentable) défend l'industrie marginale (non rentable) afin de ne pas rester isolée en face d'un prolétariat hostile. Qu'arrive-t-il? On subventionne des entreprises moribondes, alors que la sagesse serait d'opérer le remembrement de plusieurs petites industries ou, mieux encore, de créer sur place des industries nouvelles.

Quelles industries? Il n'en manque pas. Le monde de demain appartiendra en partie aux industries nées des progrès de la physique: industries électroniques, optiques, atomiques, industrie du froid mais plus encore aux industries chimiques. On renouvelle tous les produits de lavage et de détersion. Les plastiques et les fibres artificielles vont jouer un rôle de plus en plus important dans notre vie. Grand avantage pour la France, qui produit peu de laine et de coton. Les industries fondées sur la biologie seront plus révolutionnaires encore. On peut aujourd'hui mettre les bactéries au travail. Depuis les six jours de la création, Dieu s'est reposé et a laissé travailler les microbes. Ce sont eux qui ont fait le pétrole et le charbon. Ils sont prêts à transformer nos excédents de sucre. D'autre part, il est évident que les industries de loisirs vont se développer. La radio, la télévision, le disque, sans parler des inventions nouvelles, connaîtront de jours prospères. La France, en ces industries d'art, devrait être au premier rang. Emballages, cartonnages sont loin de tenir chez nous autant de place qu'en des pays plus modernes. Au lieu de défendre des position anciennes – et indéfendables – les Français doivent occuper les positions nouvelles.

De bons esprits l'ont compris et un effort a été fait pour nous équiper. Le plan Monnet de 1946 s'était attaqué au premier problème: celui de la force et des industries de base. Il a donné des résultats importants. La production d'électricité a été, en 1952, de 41 millions de kilowatts-heure, au lieu des 21 millions en 1938; celle du pétrole raffiné de 22 millions de tonnes, au lieu de 7; notre agriculture a 230.000 tracteurs au lieu de 30.000. Mais que ces résultats, louables, soient insuffisants est démontré par l'écart entre le revenu moyen du Français, 524 dollars; celui de l'Anglais: 811 dollars; et celui de l'Américain: environ 1.200 dollars. Il faut répéter une fois de plus (jamais assez): *on ne peut partager que ce qu'on a.* Pour accroître le revenu – et le train de vie – des Français, le seul moyen est d'accroître la production.

L'objectif du second plan français est *d'augmenter la production française.* Une partie de cette production nouvelle serait absorbée par l'accroissement de la population (trois cent mille naissances excédentaires par an); une autre par les exportations nécessaires, mais il resterait assez pour augmenter de 20 % le niveau de vie moyen du Français. C'est peu? Oui: Toutefois cela suffirait pour rendre l'espoir, pour montrer que l'on va dans la bonne direction, pour assurer le plein emploi et pour améliorer la situation budgétaire. Mais, si l'on veut que ce plan réussisse, il faut obtenir l'adhésion des travailleurs et des cadres, *en leur donnant leur part légitime de l'augmentation de la productivité,* et aussi en les tenant informés des buts et des méthodes. Le parti travailliste, en Angleterre, a créé de tels moyens d'information, avec succès. Le Français, pour coopérer, a plus que personne besoin de comprendre.

Les services de l'Aménagement du territoire cherchent, avec raison, à décentraliser l'industrie et à la ramener vers de petites villes où l'on trouve à la fois la main-d'œuvre et l'habitat. Pourquoi grouper à Paris autos, machines–outils, armement? La charge annuelle des transports, dans la région parisienne, est de 38 milliards de francs – 1953. Dans une petite ville, les mêmes ouvriers iraient à bicyclette ou à vélomoteur à leur travail. Cela ne coûterait rien. En outre, les frais généraux d'une ville croissent plus vite que sa population. Il faut ramener les usines vers l'habitat séculaire, au lieu d'attirer les hommes vers l'usine tentaculaire.

Si elle sait se discipliner et s'adapter, l'industrie française est loin d'être mal placée sur le plan mondial. Notre potentiel énergétique est élevé. Exploité à fond, notre charbon dépasserait nos besoins. Le potentiel hydroélectrique (chutes d'eau, marées) est évalué, par M. Albert Caquot, à 115 millions de kilowatts-heure, le plus grand de l'Europe avec celui de la Scandinavie. Mais là encore il est nécessaire que l'industrie aille à l'énergie, car la déperdition en ligne est considérable. En pétrole et en gaz naturel, nous avons de grandes ressources. La France est le second pays producteur de minerai de fer, derrière les seuls États-Unis. Elle a la plus forte production, en Europe, de bauxite (minerai de l'aluminium).

Ses ressources végétales, avec 11 millions d'hectares de forêts (sans parler de l'Afrique française), ne sont dépassées que par la Suède et la Finlande: Pour tirer parti de cette richesse, elle pourrait utiliser ou vendre au dehors des bois transformés (pâtes de cellulose, fibre de bois, déchets agglomérés). Toute élévation du niveau de vie amène une consommation accrue de papier et de carton (États-Unis: 135 kilos par habitant; France, moins de 40). La papeterie française pourrait être alimentée par nos forêts et aussi par les pailles de céréales. La France pourrait consommer – et produire – annuellement 2 millions de tonnes de pâte à papier, cependant que la Reconstruction emploierait des panneaux de fibres de bois (Jura, Landes), des objets moulés en farine de bois (Savoie, Jura), et de la menuiserie préfabriquée.

Notre réseau de transports fonctionne bien. La S.N.C.F. a les trains les plus rapides du monde, et ils arrivent à l'heure bien que les effectifs aient été réduits de 70.000 unités. Cela prouve que chacun fait son métier. Il y a un fort déficit, en partie à cause de l'âge des retraites (qui ne correspond plus à la durée moyenne de la vie), en partie parce que le trafic voyageurs est accepté comme une charge sociale. Le trafic marchandises pourrait être bénéficiaire, à deux conditions: *a*) le chemin de fer a besoin de transports massifs. Il y a une masse critique au-dessous de laquelle il est en perte. Aux routiers d'assurer les transports locaux et le mouvement des paquets. Mais ils ne peuvent remplacer le réseau ferré. *b*) le chemin de fer, comme toutes les industries, doit se mettre à l'échelle du XXe siècle. Il doit se hisser sur le plan européen. Il le fait d'ailleurs, silencieusement, et le public ne sait guère qu'il y a aujourd'hui seize mille wagons marqués: EUROPE.

Ce qui manque, ce ne sont pas les choses à faire, c'est la volonté de les faire. Le commandant d'un paquebot qui traverse l'Océan ne médite pas sur la course passée du navire; il pense à la course future et au port qu'il a l'ordre d'atteindre. Or l'avenir ne ressemblera pas au passé. Si la science ne nous détruit pas en quelques heures, elle nous sauvera en quelques années.

Friedrich Bentmann: Chantecler, Ein französiches Lesebuch für die Oberstufe der Höheren Schulen. Karlsruhe

Questions

1. Pourquoi, d'après A. Maurois, l'industrie française n'est-elle pas compétitive sur le marché international?
2. Que faudrait-il faire, selon lui, pour y remédier?
3. Que dit l'auteur sur la planification et l'aménagement du territoire?
4. Quels sont, d'après A. Maurois, les atouts de l'industrie française?

Solutions

1. D'après André Maurois, l'industrie française a des difficultés sur le marché international pour les raisons suivantes:
   - Les Français respectent étroitement les conventions adoptées par le Bureau International du Travail ce qui rencherchit considérablement le coût de revient, surtout à cause de l'égalité des salaires entre hommes et femmes.
   - Les frais des patrons français sont plus lourds que ceux de leurs concurrents dans les autres pays parce qu'ils sont obligés de payer plus d'impôts et que les charges sociales sont plus hautes qu'à l'étranger.
   - L'industrie française travaille moins pour la production de masse mais fait du sur mesures et respecte les demandes individuelles de ses clients.
   - De plus, elle se replie trop sur elle–même, elle ne s'ouvre pas assez à l'extérieur, elle vit en circuit fermé et fait preuve d'une agoraphobie dangereuse.
   - A cela s'ajoute le fait que l'industrie française est trop conservatrice et néglige d'organiser l'avenir.
   - Elle combine les défauts du libéralisme et du dirigisme au lieu d'en combiner les avantages.
   - Finalement, les Français refusent de fermer des entreprises qui ne sont plus rentables pour des raisons sentimentales. Alors, l'Etat subventionne des industries agonisantes au lieu de créer des industries modernes qui seraient compétitives sur le marché international.

2. Pour remédier aux difficultés de l'économie française, André Maurois propose de créer de nouvelles industries nées des progrès de la physique comme p.ex. l'industrie électronique ou l'industrie atomique. De plus, il exige la création de nouvelles industries basées sur les nouvelles découvertes dans le domaine de la chimie et de la biologie. Pour finir, il préconise d'élargir l'industrie des loisirs, bref, il exige une modernisation de l'industrie française.
3. André Maurois est un fervent défenseur de la planification telle qu'elle est réalisée par le plan Monnet. Il dit que le premier plan de 1946 a donné d'excellents résultats en ce qui concerne les industries de base et d'énergie. Quant au deuxième plan, il espère qu'il augmentera la production française et, par là, élèvera le niveau de vie du Français moyen. André Maurois est également persuadé que l'Aménagement du territoire est une bonne chose vu qu'il réalise enfin la décentralisation de l'industrie. En conséquence de quoi, les frais de transport ont considérablement diminué, et les ouvriers n'ont plus besoin de faire de longs trajets pour se rendre à leur lieu de travail.
4. D'après André Maurois, la France dispose de plusieurs atouts dans le domaine économique. En disant cela, il pense surtout au potentiel énergétique de la France et à ses richesses en matières premières, mais aussi à ses ressources végétales et à son réseau de transports qui fonctionne bien et dispose de moyens de transport rapides et modernes.

Texte 68 – Ville ou campagne?

Vocabulaire

En France, comme dans beaucoup de pays, les habitants quittent la **campagne** pour la ville; c'est l'**exode rural.** La mécanisation de l'agriculture et les difficultés du métier de **paysan (agriculteur)** poussent de plus en plus d'hommes et de femmes vers la grande **cité, capitale** (f.) du département, de la région ou du pays. Environ un quart de la population française vit dans la région parisienne.

La population rurale est **attirée** vers la ville par le travail mieux payé, mais aussi par les **distractions** (f.): le cinéma, le théâtre, les concerts, la vie culturelle, et par le **commerce.** En ville, il est facile de **faire ses courses** dans les rues commerçantes très **animées,** surtout le samedi après–midi. Presque tous les magasins sont en effet ouverts le samedi toute la journée, mais souvent fermés le lundi matin. On peut également trouver des **commerces** (m.) ouverts le dimanche.

Il est facile de trouver en ville ce que l'on veut, mais il est plus difficile d'y **circuler** et de **stationner,** surtout dans le **centre-ville.** La circulation devient un casse-tête avec les **sens interdits** et les **zones piétonnes,** les **feux de circulation** (appelés feux rouges!), et les rues **encombrées** de voitures. Aux **heures** de pointe (8 heures, midi, 14 heures, 18 heures), il y a des **embouteillages** (m.).

Le centre-ville est très animé le jour, mais la nuit on n'y rencontre pas un chat. Le prix des **loyers** (m) dans le centre est trop élevé **(inabordable)** et le **citadin** habite en **banlieue** (f.), dans un **faubourg** de la ville. Des **immeubles** (m.) à plusieurs étages, de hautes **tours,** quelques zones de **pavillons** (m.) semblables caractérisent le paysage de la banlieue. Pour se rendre à son travail, le **banlieusard** utilise le **métro** (à Paris, Lyon et Marseille), le **bus** ou, dans la région parisienne, le **Réseau Express Régional** (RER) ou le train de banlieue. Seul le **tramway** est un **transport en commun** qui a pratiquement disparu en France.

C'est aussi en banlieue que l'on trouve les Habitations à Loyer Modéré (**HLM,** f.), ainsi que les **équipements** (m.) collectifs: la **crèche** pour les bébés, l'**école maternelle** pour les enfants jusqu'à six ans, la **cantine** à midi, la **garderie** après l'école, le **centre social** pour la santé et les conseils divers, la **Maison des Jeunes et de la Culture** (MJC) pour les loisirs.

Si beaucoup de **ruraux** vont à la ville, de nombreux citadins sont aussi attirés par le village. La campagne représente le **calme,** le retour à la **nature,** des contacts humains plus étroits. Mais dès qu'il est trop **éloigné** de la ville, le village est peu à peu **abandonné** par ses habitants: il se meurt. La population **vieillit,** on ferme l'école, on agrandit le cimetière. Seul l'**artisanat** (m.) et le tourisme font parfois revivre un village, au moins pendant la belle saison.

Guy Renaud: A propos: Konversationskurs Französich: Stuttgart 1982, S. 17

Questions

1. Cherchez dans votre dictionnaire unilingue la signification des mots en caractères gras.
2. Qu'est-ce qu'on entend par «l'exode rural» et quelles en sont les raisons?
3. Quelles conséquences a-t-il pour les villages?
4. Quels sont les avantages et les désavantages de la vie en ville?
5. Aujourd'hui, on parle de «l'exode urbain». Qu'est-ce qu'on entend par là et quelles en sont les causes?
6. Préfériez-vous vivre en ville ou à la campagne?

Solutions

1. La campagne	lieux fertiles, loin des villes
l'exode rural	dépeuplement des campagnes
le paysan	homme vivant à la campagne et s'occupant des travaux des champs = l'agriculteur
la population	ensemble des personnes qui habitent un espace
attirer	faire venir à soi
la distraction	diversion apportée par une occupation propre à délasser l'esprit
le commerce	opération qui a comme objet la vente d'une marchandise ou l'achat de celle–ci pour la revendre; magasin de détail
faire les courses	faire les achats
animé, e	qui est plein de vie, de mouvement
circuler	aller et venir, rouler
stationner	rester à la même place sur la voie publique
le centre-ville	coeur de la ville où la plupart des activités sont groupées
le sens interdit	rue à sens unique dans laquelle la circulation est interdite pour ceux qui viennent en sens inverse
la zone piétonne	zone réservée aux piétons, interdite aux voitures
les feux de circulation	feux tricolores (rouge, orange, vert) qui servent à régler la circulation
encombré, e	bouché, obstrué, rempli d'obstacles qui empêchent la libre circulation des voitures
les heures de pointe	les moments de la journée qui présentent une circulation extrêmement dense
les embouteillages	le bouchon, encombrement qui arrête la circulation
les loyers	prix de la location d'un local d'habitation
inabordable	trop cher, qu'on ne peut pas payer

le citadin	personne qui habite la ville
la banlieue	ensemble des agglomérations qui entourent une grande ville
le faubourg	quartier périphérique
un immeuble	grand bâtiment urbain à plusieurs étages
la tour	le gratte-ciel, immeuble moderne à plusieurs étages
la pavillon	petite maison dans un jardin
le banlieusard	personne habitant la banlieue
le métro	chemin de fer électrique souterrain qui dessert une grande ville
le bus	véhicule automobile pour le transport en commun dans les villes
le Réseau Express Régional	réseau ferroviaire rapide dans la région parisienne
le tramway	voiture publique qui circule sur des rails plats dans les rues des villes
le transport en commun	transport public et collectif
HLM	grand immeuble construit par une collectivité et destiné aux familles qui ont de petits revenus
les équipements collectifs	institutions publiques à caractère social
la crèche	établissement destiné à recevoir dans la journée les enfants de moins de trois ans
l'école maternelle	établissement d'enseignement primaire pour les enfants âgés de 2 à 6 ans
la cantine	établissement où on sert à manger et à boire aux personnes d'une collectivité
la garderie	local où on garde les enfants en bas âge ou les jeunes élèves en dehors des heures de classe
le centre social	service public qui s'occupe des problèmes sociaux de la population
la MJC	établissement public chargé de diffuser la culture et offrant aux jeunes toutes sortes d'activités culturelles

le calme	paix, quiétude, tranquillité
le retour à la nature	expression créée par Rousseau proclamant une vie simple et naturelle loin des villes et de la civilisation
éloigné, e	loin de
abandonner	renoncer, laisser tomber
vieillir	devenir vieux
l'artisanat	ensemble des artisans, des personnes qui font un travail manuel à leur propre compte

2. Par «l'exode rural» on entend le fait que beaucoup de paysans quittent la campagne pour vivre à la ville. Les raisons principales en sont la mécanisation de l'agriculture, la baisse des revenus agricoles et l'envie des paysans de mener une vie plus confortable.

3. Les conséquences de l'exode rural pour les villages sont les suivantes: les villages sont plus ou moins dépeuplés, il n'y reste plus que les vieux, on ferme les écoles, les villages meurent ou deviennent des lieux touristiques pendant la belle saison. Ainsi il perdent leur caractère campagnard et se transforment en centres de vacances pour les citadins qui y construisent des résidences secondaires.

4. Les avantages de la vie en ville: le travail y est mieux payé, il y est plus facile de faire ses courses, on y trouve toutes sortes de distractions.
   Les désavantages de la vie en ville: la circulation y est souvent très difficile, la nuit, les centres-villes sont souvent comme morts, le prix des loyers est plus élevé qu'à la campagne. De plus, on perd beaucoup de temps pour se rendre à son lieu de travail.

5. Par «l'exode urbain» on entend le fait que beaucoup de citadins quittent les villes pour aller vivre à la campagne. Les raisons en sont l'amour de la nature, la recherche du calme et l'envie des citadins de retrouver des contacts humains plus étroits.

6. Pour répondre à cette question, il faut comparer les conditions de vie en ville et à la campagne, peser le pour et le contre, et faire son choix qui dépend surtout des aspirations individuelles.

Texte 69 – Citoyens de deuxième zone: Les travailleurs étrangers en France

Un fait divers, à la fois tragique et banal. Dans la banlieue parisienne, une misérable maison brûle. On compte quatorze morts – des ouvriers noirs qui vivaient à cinq ou six par chambre, ou plutôt par chambrée, et payaient très cher au «marchand de sommeil» leur place dans ce taudis. Cet événement a sensibilisé l'opinion publique française à un problème qui se pose dans tous les pays industriels: celui des travailleurs immigrés. En Allemagne, où ce phénomène n'est pas inconnu, on sera peut-être surpris d'apprendre que la France est, de tous les pays d'Europe, celui qui compte, proportionnellement, le plus de travailleurs étrangers, après la Suisse et la Belgique. En 1971, ils étaient plus de 1.600.000, soit 7,5 % de la population active. Si l'on y ajoute leurs familles, ce sont près de trois millions et demi de personnes qui travaillent et vivent en France sans être vraiment intégrées, dans la plupart des cas, au milieu nouveau.

Comme partout, le progrès de la production industrielle, l'importance prise par le secteur tertiaire (services) et la prolongation des études (scolarité obligatoire en France jusqu'à seize ans) ont entraîné la nécessité de trouver, pour les emplois pénibles et mal payés, une main-d'œuvre qui ne pouvait plus, comme au début du capitalisme industriel, être recrutée dans les campagnes. Les étrangers ont remplacé les autochtones dans les mines et les laminoirs, derrière les camions de la voirie et sur les chantiers de construction. Sur 136.000 étrangers entrés en France en 1971, 35.000 seulement ont pu devenir ouvriers spécialisés. Et les problèmes socio-culturels qui se posent en France ne sont pas très différents de ceux qu'un "immigré" connaît en Allemagne ou en Suisse: langue et habitudes étrangères, climat, autre nourriture et rythme de travail nouveau, difficultés bureaucratiques. Une certaine méfiance aussi, pour ne pas dire hostilité, de la part des habitants du pays. 20 % de la population étrangère vivent dans des conditions indignes. L'assimilation par l'école, par attribution de logements ne peut être que lente. Elle est plus un problème de mentalité que de législation. En France, de plus, un facteur particulier intervient dans le "recrutement" de cette main-d'œuvre, qui venait habituellement des pays pauvres du bassin méditerranéen: Espagne, Italie, plus récemment Portugal. Par les accords de 1962, qui donnaient l'indépendance à l'Algérie, la libre entrée des nationaux algériens en France se trouvait garantie. Ils y sont actuellement environ 400.000; leurs envois de fonds dans leur pays représentent près de 50% des ressources en devises du budget algérien. Et leur adaptation n'est pas chose simple. Pas plus que celle des noirs d'Afrique qui, venus en

France pour y faire des études, retombent souvent dans le «sousprolétariat». Une «nouvelle société» doit considérer comme capital le problème des «citoyens de deuxième zone».

Henri Perrin; dans: Schulfunk, Bayerischer Rundfunk, Heft 305, April 1973, S. 259

Questions

1. Pourquoi la France a-t-elle besoin de travailleurs étrangers et d'où viennent–ils?
2. Quelles sortes de travaux font-ils?
3. Quelles sont leurs conditions de vie en France?
4. Quels sont les problèmes socio-culturels posés par le recrutement de travailleurs étrangers?

Solutions

1. La France est, après la Suisse et la Belgique, le pays qui compte le plus de travailleurs immigrés en Europe, et cela pour les raisons suivantes:
   – la production industrielle augmente continuellement
   – le secteur tertiaire prend une importance de plus en plus grande
   – les jeunes font des études de plus en plus longues
   La plupart des travailleurs immigrés viennent du bassin méditerranéen, c.-à-d. de l'Italie, de l'Espagne et du Portugal mais aussi de l'Algérie et des autres pays du Maghreb.
2. Ils font les travaux pénibles et mal payés que les Français refusent de faire. Ils travaillent dans les mines, dans les laminoirs, ils vident les poubelles et ils travaillent sur les chantiers de construction.
3. Les travailleurs immigrés vivent souvent dans des conditions de vie indignes, ils ont des problèmes avec la langue, ils ont des difficultés avec la bureaucratie, le climat, la nourriture et avec le rythme de travail en France.
4. Le grand pourcentage de travailleurs immigrés pose de graves problèmes socio-culturels. Les immigrés ont des difficultés à s'adapter à leur nouvel environnement, et les autochtones les considèrent souvent comme des citoyens de deuxième zone. Entre eux et les immigrés il y a souvent de la méfiance, si ce n'est de l'hostilité.

3 Conditions de vie dans les différentes couches sociales

Le texte précédent qui porte le titre «Citoyens de 2e zone» constitute une bonne transition au sujet suivant qui parle des conditions de vie des minorités en France. Par «minorités» on entend des groupes socio-culturels qui vivent souvent en marge ou même en dehors de la société établie.
Le texte «La France au travail» mentionnait déjà les principales classes sociales traditionnelles en France, à savoir:
- les paysans
- les artisans
- les bourgeois
- la population ouvrière

Du point de vue historique, il faudrait y ajouter encore la noblesse ou l'aristocratie, qui, aujourd'hui, ne joue plus de rôle politique important. Comme vous savez certainement, la société féodale de l'Ancien Régime était divisée en trois classes: la noblesse, le clergé et le Tiers Etat. Ce dernier comprenait les classes sociales citées plus haut, parmi lesquelles ce fut la bourgeoisie qui prit le pouvoir politique après la Révolution française. Au cours de l'industrialisation, une autre classe sociale se constitua, la classe ouvrière, mais elle n'exerça d'influence politique que sous le gouvernement du Front populaire de Léon Blum (1936/37).
Plus réaliste que la division de la population française en classes sociales traditionnelles est la distinction en catégories socio-professionnelles:

ouvriers	37,7 %
employés	17,7 %
cadres moyens	12,7 %
patrons de l'industrie et du commerce	7,8 %
agriculteurs exploitants	7,6 %
professions libérales et cadres supérieurs	6,7 %
personnel de service	5,7 %
autres catégories (artistes, clergé, armée)	2,4 %
salariés agricoles	1,7 %

De plus, on distingue les groupes socio-culturels suivants:

les femmes
les jeunes
les minorités ethniques et linguistiques
les minorités religieuses

En dehors de ces classes sociales, catégories socio-professionnelles et groupes socio-culturels il existait depuis le moyen-âge des groupes marginaux qui ne jouissaient ni des droits du citoyen ni de l'estime sociale, comme p.ex. les gitans, les saltimbanques, les bourreaux ou les prostituées. Mais encore aujourd'hui, il y a des personnes qui vivent en marge de la société établie. Ces marginaux, inadaptés, asociaux forment ce qu'on appelle «l'autre France»:

les handicapés physiques et mentaux
les analphabètes
les vieux
les personnes sans domicile fixe
les chômeurs
les drogués
les homosexuels
les prostituées
les gitans
les pauvres
les travailleurs immigrés
les loubards
les criminels

Pour connaître l'attitude de la société établie envers ces marginaux, il est instructif de considérer les noms qu'elle leur donne. On trouve p. ex. des appellations euphémiques comme «le 3e âge» ou «les économiquement faibles» par lesquelles la société essaie de pallier le problème des marginaux et de calmer sa conscience; mais il y a également des noms injurieux comme «pédé», «pute» ou «beur» par lesquels la société exprime son mépris.

Texte 70 – Les classes sociales en France

On peut distinguer dans la France actuelle, en dehors d'une importante classe rurale, deux principales classes sociales: la bourgeoisie et la classe ouvrière.

De loin la plus nombreuse (de 40 à 50 % de la population), la classe ouvrière se compose de salariés, ouvriers ou employés, qu'un sentiment de classe plutôt vague sépare des autres classes sociales. Cette classe souffre non seulement de sa condition matérielle peu sûre, mais aussi des faibles chances de promotion sociale, dues surtout à la culture insuffisante des ouvriers qui les exclut du monde bourgeois. C'est aussi la raison pour laquelle les ouvriers, malgré leur nombre, n'ont pas réussi à marquer de leur influence la vie culturelle française.

La bourgeoisie française (environ 25 % de la population) – phénomène social fort complexe qui comprend aussi bien les «grandes familles» que les cadres, les professions libérales, les chefs d'entreprise et les commerçants – est la classe la plus typique de la société française. Malgré son hétérogénéité, elle a réussi à conquérir et à garder une supériorité et des privilèges moraux vis-à-vis des autres groupes sociaux. Vivant de ses rentes au siècle dernier, cette classe a perdu par les deux grandes guerres et les inflations qui s'ensuivaient la base matérielle de son existence et de son mode de vie. Mais elle continue à influencer fortement la vie de la nation par son importance numérique, par son conservatisme, par son individualisme, par son esprit d'épargne et par son attachement à des formules économiques et sociales traditionnelles. Elle est souvent l'objet d'attaques ou d'analyses critiques de la part d'intellectuels progressistes qui sont eux-mêmes profondément marqués par leur éducation bourgeoise.

La méfiance entre ouvriers et patrons bourgeois est particulièrement vive en France. C'est que, d'une part, les ouvriers sont plus militants qu'en Allemagne, et que, d'autre part, la mentalité du patronat traditionnel est parfois assez proche de ce qu'elle était voilà cinquante ans chez nous. Le patronat français, fidèle en cela à l'esprit bourgeois, est hostile aux aventures financières, aux politiques sociales qui ne reposent pas sur une solide gestion financière, au progrès trop rapide. Ceci explique la vivacité des conflits sociaux qui se manifestent par de nombreuses grèves.

Par delà des différentes classes sociales, les Français retrouvent une sorte d'unité dans les loisirs. Sortie en voiture le dimanche, vacances au bord de la mer ou à la campagne, pêche à la ligne: aucun Français ne contesterait à l'autre ces plaisirs. Chaque année, au mois d'août, l'indice de la production française baisse presque de moitié à cause du grand exode rituel vers les loisirs.

Les groupes socio-professionnels

Les salariés

les ouvriers – ils travaillent de leurs mains pour le compte d'un employeur. En général ils sont payés à l'heure.

les employés – ils travaillent dans un magasin ou dans un bureau. Ils sont payés au mois.

les cadres moyens ou supérieurs – ce sont des employés supérieurs possédant une formation technique, administrative, juridique, commerciale ou financière très sérieuse. Ils ont des fonctions de contrôle ou de direction dans une entreprise privée ou dans l'administration publique.
Ils sont payés au mois.

les fonctionnaires – ils remplissent des fonctions publiques; ce sont les cadres et les employés de l'Etat.

Les non salariés

les artisans – ils travaillent de leurs mains à leur compte, seuls ou aidés des membres de leur famille ou de quelques compagnons. Ils vendent ce qu'ils fabriquent.

les agriculteurs – ils vivent de la terre qu'ils travaillent.

les commerçants – ils achètent, vendent ou échangent des marchandises et vivent de leurs bénéfices.

les professions libérales – par exemple les avocats, les médecins, les architectes, etc. Ce sont des professions indépendantes et qui exigent une formation universitaire. Ils touchent des honoraires pour leur travail.

Questions

1. Comment l'auteur décrit-il les relations entre la classe ouvrière et les bourgeois en France?

Solutions

1. D'après l'auteur de ce texte, on peut distinguer trois classes sociales en France: la classe rurale ou les agriculteurs, la classe ouvrière et la bourgeoisie.
   La classe ouvrière, qui est composée d'ouvriers et d'employés, constitute presque la moitié de la population française et elle se distingue des autres classes sociales par un vague sentiment de classe.
   La bourgeoisie constitute un quart de la population française. Elle comprend les cadres, les professions libérales et les commerçants. Elle est assez conservatrice et continue à influer sensiblement la vie de la nation.
   Entre les ouvriers et les patrons bourgeois il y a une méfiance très vive qui s'explique par le fait qu'en France les ouvriers sont relativement militants et que les patrons sont plutôt conservateurs et hostiles aux aventures financières.

Texte 71 – L'autre France

La France fait partie de la frange heureuse et prospère de l'humanité. Le revenu par habitant y est un des plus hauts du monde. On y apprend à manger selon Gault et Millau. Plus d'un Français sur deux s'en va en vacances. Le pays s'est sorti des guerres coloniales, n'a plus d'ennemi «héréditaire» et ses dirigeants serrent les mains qui se tendent à Moscou, à Pékin, comme à Bonn, comme au Koweit et ailleurs. Et pourtant dans cette France quiète, heureuse et prospère il naît un handicapé physique ou mental toutes les vingt minutes. Les accidents de la route en ajoutent 50.000 par an. Ceux du travail 100.000. 1.300.000 personnes âgées sont invalides. Sans compter 3 à 4 millions d'inadaptés sociaux, en marge de la devise à la mode: "enrichissez-vous!". Envers de la France officielle et satisfaite d'elle-même, voilà en quelques chiffres, «l'autre France».

Un Français sur dix, si on se limite à l'inadaptation sociale (un Français sur cinq si on y ajoute la débilité physique et mentale), appartient à la classe des exclus de la société de consommation. Plus inquiétant: ces dernières années, l'inadaptation sociale fait boule de neige. Si elle touche plus particulièrement certains milieux défavorisés elle n'épargne aucune classe sociale, aucun âge de la vie:

Sans attendre

Pourquoi tant d'inadaptés, de marginaux, d'asociaux? Crise de civilisation! Certes, mais avec des causes objectives plus précises qui se conjuguent.

Une urbanisation médiocre et désordonnée: en trente ans une population habituée depuis des millénaires à la vie dans les grands espaces s'est retrouvée resserrée dans le monde vertical des villes.

La société de consommation, devenue société de frustration pour bon nombre de ceux que leurs revenus excluent de « l'abondance».

L'école qui a poussé jusqu'à l'absurde sa coupure d'avec la vie et dont les méthodes uniformes privilégient le même type de qualités intellectuelles.

Et surtout, la pauvreté d'une part considérable de la population. A force de parler de société d'abondance et de consommation on finit par oublier la réalité. Stupéfiante. Quinze millions de Français se débattent encore dans les zones de pauvreté et de dénuement. Exemple: sept à huit millions de personnes vivent avec un revenu annuel du chef de famille inférieur à 7.200 F, voire à 3.600 F!

Il faut agir. Sans plus attendre:

Au niveau de l'aménagement de l'espace et du temps: «Il faut redécouvrir la vocation première de la ville, du quartier. Il faut proscrire la ségrégation par classe, par ethnie, par âge ... faire participer la population à l'aménagement de son cadre de vie...de son temps de travail et de loisir ...»

Au niveau de l'éducation:... «l'école doit être littéralement envahie par la vie.»

Au niveau de l'information, de la participation.

Apprendre à vivre

Une lutte qui en implique une autre: celle qu'il faut mener contre la pauvreté et contre les inégalités criantes:

«Cela n'ira pas sans modifications sensibles, sinon radicales, dans notre système de transferts sociaux et notre système fiscal.»

Le moment n'est pas encore venu de ramener la croissance économique à zéro. Le ralentissement de la croissance ne se fera que le jour où les hommes qui en sont encore à éprouver dans leur chair que ne rien avoir c'est ne pas être, découvriront, comme les nantis d'aujourd'hui, que trop avoir c'est être possédé par ce qu'on a. Pour l'heure, le grand problème c'est d'orienter autrement la croissance en renonçant au culte de la puissance pure. Au lieu de prôner «Un tigre dans votre moteur» il faut proposer un supplément d'espace, un supplément de sentiments, un supplément d'âme pour apprendre à goûter à la vie tout en apprivoisant la mort: *«Il y faudra beaucoup de prudence, de courage, de lucidité mais, il y va du salut de notre société.»*

Sinon à quoi bon ce bouclier d'armes atomiques ou classiques tournées vers l'extérieur si la société se détériore lentement mais sûrement par le dedans? Mieux: une telle société multiplant les inadaptés mériterait–elle encore d'être défendue?

Claude Goure dans: «Panorama aujourd'hui», N° 65, avril 1974

Questions

1. L'auteur dit dans la première phrase du texte que «la France fait partie de la frange heureuse et prospère de l'humanité». Comment justifie-t-il cette affirmation?
2. Nommez quelques catégories de personnes qui constituent «l'autre France».
3. Pourquoi, d'après l'auteur, y a-t-il tant de marginaux en France?
4. Que faudrait-il faire pour remédier à cet état de choses?

5. Commentez la phrase: «Ne rien avoir c'est ne pas être.»
6. Commentez la phrase: «Trop avoir c'est être possédé par ce qu'on a.»

Solutions

1. L'auteur justifie cette affirmation en disant que les Français comptent parmi ceux qui sont les mieux payés, qu'ils mangent très bien et que 50 % des Français partent en vacances. Dans le domaine politique, la France n'a pas d'ennemis, elle entretient des relations amicales avec le monde entier. C'est donc, d'après l'auteur, un pays heureux et prospère.
2. Parmi ceux qui font partie de l'autre France, il faut compter les handicapés physiques et mentaux, les accidentés de la route et du travail, et surtout les inadaptés sociaux qui vivent en marge de la société de consommation, les défavorisés, les marginaux, les asociaux, tous ceux qui ne participent pas à l'abondance.
3. Le grand nombre d'asociaux s'explique, d'après l'auteur, par la crise de civilisation. Il entend par cela une urbanisation médiocre et désordonnée, un système scolaire qui privilégie les qualités intellectuelles, le déracinement et la pauvreté.
4. Pour remédier à cet état de choses, il faudrait améliorer l'aménagement de l'espace et du temps et combattre la discrimination par classes ou par ethnies; il faudrait adapter l'école aux besoins de la vie, il faudrait améliorer l'information et développer la participation.
5. La phrase «ne rien avoir c'est ne pas être» signifie que ceux qui ne possèdent rien ne sont pas acceptés par la société.
6. La phrase «trop avoir c'est être possédé par ce qu'on a» veut dire que l'homme est souvent l'esclave de l'argent, que les riches ne pensent qu'à s'enrichir encore plus et qu'ils oublient de jouir de la vie.

Texte 72 – La femme dans l'industrie

Les travaux confiés aux femmes se distinguent par une moindre intensité de l'effort physique à fournir, par un moindre degré des difficultés et de complexité; le niveau des connaissances exigées y est plus élémentaire, celui de la compréhension mécanique aussi. Plus souvent que les hommes, les femmes ne se voient confier que les tâches d'exécution: on apprend aux hommes quelques opérations simples de réglage et de montage des outils, non aux femmes de la même équipe. Le caractère répétitif des tâches féminines est plus marqué, la prédominance manuelle plus nette, l'exigence de rapidité plus élevée. Cette dernière qualité que les femmes possèdent à un très haut degré – fréquemment, les hommes ne parviennent pas à soutenir les cadences de leurs collègues féminines – est sous-estimée par rapport à la force physique qui, au contraire est valorisée.

Les patrons avouent l'avantage qu'ils trouvent à un rendement meilleur des femmes dans les tâches qui leur sont confiées, mais n'y font correspondre aucun supplément de salaire ni aucune promotion. Enfin, si des per-spectives de promotion sont parfois envisagées pour la main-d'œuvre masculine, elles sont pratiquement nulles pour des femmes qui effectuent des travaux comparables dans la même entreprise. L'influence des modèles traditionnels est encore forte; l'employeur n'accepte pas de voir des hommes commandés par des femmes. En cela, il est d'ailleurs appuyé par les milieux chargés de la formation professionnelle, par le milieu de travail, par les ouvrières elles-mêmes. D'autre part, ces dernières se dirigent souvent vers l'industrie sans formation adéquate (...) et beaucoup sont dénuées d'ambitions professionnelles. (...)

Si tel est le tableau, les perspectives d'avenir sont-elles plus brillantes? L'automation, en supprimant l'effort physique, devrait favoriser les femmes, mal pourvues pour celui-ci, selon l'opinion générale. Il semble pourtant que non. Dans les ateliers semi-automatisés, les femmes sont employées à des travaux de manutention qui comblent les failles du processus, exigeant rapidité et précision gestuelle. Lorsqu'il n'y a plus d'opérations manuelles, on observe une tendance à l'élimination des femmes que l'on cantonne dans les travaux traditionnels. La nouveauté des machines, le coût du matériel en éliminent les femmes qui sont considérées a priori comme une main-d'œuvre de bas niveau.

Si donc les conditions de formation professionnelle et d'emploi sont maintenues, le clivage qui existe dans l'industrie entre fonctions masculines et féminines ne peut que s'accentuer et les chances de promotion féminine dans ce secteur sont assez restreintes. Seul un important effort pour donner aux femmes une meilleure qualification peut permettre d'améliorer ces données.

Dans: «Les femmes et le travail». Les Cahieres Français, N° 129, pp. 13–15.
La Documentation Française, Paris, Sept.– Oct. 1968

Questions

1. Comment les travaux confiés aux femmes se distinguent-ils de ceux confiés aux hommes?
2. Pourquoi peut-on dire que les femmes sont désavantagées vis-à-vis des hommes dans le domaine du travail?
3. Comment l'auteur voit-il l'avenir des femmes dans l'industrie?

Solutions

1. Les travaux confiés aux femmes demandent moins d'effort physique que ceux qu'on confie aux hommes, ils sont moins difficiles et moins complexes, ils exigent moins de connaissances, surtout sur le plan technique. Le travail confié aux femmes est plus monotone, on exige d'elles des capacités manuelles et de la rapidité.
2. Les femmes sont défavorisées vis-àvis des hommes parce qu'elles gagnent moins, qu'elles n'ont pas les mêmes perspectives de promotion que leurs collègues masculins et qu'on ne leur confie que rarement des postes dans le management.
3. L'auteur pense que l'avenir professionnel des femmes n'est pas brillant malgré l'automation croissante du travail. Il prévoit un clivage de plus en plus grand en ce qui concerne les chances professionnelles entre hommes et femmes parce que les patrons ont tendance à cantonner les femmes dans les travaux traditionnels tandis qu'ils confient les nouvelles technologies aux hommes.

Texte 73 – Vers l'unité par la justice

Une société unie est l'aboutissement nécessaire de la longue évolution de l'Occident chrétien, puis «philosophe», commencée vers le XIe siècle avec l'apparition, dans les villes naissantes, d'une catégorie d'hommes qui ne s'identifiaient ni à la noblesse, ni à la paysannerie. Évolution poursuivie à la Renaissance, qui s'est imposée au XVIIIe siècle et qui devint irréversible lorsque la division de la société en classes sociales cessa d'être considérée comme la conséquence fatale d'un plan divin.

Notre société ne sera complètement réconciliée avec elle-même que lorsque les anciennes divisions auront été effacées.

Cela ne veut pas dire que notre société soit vouée au nivellement et à l'uniformité. L'effacement des classes ne signifie pas l'uniformisation des rôles et des situations.

Mais il implique, d'abord, que les différences entre les situations individuelles ne soient pas condamnées à se répéter d'une génération à l'autre, afin que soit exclue la reproduction automatique des privilèges et des handicaps. Il signifie aussi que les différences de situation individuelle, qui traduisent l'inégalité des efforts, des talents, des risques et des responsabilités, ne soient pas telles que les individus aient le sentiment d'appartenir à des mondes étrangers, mais qu'ils se reconnaissent, au contraire, comme membres d'une même communauté. Il existe, dans une société donnée, «un écart social maximum» récompensant les activités et les talents, qui varie avec le temps, et au-delà duquel le tissu social se déchire.
La société française a encore de sérieux progrès à accomplir pour atteindre cet objectif d'unité; c'est l'évidence même. La question est de déterminer le meilleur moyen d'y parvenir.

Valéry Giscard d'Estaing: Démocratie française, Paris 1976, S. 53 f.

Questions

1. Comment l'auteur décrit-il l'évolution de la société française au cours de l'histoire? Quelle est la catégorie d'hommes dont il est question à la 3e ligne?
2. Giscard d'Estaing se considère lui-même comme un homme politique libéral. Montrez que sa conception de la société idéale correspond à cette idéologie.
3. Quelle pourrait être «le meilleur moyen» d'atteindre l'objectif d'unité dont il est question dans le dernier paragraphe? Tenez compte du titre de ce texte.

Solutions

1. Valéry Giscard d'Estaing pense que la longue évolution de l'Occident doit nécessairement aboutir à une société unie, à une société dans laquelle les classes sociales disparaîtront de plus en plus.
   La catégorie d'hommes nommée dans la 3e ligne est la bourgeoisie, la population des villes naissantes, qui n'appartiennent ni à la noblesse ni à la paysannerie.
2. L'idéologie libérale de Valéry Giscard d'Estaing s'exprime dans son refus d'une société nivelée et uniforme. Il ne croit pas à l'égalité de tous les hommes mais dit qu'un écart social maximum représente la récompense des activités et des talents différents des individus. Il proclame une société dans laquelle les efforts et les capacités de chacun soient récompensés sans que cela mène à une déchirure du tissu social.

3. D'après l'auteur, le meilleur moyen de parvenir à une société unie et réconciliée avec elle-même est la justice qui empêche que les inégalités entre les situations individuelles se répètent d'une génération à l'autre et qui empêche la reproduction automatique des privilèges et des handicaps.

Vocabulaire

le plan	Wirtschaftsplan
le moyen de production	Produktionsmittel
le charbon	Kohle
l'acier	Stahl
la rentabilité	Wirtschaftlichkeit
le plein emploi	Vollbeschäftigung
la stabilité monétaire	Geldwertstabilität
un équilibre de la balances des paiements	ausgeglichene Zahlungsbilanz
la participation	Gewinnbeteiligung der Arbeitnehmer
l'investissement	Investition
la Force de Frappe	frz. Atomstreitmacht
la compétivité internationale	Wettbewerbsfähigkeit auf dem Weltmarkt
le marché	Markt
l'accroissement, la croissance	Wachstum
la crise de l'énergie	Energiekrise
le progrès social	sozialer Fortschritt
la liberté de décision	Entscheidungsfreiheit
la qualité de la vie	Lebensqualität
les inégalités	soziale Ungerechtigkeiten
les accords sur les prix	Preisbindung
la recherche	Forschung
les matières premières	Rohstoffe
la centrale nucléaire	Kernkraftwerk
les énergies renouvelables	alternative Energien
l'énergie solaire	Sonnenenergie
la biomasse	Energie aus Faulgasen
la géothermie	Erdwärme
l'énergie éolienne	Windenergie
une usine marémotrice	Gezeitenkraftwerk
concurrentiel, le	konkurrenzfähig
la technologie d'avenir	Zukunftstechnologie, High Tech
l'informatique	Computerindustrie
le minitel	frz. Form von BTX
l'aéronautique	Luftfahrt
l'espace	Raumfahrt

le TGV = train à grande vitesse	Hochgeschwindigkeitszug
le potentiel	Leistungsfähigkeit
agricole	landwirtschaftlich
alimentaire	Lebensmittel...
la formation continue = la formation permanente	berufliche Weiterbildung
le cadre de vie	Lebensraum, Umwelt
la protection de l'environnement	Umweltschutz
la nationalisation	Verstaatlichung
une entreprise industrielle	Industrieunternehmen

La France au travail

un économiste	Wirtschaftswissenschaftler
les couches sociales	Gesellschaftsschichten, soziale Klassen
le patron = l'employeur	Arbeitgeber, Chef
le cadre	leitender Angestellter
le fonctionnaire	Beamter
le commerçant	Kaufmann, Ladenbesitzer
les personnes exerçant une profession libérale	Freiberufler
l'ouvrier	Arbeiter
la paysannerie	Bauernschaft
les masses prolétariennes	Proletariat, Arbeiterschaft
l'artisanat	Handwerk
la bourgeoisie	Bürgertum

L'Agriculture

l'agriculture	Landwirtschaft
un agriculteur	Landwirt
agricole	landwirtschaftlich
le territoire cultivé	landwirtschaftlich genutzte Fläche
la terre inculte	Brachland
le champ	Acker, Feld
la production animale	Erzeugung tierischer Produkte
la viande de boucherie	Fleisch
les volailles	Geflügel
l'élevage bovin	Rinderzucht
l'élevage ovin	Schafzucht

la production de lait	Milcherzeugung
la production de fromage	Käseerzeugung
la production végétale	Erzeugung pflanzlicher Produkte
la vigne	hier: Weinbau
le vignoble	Weinberg
le vin	Wein
les céréales	Getreide
le blé	Getreide, Korn, besonders Weizen
l'orge	Gerste
le maïs	Mais
le riz	Reis
les légumes	Gemüse
les fruits	Obst
la culture maraîchère	Gemüsebau
la pêche	Fischfang
le poisson	Fisch
un exploitant	hier: Landwirt
une exploitation (agricole)	landwirtschaftlicher Betrieb
exploiter le sol	den Boden landwirtschaftlich nutzen
les avantages fiscaux	Steuervorteile
le rendement	Ertrag
la coopérative	landwirtschaftliche Genossenschaft
la gestion	Betriebsführung
le fournisseur	Lieferant
le client	Abnehmer, Kunde
l'aménagement du sol cultivable = l'aménagement foncier = le remembrement	Flurbereinigung

L'Industrie

l'industrie	Industrie
les houillères	Kohlebergwerke
la carbochimie	Anilinindustrie
la sidérurgie	Eisen- und Stahlindustrie
la fonte	Gußeisen
l'industrie de la soie	Seidenindustrie
le port pétrolier	Ölhafen
le gisement de charbon	Kohlevorkommen
la métallurgie lourde	Schwerindustrie

les exonérations fiscales	Steuerleichterungen
le produit national brut	Bruttosozialprodukt
la chaîne de montage	Montageband
la technique de pointe	Spitzentechnik, High Tech
la prouesse technique	Höchstleistung auf technischem Gebiet
le salaire	Lohn
l'équipement	technische Ausstattung, Ausrüstung
les charges sociales	Sozialabgaben
les impôts	Steuern
l'immigration de la main–d'œuvre	Einwanderung von Arbeitskräften, Zuzug von Gastarbeitern
le prix de revient	Gestehungskosten, Herstellungskosten
le libéralisme	freie Marktwirtschaft
le dirigisme	staatliche gelenkte Wirtschaft, Planwirtschaft
le régime	Wirtschaftssystem
le profit	Gewinn
les pertes	Verluste
la reconversion des entreprises déficitaires	Umstellung der Unternehmen, die mit Verlust arbeiten
la houille blanche	wörtl.: weiße Kohle = Energie aus Wasserkraftwerken
le mazout	Erdöl
le puits	Schacht
l'industrie marginale	Randindustrie, unwirtschaftlich arbeitende Industriezweige
le remembrement	Zusammenlegung
les excédents	Überschüsse
les industries des loisirs	Freizeitindustrie, Unterhaltungsindustrie
le revenu	Einkommen
le train de vie = le niveau de vie	Lebensstandard
l'exportation	Export
la consommation	Konsum, Verbrauch
l'âge des retraites	Rentenalter

Aspects de la vie culturelle en France

1 Avant-propos

L'homme politique japonais, le prince Fumimaro Konoye, définit le mot «culture» de la façon suivante:

> La culture d'une nation est le miroir où se reflètent ses connaissances, ses croyances et ses traditions originales. C'est, en bref, une clé à l'aide de laquelle on peut ouvrir la porte de la connaissance de son peuple et de ses institutions. Un jugement clair, reposant sur des informations exactes est, à son tour, le vrai chemin vers l'amitié et la sympathie parmi les nations du monde.

Cette citation montre d'une part ce qu'on entend par la culture, à savoir les connaissances, les croyances et les traditions d'un peuple, y compris les institutions qui en font partie; d'autre part elle démontre qu'il est utile de connaître la culture de sa propre nation et celle des autres pour se former un jugement équitable sur un peuple étranger, ce qui est, à son tour, le fondement de l'amitié entre les peuples.

C'est pourquoi l'enseignement du français dans nos lycées ne se limite pas à transmettre aux élèves des connaissances linguistiques qui leur permettent de s'entretenir avec des Français ou de lire des textes français. En ce qui concerne les autres buts de l'enseignement du français, le Bildungsplan Baden–Württemberg précise: «Der Schüler soll dazu befähigt werden, sich mit Hilfe französischsprachiger Quellen selbständig zu informieren und sich kritisch mit Informationen auseinanderzusetzen. Durch die Kenntnis gemeinsamer Lebensinteressen verschiedener Völker gewinnt er auch die Einsicht in die Notwendigkeit internationaler Zusammenarbeit.»

Quant à la vie culturelle en France, le Bildungsplan écrit: «Die franzözische Kultur ist ein wichtiger Bestandteil des europäischen Kulturerbes. Durch die Beschäftigung mit Frankreich und anderen französischsprachigen Ländern gelangt der Schüler zu einer umfassenderen Sicht der heutigen Welt. Dem dient auch die Einbeziehung bedeutsamer geschichtlicher Entwicklungen». Pour montrer ce qui caractérise la culture française et quelle en est la valeur éducative, je voudrais donner la parole à André Gide qui dit dans une conférence faite à Beyrouth et à Bruxelles en 1946:

Texte 74 – André Gide: Le dialogue français

Ce qui fait la grandeur, la valeur, le bienfait de notre culture française, c'est qu'elle n'est pas, si je puis dire, d'intérêt local. Les méthodes de pensée, les vérités qu'elle nous enseigne, ne sont pas particulièrement lorraines et ne risquent point, par conséquent, de se retourner contre nous lorsque adoptées par un peuple voisin. Elles sont générales, humaines, susceptibles de toucher les peuples les plus divers; et comme, en elles, tout humain peut apprendre à se connaître, peut se reconnaître et communier, elles travaillent non à la division et à l'oppostion, mais à la conciliation et à l'entente.

Je me hâte d'ajouter ceci, qui me paraît d'une primordiale importance: la littérature française, prise dans son ensemble, n'abonde point dans un seul sens ... La pensée française, en tout temps de son développement, de son histoire, présente à notre attention un dialogue, un dialogue pathétique et sans cesse repris, un dialogue digne entre tous d'occuper (car en l'écoutant, l'on y participe) et notre esprit et notre cœur – et j'estime que le jeune esprit soucieux de notre culture et désireux de se laisser instruire par elle, j'estime que cet esprit serait faussé, s'il n'écoutait, ou qu'on ne lui laissât entendre, que l'une des deux voix du dialogue – un dialogue non point entre une droite et une gauche politique, mais bien plus profond et vital, entre la tradition séculaire, la soumission aux autorités reconnues, et la libre pensée, l'esprit de doute , d'examen, qui travaille à la lente et progressive émancipation de l'individu. Nous le voyons se dessiner déjà dans la lutte entre Abélard et l'Eglise – laquelle il va sans dire, triomphe toujours mais en reculant et réédifiant chaque fois ses positions fort en deçà de ses lignes premières. Le dialogue reprend avec Pascal contre Montaigne. Il n'y a pas échange de propos entre eux, puisque Montaigne est mort lorsque Pascal commence à parler, mais c'est pourtant à lui qu'il s'adresse ... Et de même ce que nous admirons en Bossuet , ce n'est pas le théologien désuet, c'est l'art parfait de la langue admirable, qui en fait un des plus magnifiques écrivains de notre littérature: l'art sans lequel on ne le lirait plus guère aujourd'hui. Cette forme, que lui-même estimait profane, c'est cette forme grâce à laquelle il survit.

Dialogue sans cesse repris à travers les âges et plus ou moins dissimulé du côté de la libre pensée, par prudence, cette «prudence des serpents», comme dit l'Ecriture, car le démon tentateur et émancipateur de l'Esprit parle de préférence à demi-voix; il insinue, tandis que le croyant proclame – et Descartes prend pour devise «larvatus prodeo», «je m'avance masqué» – ou mieux, c'est sous un masque que j'avance.

Et parfois l'une des deux voix l'emporte: au XVIIIe siècle, c'est celle de la libre pensée, plus masquée du tout. Elle l'emporte au point d'entraîner, comme nécessairement, un désolant tarissement du lyrisme. Mais l'équilibre du dialogue, en France, n'est jamais bien longtemps rompu. Avec Chateaubriand et Lamartine, le sentiment religieux, source du lyrisme, ressurgit magnifiquement. C'est le grand flot du romantisme. Et, si Michelet et Hugo s'élèvent contre l'Eglise et les églises, c'est encore avec un profond sentiment religieux.

Roulant de l'un a l'autre bord, le vaisseau de la culture française s'avance et poursuit sa route hardie. «Fluctuat nec mergitur» – il vogue et ne sera pas submergé. Il risquerait de l'être, il le serait, du jour où l'un des deux interlocuteurs du dialogue l'emporterait définitivement sur l'autre et le réduirait au silence, du jour où le navire verserait ou s'inclinerait d'un côté.

André Gide: «Souvenirs littéraires et problèmes actuels»;
in: Civilisation française:C1, Frankfurt 1974, S. 38

Questions

1. Qu'est-ce qui fait la grandeur de la culture française et quelle en est la valeur éducative? Référez-vous au premier paragraphe.
2. Dans la suite de son texte, Gide parle du «dialogue français». Qu'est-ce qu'il entend par là, entre quelles forces se fait-il et quelle en est la valeur pour la pensée française?
3. Dans le dernier passage de son texte, Gide parle d'un certain danger. De quel danger s'agit-il?
4. Ce texte date de 1946. Voyez-vous aujourd'hui des symptomes qui indiquent que «le vaisseau de la culture» soit submergé ou s'incline d'un côté?

Solutions

1. D'après André Gide, la grandeur de la culture française est de ne pas être d'intérêt local mais de toucher les peuples les plus divers, d'être générale et universelle. C'est ce qui fait également sa valeur éducatrice: les vérités qu'elle enseigne concernent l'humanité entière, et par là, elle contribue à la conciliation et à l'entente des peuples.
2. Le dialogue français dont parle l'auteur n'est pas un dialogue idéologique entre deux camps politiques, la droite et la gauche, mais un dialogue plus profond, celui qui se fait entre la tradition et la pensée moderne, entre la soumission aux autorités reconnues et l'émancipation de l'individu. Grâce à ce dialogue

permanent, la culture française présente toujours un équilibre harmonieux entre le sentiment religieux et l'esprit de doute sans que l'un de ces deux courants l'emporte définitivement.

3. Le danger dont parle André Gide à la fin de son texte est justement le risque qu'un des deux interlocuteurs du dialogue l'emporte définitivement sur l'autre et le condamne au silence.
4. C'est une question relativement difficile, et pour y répondre, il faudrait avoir une connaissance assez profonde des courants littéraires et philosophiques de l'après-guerre. Mais je pense qu'on peut quand même dire que le vaisseau de la culture française continue à poursuivre sa route et qu'il tient toujours le cap entre la Charybde du traditionnalisme et la Scylla du modernisme. Citons comme unique exemple le courant existentialiste qui a dominé la pensée française après 1945 et dont la forme athée est représentée par Sartre tandis que Garbiel Marcel a tenté d'édifier un existentialisme chrétien.

2 Vue d'ensemble

Dans sa conférence sur la grandeur de la culture française, André Gide mentionne plusieurs philosophes et écrivains français, depuis le théologien scolastique Abélard jusqu'à l'historien romantique Michelet. La vue d'ensemble suivante a pour but de vous familiariser avec les différentes époques de l'histoire culturelle française et de vous aider à ranger les événements et les personnages principaux dans leur contexte historique.

I. Epoque préhistorique:
L'Homme de Cro-Magnon
Peintures rupestres (Lascaux)

II. Epoche celtique:
Dolmen, menhirs et alignements

III. Epoque gallo-romaine:
Pont du Gard, Arènes d'Arles, de Nîmes, d'Orange, Théâtre romain d'Orange

IV. Epoque romane:
Tapisserie de Bayeux, Enceintes de Carcassonne, Pont d'Avignon, Chanson de Roland

V. Epoque gothique:

Cathédrales, la chevalerie, les troubadours, le roman courtois (Chrétien de Troyes), les croisades, la réforme du clergé (Cluny), Abélard

VI. Renaissance:
Les châteaux de la Loire, Rabelais, Montaigne, la Pléjade (Ronsard), l'Edit de Nantes, Ambroise Paré (Médecin)

VII. Le Siècle de Louis XIV:
Versailles, la monarchie absolue, la littérature classique (Corneille, Racine, Molière, La Fontaine), l'Académie française, Poussin, Le Nain, Mignard (peinture)
Lulli, Couperin, Charpentier (musique)
Denis Papin (inventeur de la machine à vapeur)

VIII. Le Siècle des Lumières:
Les Encyclopédistes, Voltaire, Diderot, Montesquieu, Rousseau
Boucher, Watteau, Fragonard (peinture)
Rameau (musique)
Réaumur, Parmentier, les frères Montgolfier, Lavoisier
Abolition de la question (Folter) 1780
Déclaration des droits de l'homme 1789

IX. Romantisme:
Lamartine, Vigny, Musset, Victor Hugo, Michelet
Delacroix, Ingres (peinture)
Chopin, Berlioz (musique)

X. Réalisme et Naturalisme:
Balzac, Stendhal, Flaubert, Maupassant, Daudet, Zola
Courbet, Daumier, Millet (peinture)
Gounod, Massenet (musique)
Ampère, Louis Braille, les frères Lumière, Louis Daguerre, Pierre et Marie Curie, Gustave Eiffel, Ferdinand de Lesseps

XI. Symbolisme, Impressionnisme:
Baudelaire, Verlaine, Rimbaud
Mallarmé
Monet, Manet, Degas, Cézanne, Renoir (peinture)
César Franck, Saint-Saëns, Debussy (musique)
Rodin (sculpture)

XII. XXe siècle:
Proust, Malraux, Gide, Sartre, Camus, Cocteau
Giraudoux, Anouilh, Ionesco

Braque, Léger, Picasso, Buffet (peinture)
Ravel, Satie, Milhaud (musique)
Trenet, Piaf, Brassens, Ferré, Renaud (chanson)
Carné, Clair, Pagnol, Renoir, Truffeau (film)
Concorde, Ariane, TGV

3 Paris comme centre culturel de la France

Malgré les tendances de décentralisation et les efforts pour donner plus d'autonomie aux régions, Paris est toujours le coeur de la France, et cela depuis que le roi Clovis fit en 508 ap. J.-C. de l'ancienne Lutetia/Lutèce la capitale du royaume des Francs. Mais Paris n'est pas seulement la capitale politique de la France et le siège du gouvernement, il est aussi, avec ses 2,5 millions d'habitants, la plus grande ville du pays, le noeud de communications le plus important, le plus grand centre industriel et commercial, ainsi que le centre culturel de la France.
Même si un proverbe auvergnat dit que «La France c'est l'Auvergne avec quelque chose autour», la grande majorité des citations sur Paris et la province affirment que la capitale joue toujours le rôle primordial:
Je ne suis Français que par cette grande cité, grande en peuples, grande en noblesse, mais surtout grande et incomparable en diversité et variété, la gloire de la France et l'un des plus notables ornements du monde. *Montaigne*
Il faudrait être l'antipode de la raison pour ne pas confesser que Paris est le grand bureau des merveilles, le centre du bon goût, du bel esprit et de la galanterie. Pour moi je tiens que, hors de Paris, il n'y a pas de salut pour les honnêtes gens. *Molière: Les Précieuses ridicules*
On ne vit qu'à Paris, et l'on végète ailleurs. Gresset
En France, il n'y a que Paris et ses provinces éloignées parce que Paris n'a pas eu le temps de les dévorer. *Montesquieu*
La Côte est la serre où poussent les racines, Paris est la boutique où l'on vend les fleurs. *Cocteau*

3.1 Les dates principales

Le tableau suivant a pour but de vous faire connaître les dates principales de l'histoire de Paris:

Epoque gallo-romaine
3e siècle av. J.-C.: Les Parisii s'installent sur l'Ile de la Cité

1er siècle ap. J.-C.:	la cité gallo-romaine de Lutèce s'édifie
Haut Moyen Age	
508	Clovis établit sa capitale à Paris
12e siècle	Pierre Abélard enseigne à Paris
1215	Fondation de l'Université de Paris
1253	Fondation du Collège de Sorbon (la Sorbonne)Construction de Notre-Dame et du Louvre
1364	Construction de la Bastille
La Renaissance	
1530	François Ier fonde le Collège de France
1572	Massacre de la Saint-Barthélemy
1594	Henri IV se convertit au catholicisme (Paris vaut bien une messe). Paris lui ouvre ses portes
Le XVIIe siècle	
1622	Paris devient évêché
1635	Richelieu fonde l'Académie française
1661	Mazarin fonde l'Instiut
1667	Colbert crée l'Observatoire Construction de l'Hôtel des Invalides
Le XVIIIe siècle	
1760	Construction du Panthéon et de la Place de la Concorde
1789	Prise de la Bastille
Le XIXe siècle	
1804	sacre de Napoléon à Notre-Dame
	Napoléon poursuit la construction du Louvre, il fait édifier L'Arc de Triomphe et la colonne Vendôme
1837	Première ligne de chemin de fer: Paris–St.Germain
1850–1870	Gigantesques travaux d'urbanisation sous la direction du baron Haussmann: Halles, gares, bois de Boulogne, Opéra, achèvement du Louvre, percement des boulevards
1889	Exposition Universelle autour de la Tour Eiffel
Le XXe siècle	
1900	Mise en service de la première ligne de métro

	Le cubisme naît au Bateau-Lavoir. La basilique du Sacré-Coeur est édifiée sur la butte Montmartre
1944	Libération de Paris
1958–1963	Construction du siège de l'UNESCO et de la Maison de l'ORTF
1969	Les Halles son transférées au Marché de Rungis
1970	13 universités autonomes sont créées dans la région parisienne par suite des événements de mai 68
1977	Inauguration du Centre Beaubourg
1979	Inauguration du Forum des Halles
1986	Inauguration du Musée de la gare d'Orsay

La citation de Fumimaro Konoye nous a montré ce qu'on entend par la culture en général. Mais à quoi faut-il penser quand on parle de la vie culturelle d'un pays et quand on désigne une ville comme centre culturel? Le tableau suivant essaie d'y répondre en énumérant les principales institutions culturelles qu'on trouve à Paris. De plus, il montre quel large éventail d'idées est évoqué par le terme "vie culturelle".

3.2 Vue d'ensemble des principales institutions culturelles à Paris

I. Musées
Le musées du Louvre, le musée du Jeu de Paume, le musée de la gare d'Orsay, le Centre Beaubourg, le musée Grevin, le musée de l'Homme

II. Théâtres
Le Théâtres de France, le Théâtre National Populaire (TNP), la Comédie Française, le Théâtre du Soleil

III. Musique et Ballet
L'Opéra, la salle Pleyel, l'Olympia, Bobino

IV. Architecture
Notre-Dame-de-Paris, la Sainte-Chapelle, le Panthéon, les Invalides, la Madeleine, l'Arc de Triomphe, le Louvre, l'Hôtel de Ville, la Tour Eiffel, les Halles, la basilique du Sacré-Coeur, le Palais de Chaillot, la Maison de l'ORTF, le quartier de la Défense, la tour Montparnasse, le Centre Beaubourg, le Forum des Halles

V. Maisons d'Edition
Gallimard, Hachette, Larousse, Bordas, Grasset

VI. Journaux et Magazines

Le Monde, Le Figaro, Paris Match, L'Express, Le Point, Le Nouvel Observateur

VII. Prix littéraires décernés à Paris
Prix Goncourt, Prix Fémina, Prix Renaudot, Grand Prix du Roman de l'Académie française

VIII. Cafés littéraires
Le café de la Régence, le café Procope, le café de Flore, le café des Deux-Magots, le café de la Paix, la brasserie Lipp, le restaurant Drouant

IX. Bibliothèques
La Bibliothèque Nationale

X. Académies
L'Académie française, l'Académie des inscriptions et belles lettres, l'Academie des sciences, l'Institut de France

XI. Universités et Grandes Ecoles
La Sorbonne, 13 Universités, Ecole Polytechnique (l'X), Ecole Nationale d'Administration (ENA), Ecole Normale Supérieure, Le Collège de France, l'Institut Pasteur

XII. Cinéma
Le Centre National de la cinématographie, La Cinémathèque française

XIII. Expositions
Le Salon de l'Automobile, Le Salon des Arts ménagers, La Foire de Paris

XIV. Manifestations culturelles, Festivals
Spectacle Son et Lumière, Festival de théâtre et musique au Quartier du Marais, Festival estival de Paris au Quartier latin

XV. La Haute Couture
Dior, Coco Chanel, Yves Saint-Laurent, Karl Lagerfeld

XVI. Art culinaire
La Tour d'Argent, Chez Maxim's

XVII. Spectacles et Revues
Moulin Rouge, Lido, Alkazar

XVIII. Grandes idées et mouvements artistiques nés à Paris: Impressionnisme, Fauvisme, Cubisme, Surréalisme, Ecole de Paris, Existentialisme

XIX. Ils sont "montés" à Paris
Marcel Pagnol, Jean Anouilh, Pierre Jakez Helias, Gérard Depardieu, Jean-Louis Trintignant, Tino Rossi, Charles Trenet, Georges Brassens

XX. Etrangers qui ont vécu à Paris
Rilke, Ionesco, Heine, Picasso, Jacques Offenbach, Chagall

Vocabulaire

La liste suivante vous donne pour chaque institution culturelle les mots les plus importants ainsi qu'une phrase modèle:

I. Musées
le musée, la peinture, une œuvre d'art, un tableau, une toile, les beaux-arts, le peintre, la sculpture, la statue, des objets exposés
Le musée du Louvre abrite des chefs-d'œuvre de toutes les cultures et de toutes les époques, p.ex. la Vénus de Milo ou la Joconde.

II. Théâtres
le théâtre, le spectacle, la représentation théâtrale, le metteur en scène, la mise en scène, monter une pièce de théâtre, un acteur, une actrice
A la Comédie-Française, qui est subventionnée par l'Etat, on joue surtout le répertoire classique du théâtre française, comme p.ex. les tragédies de Racine ou les comédies de Molière.

III. Musique et Ballet
un opéra, une pièce de musique, le concert, le chef d'orchestre, le music,hall, la chanson, la danse, le récital de chant, de piano etc.
En 1973, l'Opéra de Paris engagea Rolf Liebermann de Hambourg comme administrateur général (Generalintendant) qui y réalisa un festival permanent pour un public élitaire. L'Olympia et Bobino sont les music-halls parisiens qui ont consacré le succès mondial de la plupart des auteurs-compositeurs-interprètes tels que Brassens, Brel ou Léo Ferré.

IV. Architecture
le bâtiment, un édifice, la tour, la cathédrale, la coupole, la colonne, la voûte, la façade, le monument historique
La cathédrale Notre-Dame avec sa façade ornée de sculptures, ses tours, ses ogives, ses contreforts et ses gargouilles est le plus bel édifice religieux de la capitale et un exemplaire caractéristique du style gothique.

V. Maisons d'édition
un éditeur, le livre, le livre de poche, la parution d'un nouveau roman, la publication en édition de luxe, le tirage
C'est à Paris qu'on trouve presque toutes les maisons d'édition et que sont publiés la plupart des livres en France.

VI. Journaux et Magazines

Le journal, le quotidien, un hebdomadaire, le mensuel, le magazine, la revue, une agence de presse, un éditorial, la manchette, le tirage
C'est à Paris que paraissent les seuls quotidiens qui sont lus dans la France entière, p.ex. Le Monde ou Le Figaro.

VII. Prix littéraires
Le jury, décerner un prix littéraire à un auteur inconnu
Le Prix Goncourt qui est décerné chaque année à un romancier par un jury composé d'écrivains et de critiques littéraires n'est doté que de 50 F, mais le lauréat peut espérer un tirage important de son œuvre couronné.

VIII. Cafés littéraires
Les cafés littéraires, qui représentent, en quelque sorte, les successeurs des salons littéraires du XVIIIe siècle, sont le lieu de rencontre d'écrivains, de critiques littéraires et d'éditeurs.

IX. Bibliothèques
le livre, le manuscript, un incunable
La Bibliothèque Nationale est, après celles de Moscou et de Léningrad, la plus grande du continent européen. On y trouve plus de 10 millions de livres, mais aussi des revues périodiques, des cartes et des plans, des estampes et des photographies, et surtout de vieux manuscripts précieux parmi lesquels figurait jusqu'en 1888 le fameux Codex Manesse.
Récemment, François Mitterrand a annoncé aux Français son projet de fonder à Paris la plus grande bibliothèque du monde.

X. Académies
L'Académie française fut cré en 1635 par Richelieu. Elle est composée de 40 membres qu'on appelle les Immortels et auxquels est assignée une triple mission:

1. Fixer la langue française à l'aide d'un dictionnaire et d'une grammaire
2. Guider les écrivains en rédigeant pour eux une rhéthorique et une poétique
3. Apprécier les œuvres soumises à leur jugement.

XI. Universités et Grandes Ecoles
Un étudiant, faire des études, le professeur, le cours magistral, passer un diplôme (la licence, la maîtrise, le doctorat), la chaire, le concours, la faculté de droit, des sciences, de médecine, des lettres
Les Grandes Ecoles existent en France depuis le début du 19e siècle. Pour y être admis, il faut passer un examen très sélectif, le concours; par contre, les diplômés d'une Grande Ecole constituent l'élite de la société

française et occupent les places dirigeantes dans l'administration, dans l'industrie ou dans l'enseignement.

XII. Cinéma

Le film (muet, parlant), le cinéma d'art et d'essai

C'est un Français, Louis Lumière, qui, en 1895, mit au point le premier cinématographe, et c'est un autre Français, Marcel Pagnol, qui reconnut le premier les avantages du film parlant. Depuis, la France a toujours joué un rôle prépondérant dans le 7e art, et c'est Henri Langlois, qui fonda en 1936 la Cinémathèque française, le plus grand musée du cinéma dans le monde.

XIII. Expositions

Une inauguration, une exposition universelle, un salon

Au Salon de l'Automobile de Paris les constructeurs automobiles du monde entier présentent chaque année leurs nouveaux modèles.

XIV. Manifestations culturelles et festivals

Le spectacle, le cortège, attirer un public international

Les spectacles Son et Lumière sont une manière typiquement française de présenter au public un monument historique. A l'aide de projecteurs, de diapositives et de bandes magnétiques on donne au public l'impression de vivre les événements historiques relatifs à tel ou tel monument.

XV. La Haute Couture

La mode, le couturier, l'atelier de couture, la création, le dernier cri, l'élégance, le chic

C'est à Paris que se sont établis les plus grands couturiers français dont les créations ont une influence considérable sur la mode féminine.

XVI. L'art culinaire

La gastronomie, le gourmet, le chef de cuisine, la nouvelle cuisine, le restaurant, la création d'un nouveau plat, la recette

Bien que les meilleurs chefs de cuisine comme Bocuse ou Haeberlin ne soient pas Parisiens, on trouve d'excellents restaurants à Paris où on peut découvrir le raffinement de la cuisine française.

XVII. Spectacles et revues

La boîte de nuit, le cabaret, les variétés, la vie nocturne C'est au Moulin Rouge, connu par les tableaux de Toulouse-Lautrec, qu'ont chanté la divine Mistinguett, la Goulue et Jane Avril. Encore aujourd'hui c'est le temple du french-cancan qui n'a pas d'équivalent dans les autres cabarets de renommée internationale.

XVIII. Grandes idées et mouvements artistiques
La naissance d'une école littéraire, la conception d'une nouvelle philosophie, le berceau de nouvelles idées
Tout au long de son histoire, Paris a vu naître toutes sortes d'idées révolutionnaires et de mouvements artistiques d'avant-garde.

XIX. Ils sont «montés» à Paris
Réussir, faire carrière, avoir du succès, attirer
Depuis toujours, Paris a attiré tous ceux qui avaient l'ambition de faire carrière, que ce soit en politique, en art ou en littérature.

XX. Etrangers à Paris
Choisir comme lieu de résidence, s'exiler, trouver asile
Depuis la Révolution française, la France et surtout Paris ont toujours été le symbole de la liberté. C'est pourquoi beaucoup d'émigrés se sont installés à Paris pour y travailler.

Texte 75 – L'âme française

Paris n'est pas seulement le centre géographique, historique, administratif et politique de la France: il en est le centre intellectuel. C'est vers Paris que convergent toutes les ambitions. Dès qu'en province un homme se place au premier rang de sa spécialité ou que simplement il nourrit le désir d'y parvenir, il ne souhaite rien tant que de venir dans la capitale, ce qui explique que s'y rencontrent tous ceux qui sont arrivés ou qui souhaitent d'arriver au faîte de leur profession. Là seulement ils trouvent, comme on dit aujourd'hui, le climat propice à leur activité, les institutions – bibliothèques, musées, laboratoires, écoles, expositions, spectacles, – nécessaires à leur œuvre ...

Paris, ce Paris, qui depuis les Capétiens est resté la capitale de la France, ce Paris, où Philippe-Auguste entreprit, en 1204, la construction du *Louvre* et fonda *l'Université,* où François Ier créa le *Collège de France*, Richelieu *l'Académie française,* dont Napoléon Ier voulut faire la plus belle ville du monde et dont le nombre des habitants représente plus d'un sixième de la population de la France est un foyer intellectuel incomparable. Toutes les idées, tous les systèmes, toutes les œuvres, toutes les doctrines viennent y chercher une consécration de même que toutes les idées et toutes les renommées en partent pour, marquées du sceau français, rayonner sur le monde.

C'est le seul endroit où des hommes de valeur, venus de tous les points de l'horizon, peuvent se rencontrer et discuter en paix. Aussi bien les réunions y sont nombreuses. Non seulement les salons, mais des comités de toutes sortes, des déjeuners ou des dîners périodiques permettent à toutes les opinions de se confronter. Paris leur est si propice que les représentants des différents partis peuvent s'y réunir et discuter en toute cordialité, ce qui leur est proprement impossible partout ailleurs.

Paris est la tête du pays, dont la province est le corps. Il n'y pas de centre plus nerveux, ni plus impressionnable. On y comprend vite et tout. En correspondance journalière avec le monde entier, Paris concentre et répartit à tous moments les nouvelles de partout, dont il compose son opinion personnelle. Aussi le Parisien est-il de tous les Français, le plus éveillé, le plus ouvert, le plus spontané. C'est de Paris que partent les idées et les modes, que la province puis les campagnes, plus lentes encore à s'accommoder, adoptent assez longtemps après. Aussi, tant pour la politique que pour la couture, tant en littérature qu'en philosophie, la province retarde-t-elle toujours sur Paris. De là, l'air un peu suranné qu'elle prend aux yeux de tous ceux qui viennent de la capitale.

Il ne faut pas perdre de vue, cependant, que Paris n'existerait pas sans la province, non seulement politiquement, mais intellectuellement et moralement, Elle lui fournit sa substance, s'il est vrai que beaucoup d'hommes supérieurs qui enrichissent la capitale n'y sont pas nés, – bien qu'elle puisse s'enorgueillir d'un grand nombre d'entre eux, – mais sont originaires des diverses régions de la France. Cela n'a rien de surprenant puisque Paris attire les meilleurs d'entre eux

Si Paris, sous ses fluctuations, que symbolise la nef inscrite dans ses armes, représente la France éternelle, la principale raison en est que Paris est composé, non seulement d'authentiques Parisiens, mais d'une foule de provinciaux accourus dans la capitale pour y chercher la fortune, la renommée ou la gloire.

Paris, par le fait, résume toute la France: il est aussi divers et aussi un. Les provinciaux y conservent avec soin leurs traditions et leurs coutumes. Prompts à se grouper en sociétés locales, il n'est pas jusqu'à leur profession qui ne les distingue. La plupart des charbonniers viennent d'Auvergne, des marchands de vin de l'Aveyron, des maçons du Limousin, des ramoneurs de Savoie, des domestiques de Bretagne. Ils habitent, parfois, dans un même quartier, de façon à former une petite ville dans la grande.

Expression magnifique de l'âme française, Paris est la ville où se concentrent toutes les diversités du sol et du caractère français, où se rencontre tout ce que notre pays produit de plus remarquable dans tous les domaines, où les moindres pierres évoquent un passé qui a fait non seulement Paris, mais la France, où, finalement, les meilleurs cerveaux sont réunis et s'instruisent, et s'exaltent réciproquement, ainsi que Goethe le confiait à Eckermann, grâce à une fréquentation, à une lutte et à une émulation quotidiennes. La province ne peut pas plus se passer de Paris que Paris de la province. Elles sont indispensables l'une à l'autre et indissolublement liées.

Paul Gaultier: «L'âme française»; in: La civilisation française: Frankfurt 1974, S. 73 f.

Questions

1. Commentez la première phrase du texte.
2. Qu'est-ce que l'auteur entend par «centre intellectuel» et comment justifie-t-il son opinion que Paris est le centre intellectuel de la France?
3. Comment l'auteur décrit-il les rapports entre Paris et la province?

4. Quelle ville pourrait-on, d'après vous, appeler le centre intellectuel de l'Allemagne?

Solutions

1. Avec la première phrase de son texte, l'auteur veut montrer que Paris est vraiment le coeur de la France, qu'il en est le centre, et cela sous tous les aspects:
   – le centre géographique: à vrai dire, Paris, n'est pas le centre géographique de la France, mais l'auteur pense certainement au rôle que Paris joue en tant que point central des réseaux ferroviaire et routier.
   – le centre historique: dès le 3e siècle av. J.-C., les Parisii s'installent dans l'Ile de la Cité, et c'est au ler siècle ap. J.-C. que la cité gallo-romaine de Lutèce (= ancien nom de Paris) s'édifie. Puis, en 508, Clovis en fait sa capitale.
   – le centre administratif et politique: depuis les Capétiens, Paris est resté la capitale de la France, et toutes les institutions administratives et politiques y ont leur siège: le Premier Ministre, le Président de la République, l'Assemblée Nationale, les ministères etc.
2. Par «centre intellectuel», l'auteur entend que Paris est la ville qui attire tous ceux qui veulent jouer un rôle dans la vie culturelle de la France et que c'est aussi la ville d'où partent toutes les idées et toutes les modes que ce soit en littérature, en philosophie ou dans le domaine des sciences. C'est Paris qui leur offre toutes les institutions dont ils ont besoin: bibliothèques, musées, laboratoires ...
3. Pour Paul Gaultier, Paris représente la tête du pays tandis que la province en représente le corps. Cette image, qui fait penser à la célèbre fable du ventre et des autres parties du corps de Tite-Live, montre clairement l'interdépendance qui existe entre la capitale et la province: l'un ne pourrait pas vivre sans l'autre. C'est la province qui fournit sa substance à la capitale, et celle-ci en distille les grandes idées nouvelles qui rayonnent ensuite sur le pays entier et même plus loin encore.
4. Je crois qu'il est difficile de nommer une ville allemande dont le rôle dans le domaine intellectuel soit comparable à celui que joue Paris en France. Cela s'explique surtout par le fait que l'Allemagne n'a jamais été un pays centralisé. C'est pourquoi elle a connu au cours de son histoire plusieurs centres culturelles: Vienne, Weimar, Berlin, Munich et autres. Il serait possible qu'avec les événements politiques récents, le rapprochement des deux Allemagne,

Berlin retrouve son ancien rôle de capitale politique et par là de centre culturel de l'Allemagne, mais le fédéralisme culturel en Allemagne assurera toujours aux différentes régions leur situation particulière dans la vie culturelle de l'Allemagne.

Texte 76 – La ville du sacre

Voici à peu près ce que pourrait être le «profil» d'une carrière littéraire idéale: naître, grandir, lire, muser, mûrir et écrire loin de Paris, et prendre un parfum et un accent de terroir; «monter» à Paris pour y être publié, reconnu, consacré; s'y laisser fêter; puis retourner chez soi et s'y protéger, s'y encalminer, s'y «resourcer» afin de ne pas laisser l'œuvre se tarir.
Exagération? A peine. La règle générale, selon laquelle tout «Parisien» possède des ascendants et des liens «à la terre» ou en province – cette règle-là vaut pour les écrivains. Malheur à la «main à plume» qui oublie ou méprise la «main à charrue»: elle symbolise à la fois sa fécondité, santé, sa sauvegarde.
Cependant, s'il est vrai qu'on racine, germe, crée en province, c'est à Paris qu'on «éclate», c'est Paris qui consacre, c'est Paris qui paie le talent en bonne monnaie négociable à l'étranger. Qu'on pense à Pierre Jakez Hélias et au «Cheval d'orgueil»: le succès "national" de ce Breton est passé par Paris. La «toile d'araignée» de la carte de France, centralisatrice et centripète, est une image rigoureusemant vraie en littérature. C'est à Paris que sont tous les grands éditeurs, les grands jurys, les académies – un règlement de l'Académie française exige même des candidats une adrese parisienne. C'est dans la presse parisienne que sont tenues les tribunes magistrales, les rubriques qui font et defont le réputations: les journaux de province peuvent faire beaucoup pour la lecture, la diffusion d'un livre; ils ne créent pas une notoriété ni un succès. Et surtout c'est à Paris que sont actives et multiples les amitiés, les relations, que l'on est introduit dans tous *ces réseaux de la réussite* qui constituent le secret de la réalité complexe du *«milieu littéraire»* et défient l'analyse ...
Cette médaille a évidemment son revers. Paris souffre des défauts de ses qualités, des maladies de sa force: «copinages», frottements constants, c'est-à-dire altération et uniformisation des talents. Le torrent parisien, à force de polir les galets littéraires, leur donne à tous la mêmes monotone rotondité. Cela s'appelle les modes. Paris commence par exister, nourrir,

puis bientôt épuise. Il existe un seuil à partir duquel le «rendement» de Paris n'est plus proportionnel à l'investissement consenti.

C'est pourquoi, quand Paris a offert à un écrivain ce qu'il en espérait, il est vital pour lui de s'en éloigner. La retraite sauvegarde l'intégrité d'un créateur et la saveur de son talent. C'est si vrai que les auteurs qui ne possèdent pas de vraies racines s'en créent d'artificielles. La ville – et Paris entre toutes les villes – crée les conditions les plus nuisibles au travail littéraire. Tentations mondaines, facilités para-professionnelles (jour-nalisme, radio, besognes d'édition) organisent autour de l'écrivain une euphorie dorée dont il découvre parfois trop tard la nocivité. Fuir Paris pour survivre est aussi important, le moment venu, qu'y «monter» pour exister.

Alors, n'y aurait-il pas d'écrivain purement parisien, de «produit» littéraire citadin? Bien sûr que si: d'Aragon à Paul Morand, de Breton à Philippe Hériat, d'Eluard à Sartre, les exemples ne manquent pas. Si l'on voulait, pourtant, caractériser la littérature française, ne pas donner son énorme place à l'inspiration, et aux origines, et aux racines provinciales serait une erreur. C'est là – ce dialogue capitale-province – une affaire très française, notons-le.

François Nourissier: Le Point, 20 décembre 1976 (extrait)

Questions

1. Quelle est, d'après l'auteur, la carrière littéraire idéale pour un Français?
2. Quel est le rôle de Paris dans une telle carrière?
3. Pourquoi, d'après l'auteur, est-il indispensable pour un écrivain de s'éloigner de Paris quand la capitale lui a donné ce qu'il en espérait?
4. Quel est, selon F. Nourissier, le rôle de la province dans la carrière d'un écrivain?

Solutions

1. Pour François Nourissier, la carrière littéraire idéale pour un Français serait de naître loin de Paris, dans la France profonde, d'y passer ses années d'apprentissage, de se laisser inspirer par le génie particulier du lieu, d'écrire son premier roman, puis de monter à Paris pour le faire publier, pour s'y laisser fêter. Ensuite, après ce premier succès, il lui faudrait de nouveau retourner dans son pays natal pour y trouver le calme et pour boire de nouveau aux sources afin que l'œuvre ne se tarisse pas.

2. Le rôle de Paris dans cette carrière est de donner à l'écrivain débutant la possibilité de publier son livre, de le faire connaître, de lui payer son talent et, pourquoi pas, de couronner son œuvre par un prix littéraire. Son rôle est également de lui faciliter des rencontres importantes pour sa carrière, de l'introduire dans les cercles littéraires, dans ces réseaux de la réussite qui sont indispensables pour le succès d'un auteur.
3. François Nourissier dit qu'il est vital pour un auteur de s'éloigner de Paris après y avoir trouvé un premier succès. Cette retraite de la vie littéraire parisienne permet au jeune auteur de garder son intégrité, sa personnalité et son style particulier et de ne pas être sacrifié aux modes littéraires.
4. Le premier rôle de la province dans la carrière littéraire d'un jeune écrivain est de lui donner un parfum et un accent de terroir. Plus tard, la province lui permet de sauvegarder la saveur de son talent et de trouver le calme qui est nécessaire à l'élaboration d'une grande œuvre.

Texte 77 – Le centre Pompidou, dix ans après

Je voudrais passionnément que Paris possède un Centre culturel qui soit à la fois musée et, centre de création, où les arts plastiques *voisineraient* avec la musique, le cinéma, les livres, la recherche audio visuelle etc ...». Voilà en quels termes le président Georges Pompidou décrivait le futur Centre Beaubourg. Aux architectes qui allaient entrer en *lice* pour le prestigieux concours international, on précisait deux orientations fondamentales: la notion de «flexibilité», c'est'-à-dire de souplesse d'adaptation des locaux en fontion des besoins des futurs utilisateurs; celle de *«perméabilité»* de l'ensemble, devant *entraîner* une dynamique réciproque des activités. On voulait en effet donner la possibilité au visiteur venu consulter un livre à la bibliothèque d'aller ensuite voir un tableau ou un spectacle. On souhaitait que le grand public vienne, se cultive, profite du *patrimoine* culturel disponible.

Contrairement à ses prédécesseurs, le président Pompidou était un grand amateur et un grand collectionneur d'art moderne. On *conçoit* qu'il ait voulu frapper un grand coup dans ce domaine: Pourtant, il semble qu'il ait vu aussi dans la réalisation d'un centre *de cette envergure* un moyen de reduire ce que l'on nomme *pudiquement* les inégalités culturelles. En décembre 1969, date où il en décida la création, les *revendications* de mai 68 n'étaient pas loin ...

Il s'agissait de trouver un lieu intra muros et le plateau Beaubourg, libre depuis presque 40 ans, situé en plein cœur de Paris, apparut comme le lieu idéal d'un tel centre culturel dont 682 architectes firent bientôt la maquette. L'équipe lauréate fut celle de Piano, Rogers et Franchini, architectes associés au bureau d'ingénieurs-conseil «Ove Arup and Partners». On connaît le scandale et les polémiques de la construction. Tout a été dit et redit sur l'architecture du bâtiment qui reste, 10 ans après sa construction, un *litige* entre certains Parisiens et, en tout cas, le principal sujet de conversation des visiteurs.

En tout état de cause, nous nous intéresserons plutôt aux utilisateurs du Centre Georges Pompidou, à ceux qui se pressaient le 31 janvier – jour de l'*inauguration* – et le 2 février 1977 – jour de l'ouverture au public; à ceux qui découvrent chaque jour – le mardi exclu – le Forum et la Salle d'Actualité de la Bibliothèque Publique d'Information au rez-de-chaussée, le Centre de Création Industriel, à la mezzanine, à ceux qui prennent le grandiose escalator extérieur et accèdent en diagonale à la Bibliothèque Publique, puis au Musée d'Art Moderne, et à la Grande Galerie des expositions temporaires, dont certaines, comme Vienne, attirent près de 800.000 visiteurs ... C'est le voyage ordinaire d'un visiteur du Centre Beaubourg, promeneur *séduit, sollicité* de toute part.

Huit millions de visiteurs par an! C'est ce succès que l'on va fêter surtout le 31 janvier, et tout le long de l'année 1987, par des expositions telles que celle du Musée d'Art Moderne: «L'époque, la mode, la morale, la passion», aspects de l'art d'aujourd'hui 1977–1987, du 7 mai au 17 août; celle de la Bibliothèque: «Le public du Centre: le visiteur et son double», du 28 janvier au 16 mars; celle du Centre de Création Industrielle: «Le Centre Georges Pompidou, une architecture en question», en même temps que la *précédente*.

Il y aura aussi des créations musicales de l'IRCAM, par le compositeur Pierre Henry, du 25 au 28 avril 1987, et en collaboration avec un *plasticien:* Valis, à la même époque, ainsi que des films, dont celui de Rainer Moritz, produit par Antenne 2 et des éditions spéciales: CNAC-Magazine, plaquette-bilan, livre Piano et Rogers. Le Centre Georges Pompidou est l'établissement culturel le plus visité en France. Même le Louvre et Notre-Dame, même la Tour Eiffel voient passer moins de visiteurs! Traité jadis de «raffinerie» ou de «monstre», on voit bien que le centre est plus qu'un bâtiment. C'est un événement!

Un événement auquel participent des millions de gens depuis 10 ans. Mais qui sont ces utilisateurs? Des *enquêtes* ont été réalisées à intervalles *réguliers* depuis 1978, aux portes du centre. On sait qu'il y a 63 % d'hommes par rapport à 36 % de femmes qui *franchissent* les portes du centre. On sait aussi – mais on pouvait *s'en douter* – que les Parisiens sont largement présents (50,5 %) ainsi que les visiteurs de la région parisienne (25 %). Vient ensuite la province, suivie de très près par l'étranger, respectivement 14 et 10,5 %.

En ce qui concerne les catégories socio-professionnelles, on voit que 9,4 % des visiteurs *appartiennent aux* classes privilégiées de la société, 12 % aux classes moyennes, 8,9 % aux "inactifs": étudiants, élèves, *chômeurs, retraités, femmes au foyer* ...

Alors si l'on essaie de faire le bilan de ces 10 années de fonctionnement du Centre Goerges Pompidou, peut-on conclure qu'il a rempli le rôle auquel il avait été destiné? Est-il ce centre culturel multimédia qu'avait souhaité si «passionnément» un président qu'il lui avait *consacré* un budget exceptionnel, indépendant de toute *tutelle* ministérielle? A-t-il rempli, d'autre part, la mission de «démocratisation culturelle» impliquée, officiellement ou non, dans sa création?

Toutes statistiques mises à part, qu'en dit la *rumeur publique?* Eh! bien, elle dit par exemple que le Centre Georges Pompidou s'est endormi dans une sorte de routine et qu'il devrait quand même être capable de présenter plus d'une grande exposition tout public par an. Elle *déplore* aussi le peu d'œuvres vraiment contemporaines, vo*ire* d'avant-garde, dans les collections permanentes du Musée d'Art moderne, celles-ci étant seulement visibles à l'Arc, au Palais de Tokyo, le Musée municipal de Paris. On critique aussi la nouvelle présentation des œuvres, car si les hautes *parois* permettent l'*accrochage* d'un plus grand nombre de tableaux, elles *entravent* la transparence, *supprimant* les avantages du verre, y compris la «perméabilité» souhaitée initialement et enlaidissent le musée. Quant au Centre de Création Industrielle, on lui reproche aussi de présenter parfois des créateurs quelque peu *«ringards»* dans le domaine de l'architecture, ou de l'urbanisme.

L'IRCAM, l'Institut de Recherche et de Coordination acoustique/musique est, lui, vraiment contemporain, et même avantgardiste, et produit à l'aide d'*ordinateurs* spécialisés des «sons *inouïs»*. Pourtant il reste *élitiste* donc loin du grand public du centre.

Le bilan positif est donc plutôt à rechercher du côté de la Bibliothèque avec ses 4 millions de visiteurs par an, et du côté des expositions temporaires, qui sont d'une exceptionnelle qualité, «Le Japon des avant-gardes» qui durera jusqu'en mars en est une nouvelle preuve.

En tout cas, même si certains le critiquent, le Centre Georges Pompidou reste un pôle d'attraction culturel de première grandeur. Le seul danger qui le *guette* est l'*asphyxie* par manque de moyens, si le nouveau gouvernement continue à *raccourcir* son budget. Souhaitons que les festivités du 10e anniversaire *raviveront* la flamme apportée un jour par un président, passionné d'art et de culture, sur le plateau Beaubourg.

Sophie Bontemps: Le Centre Pompidou, dix ans après; in: Écoute 1/1987, S. 46

Questions

1. Quelle était la conception de Pompidou quand il décida de créer le Centre Beaubourg? Comment cette idée fut-elle réalisée?
2. Qui sont, d'après le texte, les utilisateurs du Centre Pompidou?
3. Est-ce que, 10 ans après sa création, le Centre Pompidou a rempli sa mission?
4. Comment imaginez-vous le musée idéal?

Solutions

1. La conception de Pompidou était de donner à Paris un Centre culturel qui soit en même temps musée et centre de création. Il voulait créer une institution apte à réduire les inégalités culturelles, c.-à-d. un centre présentant au grand public tous les aspects de la culture moderne que ce soit la peinture, la sculpture, la musique, le cinéma ou la littérature.
2. Pompidou pensait donc à un public très large, et la statistique des huit millions de visiteurs par an montre que cet objectif n'a été atteint que partiellement: parmi les visiteurs, il y a une nette prédominance masculine (63 %) et parisienne (75 %). Quant aux classes sociales, le Centre Pompidou attire surtout les inactifs (étudiants et élèves) et très peu de gens appartenant à la classe populaire.
3. Cette statistique démontre que le Centre Pompidou n'a pas rempli tout à fait sa mission initiale. De plus, la rumeur publique regrette que le Centre Pompidou se soit endormi un petit peu, qu'il ne présente pas assez d'expositions au public et qu'on n'y puisse voir que peu d'œuvres vraiment contemporaines. On critique aussi la façon de présenter les œuvres d'art, et on reproche au Centre Pompidou d'être assez élitiste. Mais il y a aussi des aspects positifs: la Biblio-

thèque avec ses 4 millions d'utilisateurs par an et les expositions temporaires qui attirent toujours un grand nombre de visiteurs.

4. Pour moi, le musée idéal devrait d'abord être transparent, il devrait offrir au visiteur la possibilité de s'y retrouver facilement. Il devrait présenter les objets d'une façon didactique et donner au visiteur le plus d'informations possible sur chaque objet. Et puis il devrait inciter le visiteur à réfléchir sur ce qu'il a vu, à chercher lui-même des informations supplémentaires et à développer une certaine activité créatrice.

Texte 78 – Orsay: de la gare au musée

Paris a perdu une gare et gagné un musée! Dans l' immense hall d'Orsay, le Musée du 19e siècle accueille des visiteurs venus du monde entier, depuis le 9 décembre dernier. Entre le Louvre et Beaubourg, les chefs d'œuvre de l'Impressionnisme occupent enfin une place digne de leur importance. Ironie du sort, Renoir et ses amis, qui firent scandale en leur temps, sont désormais à l'honneur dans une cathédrale de verre et de métal qui alimenta à «La Belle Epoque» de violentes polémiques.

Au fil des années, Orsay avait perdu la splendeur originelle. Des travaux considérables *s'avéraient* nécessaires. L'idée *germa* alors de restaurer la gare pour en faire un musée du 19e siècle. Car la culture avait souvent élu domicile à Orsay! La Compagnie Renaud-Barrault y avait donné ses spectacles. De 1976 à 1980, les commissaires-priseurs s'y étaient installés pendant que l'on contruisait le «Nouveau Drouot».

Après ces quelques flirts, le Président Giscard d'Estaing décida de *sceller* en 1977 une union durable entre Orsay et tous les arts du 19e siècle. Cette entreprise extrêmement ambitieuse, qui joint à la sculpture et à la peinture, les objets décoratifs, la photographie, l'architecture, l'urbanisme, le cinéma (à partir de 1895), la musique, la littérature et l'affiche, sera menée à son terme. Le Président Mitterrand poursuivra l'œuvre de Giscard et 132 milliards de centimes seront *débloqués* pour que «la Gare Saint Lazare»de Monet et ses fumées bleuâtres de locomotives *empanachent* avec les toiles les plus célèbres de l'école impressionniste les espaces aménagés par un trio d'architectes: Pierre Celboc, Renaud Bardan et Jean-Paul Philippar.

Le pari de la richesse et de la diversité a été tenu. Quatre mille œuvres sont sur les *cimaises* d'Orsay. Les Impressionnistes ont la part belle, à la «Galerie des Hauteurs», accessible par d'horribles escalators, aussi laids qu'à Beaubourg! Mais dans la Galerie, quel enchantement!

«La danse à la Ville» et «La danse à la campagne» de Renoir *irradient* leur joie de vivre, côte à côte. «Le Bal du Moulin de la Galette» resplendit, seul, sur un large mur. Mais Renoir n'est pas le mieux représenté à Orsay. Ses tableaux les plus renommés «la Grenouillère» et le «Déjeuner des canotiers» ont émigré à Stockholm et à Washington ...

Les «Meules» de Monet ne sont pas là non plus, ces toiles ayant été acquises par l'Art Institute of Chicago. Heureusement, les autres impressionnistes figurent avec leurs meilleures productions ...

Sisley est partout. Son «Inondation à Port-Marly», où la couleur de l'eau se confond avec la lumière grise des nuages a quitté le Musée du Jeu de Paume. Son «Canal du Loing» fait face aux «Jeunes filles au piano» de Renoir. Manet, qui était lui aussi mal exposé au Jeu de Paume débarque à Orsay de façon remarquable! Son «Olympia», vilipendée par la critique en 1863 trône avec son serviteur noir. Mais c'est Degas qui a été le mieux traité.

Ses pastels ont eu droit à une salle spécifique. Dans des vitrines les coulisses de l'Opéra livrent leurs secrets. Les danseuses ont des gestes d'une grâce infinie. Paul Valéry soulignait à juste titre: «Il les captive plutôt qu'il ne les *enjôle*. Il les définit.» Sa "Fin d'arabesque" et sa «Danseuse au bouquet» ont été peints sous des angles surprenants. «Degas a trouvé le moyen d'exprimer la maladie de nos contemporains: «le mouvement», disait admiratif Pierre Auguste Renoir.

Héritier de Degas, Toulouse-Lautrec,le peintre des *lupanars* et des *beuglants,* est *relégué* dans un couloir. Les Pissaro et les Cézanne s'étouffent. Les Gauguin et les toiles du Douanier Rousseau sont beaucoup trop *éparpillées*. Le visiteur se perd quelque peu sous l'effet de l'abondance. Ainsi Rousseau est-il accroché à la fois à la Galerie Bellechasse (au niveau supérieur) et au 1er étage.

Parmi cette multitude d'œuvres esposées à Orsay, les post-impressionnistes mais aussi les réalistes (Millet, Corot, et Courbet) qui étaient mal éclairés au Louvre, et les pompiers (les peintres «officiels» du 19e siècle) ont été mieux mis en valeur.Le pointillisme de Seurat et de Signac se profile dans la même galerie et le cheval blanc du «Cirque», réalisé par Seurat en 1891, surgit avec ses deux acrobates tout de jaune vêtus.

Orsay ne se limite pas cependant à la peinture. 700 sculptures ont été rassemblées. La plupart d'entre elles ont été dressées le long de l'allée centrale. Les conservateurs d'Orsay ont souhaité que Pradier, Rude, Carpeaux et

Barye, avec son «Napoléon», *balisent* le chemin, écartant dans une salle *les pastiches* les plus *délirants*.

Les arts décoratifs n'ont pas été *traités en parents pauvres*. Douze salles et deux tours leur sont consacrées. Le mobilieur *se taille* la part du lion, notamment les robustes acajous de Majorelle. Toute *une boiserie* de salle à manger sculptée par Alexandre Charpentier a été remontée! Dans la tour Guimard, le roi de l'Art Nouveau est fêté avec des éléments de corniches et de balcons.

Si les collections sont pauvres en céramique, en *orfèvrerie et en joaillerie*, Orsay a le mérite d'être le premier grand musée d'art national à s'intéresser à la photographie. Le Secq et Baldus sont mis à égalité avec les autres artistes. Tous les deux mois et demi, pour ne pas abîmer les originaux, l'accrochage sera renouvelé.

Le public devra se méfier des horaires (de 10 h 30 à 18 h, mais la fermeture commence dès 18 h 30) et tenir compte à l'entrée de la trop longue attente aux caisses ... A côté des collections permanentes, des expositions temporaires, comparables à celles du Grand-Palais et organisées avec d'autres institutions auront lieu à partir de l'automne 1987. «Chicago», en liaison avec l'Art Institute de Chicago et «Van Gogh à Paris» amorceront une série de manifestations qui empêcheront le Musée d'Orsay de s'endormir après avoir *amassé* un fabuleux trésor.

François Prasteau: Orsay: de la gare au musée; in: Écoute 3/1987, S. 14

Questions

1. Comment le musée d'Orsay est-il né et quelle est sa mission?
2. Le musée d'Orsay est appelé aussi «le musée du 19e siècle». Quels mouvements artistiques et quels artistes y trouve-t-on représentés?
3. Au musée d'Orsay on ne trouve pas seulement des tableaux. Quelle sorte d'objets y trouve-t-on également?
4. Relevez les quelques points de critique que l'auteur énonce dans ce texte.

Solutions

1. Le musée d'Orsay a d'abord été une gare. Quand celle-ci se dégrade de plus en plus, on a eu l'idée de la restaurer pour en faire un musée, idée d'autant plus logique que la gare d'Orsay avait déjà servi de salle de spectacle et de salle de ventes. C'est en 1977 que Giscard d'Estaing a décidé la transformation de la gare en un musée qui devrait présenter tous les arts du 19e siècle.

2. Le musée d'Orsay présente les principaux courants artistiques du 19e siècle tels que le réalisme représenté par Millet, Corot et Courbet, l'impressionnisme représenté par Renoir, Monet, Manet, Sisley et Degas, les pompiers et les post-impressionnistes comme Toulouse-Lautrec, Pissaro, Cèzanne, Gauguin ou les toiles naïves du Douanier Rousseau.
3. A côté de la peinture, on y trouve également des sculptures, des objets décoratifs, des photographies et des affiches ainsi que des documents concernant l'architecture, l'urbanisme, le cinéma, la musique et la littérature.
4. Le premier point de critique concerne l'abondance des objets exposés qui fait que le visiteur se perd quelque peu. S'y ajoute que Toulouse-Lautrec est relégué dans un couloir et que les tableaux de Pissaro et de Cézanne s'étouffent tandis que ceux de Gauguin et de Rousseau sont trop éparpillés. Le dernier point de critique concerne la céramique, l'orfèvrerie et la joallerie, arts qui ne sont représentés qu'assez incomplètement.

Texte 79 – Une «grande bibliothèque»: Une nécessité

L'ANNONCE faite mercredi à Paris à TF 1 par le chef de l'Etat de la création «de l'une des, ou de la plus grande et la plus moderne bibiothèque du monde» n'est pas une décision étonnante. Le goût de François Mitterrand pour la lecture et l'écriture est connu: n'a-t-il pas donné un statut privilégié au livre en choisissant cet objet pour son portrait officiel?

Cette décision répond de surcroît à une urgence: la situation de nombreuses bibliothèques universitaires, celle en particulier de la Bibliothèque nationale, exigent une initiative. Pour la conservation du patrimoine, le prix inestimable de la trace écrite de l'histoire de l'humanité – dont on peut parfaitement saisir l'immensité en se rendant à l'exposition «La mémoire des siècles» à l'église Saint-Paul à Strasbourg – pour la transmission du savoir et sa facilité d'accès.

En dévoilant ce projet dans l'esprit des «grands travaux» du nouveau septennat, Francois Mitterrand n'est pas entré dans les détails. Mais on peut penser qu'il s'agit d'un projet de grande ambition: le président de la République a fait référence à la future (nouvelle) «bibliothèque d'Alexandria» et, plus proche, à celle de Londres, la fameuse British Library, qui sera entièrement rénovée en 1993. Ces deux réalisations sont de très grande envergure et constituent des atouts pour tous les chercheurs.

12 millions de volumes

En France, les manuscrits et les livres sont conservés à la Bibliothèque nationale: douze millions de volumes. Mais l'institution souffre d'exiguité, menace d'être asphyxiée. André Miquel, qui en était l'administrateur général, n'avait pas fait mystère de son angoisse en quittant sa fonction il y a un an. Emmanuel Le Roy-Ladurie, qui lui a succédé en octobre dernier, a placé immédiatement ce point en tête des ses préoccupations. Il en avait notamment parlé dans une interview DNA en envisageant la création d'une «Nationale bis» dans les environs de Paris. Il semble que cette idée soit désormais caduque: le projet effleuré par François Mitterrand ne fait pas allusion au seul problème de la conservation des volumes.Il s'agirait d'un «centre du savoir» relié aux grandes bibliothèques, notamment européennes, pour devenir «un instrument de travail et de recherche qui sera incomparable». On peut rapprocher ce propos du président de la République de l'idée exprimée voilà trois ans par M. André Miquel d'un projet de bibliothèque européenne, qui serait l'aboutissement d'un vaste réseau.

Les archives de la Bastille

Une telle réalisation – qui serait concrétisée dans quatre ou cinq ans – mettrait la France aux premières places des bibliothèques mondiales, «titres» tenus par les Etats-Unis et l'Union soviétique. 25 millions de volumes à la Bibliothèques Lénine ... Des ouvrages incomparables (les livres personnels de Voltaire, les archives de la Bastille ...) à Léningrad. A Washington, on cite bien sûr la Bibliothèque du Congès, mais il y a aussi celle de Harvard, riche de 10 millions de volumes, l'équivalent de la Bibliothèque de Pékin.

Il faudra donc attendre un peu pour avoir plus de lumières sur cette réalisation qui répond effectivement à une nécessité, pour le passé et l'avenir.

Questions

1. Pourquoi F. Mitterrand veut-il créer cette nouvelle bibliothèque?
2. Pourquoi, d'après l'auteur, une telle bibliothèque est-elle nécessaire?
3. Quelle sera, d'après Mitterrand, la mission de cette bibliothèque?
4. Pensez-vous qu'à l'ère des média audio-visuels une bibliothèque soit encore une institution utile?

Solutions

1. François Mitterrand veut créer cette bibliothèque pour différentes raisons:
   – Mitterrand est un grand amateur de livres
   – La Bibliothèque nationale souffre d'exiguïté et d'asphyxie
   – Les bibliothèques universitaires ne suffisent plus pour conserver le patrimoine que représentent les livres
   – Mitterrand veut mettre la Franc aux premières places des bibliothèques mondiales
2. L'auteur pense qu'une telle bibliothèque est une nécessité pour le passé et l'avenir. «Pour le passé» signifie qu'une telle bibliothèque remplit la fonction de conserver le patrimoine littéraire de la France, «pour l'avenir» signifie qu'elle peut devenir un instrument de travail et de recherche dans une Europe unie.
3. D'après Mitterrand, cette bibliothèque aura comme mission de conserver les manuscripts et les livres qui constituent le patrimoine littéraire de la France, de servir d'instrument de travail et de recherche aux savants et étudiants de l'Europe entière et de rivaliser avec les grandes bibliothèques en URSS et en Angleterre.
4. Je pense que, même à l'ère des média audio-visuels, une grande bibliothèque est une institution très utile parce qu'elle témoigne du riche passé littéraire d'un pays. De plus, je crois que les média audio-visuels ne peuvent pas remplacer les livres, ils peuvent tout au plus les compléter. Les livres contiennent la somme des connaissances d'un peuple cultivé, et très souvent, ce sont de vraies œuvres d'art, surtout les manuscripts anciens et les incunables illustrés.

4 Les rapports entre les Français et leur langue

4.1 Avant-propos

Welche Hochachtung hat doch der Franzose vor der Sprache!
«Il a trouvé ce mot ...» Das Wort war vorher da, der Autor hat es nur gefunden. (Kurt Tucholsky)
Ce qui n'est pas clair n'est pas français. (Rivarol)
La langue française est une femme. Et cette femme est si belle, si fière, si modeste, si hardie, si touchante, si voluptueuse, si chaste, si noble, si familière, si folle, si sage, qu'on l'aime de toute son âme, et qu'on n'est jamais tenté de lui être infidèle. (Anatole France)

La langue française est une noble gueuse, et elle ne souffre pas qu'on l'enrichisse malgré elle. (Marcel Prévost)

4.2 Evolution historique de la langue française

La langue française fait partie de la grande famille des langues indoeuropéennes. Comme l'italien ou l'espagnol elle compte parmi les langues romanes, qui sont les filles du latin, ou plus précisément du latin vulgaire, c.-à-d. de la langue des soldats, commerçants et colons qui, au cours de la conquête de la Gaule par Jules César entre 58 et 50 av. J.-Chr. ont romanisé le territoire des Gaulois celtiques. La langue celtique parlée par les Gaulois, le gaulois, s'éteignit dans les cinq siècles qui suivirent la conquête de la Gaule par les Romains et ne survécut que dans des noms géographiques, dans quelques mots du domaine agricole et dans le système arithmétique (quatre-vingt etc). A part ce substrat celtique dans la langue française, une langue celtique s'est maintenue jusqu'à aujourd'hui, à savoir le breton qui est parlé encore de nos jours par une minorité en Bretagne.

Dès le 3e siècle ap. J.-Chr., des tribus franques envahirent périodiquement la Gaule, et vers 500, le roi franc Clovis devint le maître de la France septentrionale. Les Francs n'ont pas seulement donné son nom à la France, ils ont apporté aussi un grand nombre de mots (le superstrat germanique) et ils ont influencé la phonétique et la syntaxe du français.

L'influence germanique se limite cependant à la France du Nord; au sud de la Loire, surtout dans la Provincia nostra (Provence) qui fut romanisée avant Jules César, se développa la langue d'oc (le provençal, l'occitan) qui, au moyen-âge, fut parlée parallèlement à la langue d'oil, parlée au nord de la Loire. La langue d'oc qui fit fleurir la poésie lyrique des troubadours et qui vécut au 19e siècle une renaissance grâce au poète Frédéric Mistral et au Félibrige, est revalorisée aujourd'hui dans le cadre de la régionalisation, comme c'est le cas pour les autres langues minoritaires telles que le breton, le corse, le catalan, le flamand ou l'alsacien.

La langue d'oil, parlée dans la France du Nord, était composée à l'origine de plusieurs dialectes équivalents (le normand, le picard, le francien). Plus tard, avec l'affirmation du pouvoir royal, le dialecte de l'Ile-de-France, le francien, devint prédominant, et c'est au 14e siècle qu'il fit reculer les autres dialectes, y compris la langue d'oc.

Le français du moyen-âge est appelé l'ancien français. Les premiers écrits rédigés dans cette langue sont les Serments de Strasbourg (842 ap. J.-Chr.). Mais ce n'est qu'en 1100 que commença, avec la Chanson de Roland, la véritable littérature de

l'ancien français, qui connut son apogée aux 12e et 13e siècles avec le Roman de la Rose, les romans courtois de Chrétien de Troyes et la poésie lyrique des trouvères qui remonte à celle des troubadours provençaux.
A partir du 14e siècle, l'ancien français subit des changements profonds, p.ex. l'abandon du système des déclinaisons, ce qui mena à la naissance du moyen français. Les écrivains les plus importants de cette époque sont François Villon, François Rabelais et Michel de Montaigne.
Au 16e siècle, sept poètes, dont Ronsard et Du Bellay, créèrent la Pléiade qui avait comme but d'anoblir la langue et la littérature françaises, ce que Joachim Du Bellay entreprit dans son écrit "Défense et Illustration de la langue française" (1549).
Son œuvre fut continuée au début du 17e siècle par François de Malherbe et , depuis 1635, par les travaux de l'Académie française.
Un de ses membres, le grammairien Vaugelas, rédigea en 1647 ses «Remarques sur la langue française» dont Molière se moqua dans ses «Femmes savantes».
Au cours du 17e siècle, la langue française fut de plus en plus soumise à des règles bien déterminées, ce qui mena à la naissance de la littérature classique (Corneille, Racine, Molière, La Fontaine) dont les principes se trouvent dans L'Art poétique de Nicolas Boileau (1694).
En 1713, l'Académie française chercha une nouvelle occupation après l'achèvement du Dictionnaire. Fénelon proposa dans sa «Lettre à l'Académie» un «projet d'enrichir la langue» qui, par la faute des puristes, était devenue quelque peu anémique. C'est pourquoi Fénelon conseilla d'emprunter des mots aux langues étrangères et de créer des mots nouveaux (néologismes).
Au 18e siècle, le français était devenu la langue des gens cultivés et de la bonne société partout en Europe. Frédéric le Grand p.ex. ne s'exprimait qu'en français, et il est caractéristique pour cette époque que la Berliner Akademie organisa en 1783 un concours dont les questions formulées en français étaient les suivantes:

– Qu'est-ce qui a rendu la langue française universelle?
– Pourquoi mérite-t-elle cette prérogative?
– Est-il à présumer qu'elle la conserve?

C'est Antoine de Rivarol qui eut le premier prix pour son «Discours sur l'universalité de la langue française» dans lequel il expliqua le rôle prédominant du français par sa clarté qui, à son tour, est expliquée par la construction logique de la phrase française (sujet – verbe – complément), contrairement aux «langues à inversion» comme le grec, le latin ou l'allemand. «Ce qui n'est pas clair n'est pas français» est une affirmation que chaque Français cite encore aujourd'hui en l'honneur de sa langue.

Au 19e siècle, le français perdit sa place prédominante en Europe tout en gagnant une influence mondiale grâce à la politique coloniale de la France (cf. le chapitre suivant sur la Francophonie).

Les romantiques, parmi lesquels il faut nommer surtout Victor Hugo, essayèrent de libérer la langue française de sa rigidité et de la rendre plus populaire. Cet effort fut continué par les réalistes et les naturalistes qui firent entrer dans la littérature un nombre toujours croissant de mots populaires ou même argotiques.

Le 20e siècle est caractérisé par ce qu'on appelle «la crise du français». De plus en plus d'écrivains déplorent la décadence de la langue littéraire classique sous l'influence des langues techniques, de l'anglais et de l'argot. D'autre part, beaucoup d'auteurs modernes écrivent dans uns style sciemment anti-classique comme p.ex. Céline, Queneau ou des auteurs-compositeurs-interprètes comme Ferré, Brassens, Pierre Perret ou Renaud.

Par la crise du français on entend donc la décadence de la langue française sous l'influence de la civilisation moderne. André Siegfried, membre de l'Académie française, énumère dans sa conférence «La langue française et les conditions de la vie moderne» (1955) les points suivants qui, d'après lui, sont responsables de cette décadence:

- la révolution industrielle
- l'âge de la vitesse et le manque de temps
- la civilisation auditive et visuelle (le téléphone, la radio, la télévision, le cinéma)
- le déchaînement quantitatif d'informations
- la naissance de nouvelles techniques fondées sur la machine exigeant des instruments d'expressions nouvelles (le franglais)
- la spécialisation qui entraîne la naissance d'un vocabulaire spécial
- le journalisme et la publicité

C'est surtout l'influence toujours croissante de l'anglais et de l'américain qui, depuis la parution du livre d'Etiemble «Parlez-vous franglais?» (1964), est citée comme principale responsable de cette évolution par les défenseurs de la langue. Qu'il existe de tels défenseurs prouve que les Français sont conscients du danger et qu'ils prennent à coeur la défense de leur langue.

On ne s'étonnera donc pas de trouver dans presque tous les journaux des coins linguistiques où le lecteur peut donner son opinion sur les problèmes de la langue. De plus, il existe en France un grand nombre de revues spécialisées qui

s'occupent des questions soulevées par l'évolution de la langue française, comme p.ex. «Le Français moderne» ou «Vie et Langage».
En outre, on trouve en France plus de 250 associations dont l'objectif est la défense de la langue et sa propagation dans le monde, comme p.ex. «La Fondation pour la langue française» ou «Le Haut Comité de la langue française».
Combien le Français moyen s'intéresse à sa langue est prouvé par la grande popularité dont jouissent des jeux comme Scrabble ou Les chiffres et les lettres, ou la rubrique Dingbats dans le Figaro-Magazine. Encore plus instructif est la grande participation de Français aux Championnats d'orthographe dont le couronnement est la dictée finale lue à Paris par Bernard Pivot et diffusée dans la France entière par la radio et la télévision. Un autre signe de l'intérêt que les Français portent à leur langue est le succès qu'avait l'année passée une exposition au Centre Beaubourg, intitulée «Parlez-vous français?» dans laquelle on pouvait s'informer sur l'histoire de la langue française et la situation de la francophonie et qui, d'après le ministre de la culture, François Léotard, devrait être transformée en un «Musée de la langue française».

Texte 80 – Ma patrie, la langue française

Aux heures noires de la défaite, quand chaque Français, devant l'étendue du désastre, se demandait si toute la France n'était pas responsable d'un malheur sans exemple, j'ai débarqué un soir, allant de Clermont à Bordeaux, dans la bibliothèque d'un petit château corrézien. C'est un petit château dont les propriétaires sans doute étaient de longtemps cultivés. Tous s'y trouvaient, de Joinville à Claudel, et les plus jeunes. Cette vue me tranquillisa. «Ceux-là n'ont pas été vaincus.»

En ce temps-là, il semblait que la ruine fût définitive. La guerre se prolongeât-elle et la fortune des armes dût-elle changer de camp, la France était exclue de la victoire, elle avait perdu sa grandeur, son droit à la grandeur, son souhait même de grandeur. Elle quittait le premier rang; quel que fût le vainqueur, il ne lui était laissé le choix qu'entre l'esclavage et la honte.

C'était compter sans le miracle de l'esprit. Dans cette bibliothèque, le génie de la langue veillait. Le flot d'une armée en déroute, d'un peuple en fuite roulait entre des rives intactes. A la même heure où, un instant, la France abandonnait la lutte, à Rio, à Harvard, à Québec, à Stockholm, à Lausanne, la voix inaltérée d'Auguste Comte, de Montaigne, de Rimbaud, de La Bruyère, de Marcel Proust, de Hugo continuait de faire entendre le message victorieux de l'intelligence et de la poésie à des orreilles plus attentives que jamais, à des esprits plus concentrés, à des cœurs qui battaient plus fort.

Devant ce pays sans défense, livré à un conquérant impitoyable, ce pays humilié, bientôt dépouillé, dépecé, vidé de ses hommes et de ses biens, qui allait perdre ses frontières et sa devise et cesser d'être souverain et cesser d'être gouverné, je voyais, immortelle, rayonnante et diverse, l'image même de la Patrie: ma Patrie, c'est la langue française.

La langue la plus belle et plus féconde en chefs-d'œuvre meurt avec la nation qui l'a forgée. Or, la France est vivante. On le sait maintenant. Après avoir étonné le monde par sa défaite, elle l'a étonné par son refus de l'accepter. On ne la croyait pas si vivace. Que dis-je? La voilà, et toute rajeunie. Trahie ou accablée par toutes les forces matérielles, elle est sauvée par l'esprit. Grâce à l'esprit qui, d'un peuple d'abord résigné, a fait un peuple retrempé, la plus grande catastrophe de son histoire n'est plus que son pire épisode. Et le malheur qui devait la détruire a renouvelé sa vertu. Pour qu'elle retrouve sa grandeur, tout reste à faire: tout, désormais, peut être fait. Car elle a retrouvé la foi.

A cette France pratiquement rayée de la carte d'Europe, exclue du conseil des nations, il ne reste, pour reconquérir sa place, que sa voix: c'est-à-dire ceux qui parlent son langage et ceux qui l'entendent; qu'on y songe: c'est tout l'univers.

Dans la grande confusion où nous voilà, le monde a plus que jamais besoin de la France, de l'esprit français, de parler la langue de la France, d'entendre son langage. Car l'enjeu de cette guerre et de cette vaste révolution dont la guerre n'est qu'une crise aiguë et un sanglant aspect, c'est la condition humaine et le destin de l'homme.

Louis Martin-Chauffier: Domaine Français (1943); in: Etudes françaises, Prosalesebuch, Stuttgart, S. 172

Questions

1. Comment l'auteur décrit-il la situation historique de la France à l'heure de la défaite?
2. Qu'est-ce que l'auteur entend par «le miracle de l'esprit»? Que signifie ici le mot «esprit» et de quel miracle s'agit-il?
3. Après la défaite de l'Allemagne, on a parlé du «miracle économique» (Wirtschaftswunder) en RFA. Est-ce que, d'après vous, la RFA a connu également un équivalent du «miracle de l'esprit»?

Solutions

1. A l'heure de la défaite, la France se trouvait devant un désastre, devant la ruine définitive. Elle était sans espoir, elle n'avait que le choix entre l'esclavage et la honte, elle avait perdu sa grandeur.
2. Par «le miracle de l'esprit» l'auteur entend que la France, malgré sa défaite militaire, est restée vivante, qu'elle a été sauvée par l'esprit et qu'elle a retrouvé sa foi en l'avenir grâce à sa langue et sa tradition littéraire.
3. En 1945, l'Allemagne se trouvait dans une situation semblable à celle de la France en 1941: elle était vaincue et occupée par les vainqueurs, elle avait perdu sa souveraineté et sa grandeur. Mais tandis que la France a retrouvé sa grandeur grâce au miracle de l'esprit, l'Allemagne l'a retrouvée plutôt grâce au miracle économique. Je ne crois pas qu'on puisse parler en Allemagne d'un miracle de l'esprit, et cela pour les raisons suivantes:
   - la langue et la littérature n'ont jamais joué le même rôle qu'en France
   - la langue et la littérature allemandes se sont souvent mises au service de l'idéologie nazie, elles ont été corrompues par ceux qui l'ont utilisées à des fins de propagande nazie.
   - les meilleurs écrivains sont morts dans les camps de concentration ou ont dû s'exiler
   - après la défaite, l 'Allemagne a été divisée en deux états, ce qui n'a pas facilité un renouveau de la littérature
   - en RFA, le Groupe 47 a essayé de profiter de l'heure zéro pour déclencher un nouveau départ, mais cette tentative n'a pas toujours trouvé un écho positif chez les hommes politiques et dans la population.

Texte 81 – Le français – miroir des Français

Entretien conduit par Sophie Lannes et Hortense Chabrier avec Alain Fantapié, qui enseigne la linguistique française à Paris III, publié dans L'Express *du 4 avril 1986 (première partie, légèrement abrégée).*

L'Express: Vous êtes un observateur du langage. Que vous raconte-t-il sur l'évolution de notre société?

Alain Fantapié: La langue d'une communauté, c'est, en quelque sorte, un miroir qu'elle se tend. C'est son reflet très fidèle. Observer dans les pratiques quotidiennes comment la français évolue, c'est saisir dans l'une de leurs manifestations concrètes des changements de notre société. Dresser, au hasard, une liste de mots nouveaux du langage courant, c'est constater en un coup d'œil qu'en dix ans nous avons changé de civilisation: bébés éprouvettes, rosiers clonés, stimulateurs cardiaques, cartes à mémoire, vidéodisques. C'est aussi percevoir nos modes, nos mythes, nos rêves – body-building, jogging – l'empreinte de la publicité sur nos mentalités, sa pénétration dans nos mœurs politiques. La manière dont les jeunes s'expriment – gerber, flipper, s'éclater – révèle une attitude nouvelle face aux problèmes de la vie. Ecouter les mots des jeunes, c'est déjà commencer à les comprendre. Très révélateur, aussi, le choix de mots édulcorants, qui a marqué notre société depuis une douzaine d'années ...

L'Express: Il n'y a plus de sourds, il n'y a plus que des malentendants...

Alain Fantapié: Ou, plus grave, des non-entendants. Plus d'aveugles, mais des malvoyants et des non-voyants. Plus de vieillards, mais on entre dans le troisième âge. Plus de pays sous-développés, mais des pays en voie de développement, terme qui est une contre-vérité! Peut-être ces euphémismes correspondent-ils aussi à de la pudeur, comme lorsqu'on dit: «il n'est plus» pour «il est mort».

Tout récemment, le discours politique a réservé un sort au mot cohabitation. Quoi de plus rassurant, quoi de plus vide aussi? Les mots qui appartiennent autant au social qu'au politique sont volontiers vagues et vides, avec des contours mal définis. Il y a l'espace, employé à tout propos. On parlera d'un espace culturel, d'un espace de liberté, de l'espace francophone. On vend des espaces de loisir. La vogue est d'autant plus forte qu'espace appelle l'idée d'absence de contraintes, d'évasion.

L'Express: L'évolution d'une langue se limite-t-elle à l'introduction de mots nouveaux?

Alain Fantapié: Non, pas seulement. Ce qui est révélateur, c'est l'évolution du langage sous toutes ses formes; les mots bougent, mais aussi leur prononciation, la syntaxe, le style. Le changement dans les mots ou dans le sens des mots, c'est très parlant parce qu'ils sont liés à des images, à des concepts, donc à des réalités nouvelles. Le changement dans nos intonations, dans notre façon d'articuler, de faire ou de ne pas faire les liaisons est beaucoup moins évident, mais il est très considérable. Il suffit de revoir des films tournés il y a trente ans pour le percevoir. Des pratiques syntaxiques on peut plus clairement tirer des enseignements, mais elles correspondent à un phénomène très lent et continu, Il y a un moment où on emploie de moins en moins souvent une forme, les passé simple, par exemple, et de plus en plus une autre, commme le passé composé. On peut avoir un certain temps le sentiment que la nouvelle forme n'est pas «normale», y résister plus ou moins consciemment, jusqu'au moment où on s'y habitue. Sauf aux observateurs attentifs, l'évolution de la syntaxe apparaît peu. Avec les mots nouveaux, c'est différent. Quand un mot est vraiment nouveau, a une forme totalement inhabituelle, c'est comme une claque. Le mot *beur,* par exemple, les *puces* et les *souris* de l'informatique ou encore le *disco.*

L'Express: Quelle est l'ampleur du phénomène?

Alain Fantapié: Elle est considérable. La langue doit s'adapter pour faire face aux nouveaux besoins de la communication. Répondre à l'explosion des sciences et des techniques, à l'apparition de nouveaux concepts. Aujourd'hui, il n'y a plus dans le langage de domaine réservé: la télématique, les logiciels, la bioéthique, les tucistes, le Sida, la punkitude sont entrés dans le domaine public. Mais l'étude des mots nouveaux ne s'arrête pas là. Il faut tenir compte de tous les mots anciens qui s'investissent de valeurs nouvelles pour rendre compte de concepts en évolution. Le mot navette fait aujourd'hui penser à un engin spatial, hier à un autobus, avant-hier à un tisserand. Quantitativement, ces mots et ces emplois nouveaux sont impossibles à chiffrer. On ne peut donner qu'un ordre de grandeur: plusieurs milliers chaque année. Les dictionnaires, tout particulièrement le premier dictionnaire de l'Académie de 1694, nous incitent à prendre les mots pour des unités stables, dont on peut, avec prudence, accroître le nombre. C'est rassurant, mais la réalité est tout autre.

Questions

1. De quels phénomènes linguistiques Alain Fantapié parle-t-il?
2. Qu'est-ce qu'on entend par des «mots édulcorants» ou «euphémismes»? Pourquoi peut-on dire qu'ils sont révélateurs? Est-ce que la langue allemande en connaît aussi?
3. Que dit Alain Fontapié sur les mots nouveaux ou néologismes?
4. Commentez le titre donné à cet entretien: le français – miroir des Français

Solutions

1. L'auteur parle de l'évolution de la langue, des changements qui s'y produisent et qui sont le reflet des changements dans la société. Ces changements se concrétisent surtout dans la création de mot nouveaux (néologismes). Il parle également des mots édulcorants (eupémismes). Mais l'évolution de la langue concerne aussi la prononciation, la syntaxe, la sémantique et le style.
2. Les mots édulcorants ou euphémismes sont des mots qui servent à nommer une réalité gênante d'une façon rassurante. Ces euphémismes sont révélateurs parce qu'ils montrent quels secteurs de la réalité sont considérés comme tabous. Ils révèlent les angoisses d'une société, p.ex. la peur de la mort ou les inégalités sociales, domaines de la réalité qui connaissent un grand nombre d'euphémismes. Au lieu de dire «il est mort», on dit «il n'est plus», et au lieu de parler de «pauvres», on parle «d'économiquement faibles».

   Les euphémismes ne sont pas une spécialité de la langue française, en allemand aussi on en trouve un grand nombre, et le plus souvent dans les mêmes domaines qu'en France. Au lieu de dire «er ist gestorben», on dit «er ist von uns gegangen», et au lieu de parler de «Armut», on parle de «wirtschaftliche Notlage».

   De même, les travailleurs immigrés sont appelés chez nous «Gastarbeiter», une femme un peu grosse est appelée «vollschlank», et les vieux ont droit à l'appellation «Senioren».
3. Les mots nouveaux ou néologismes désignent des modes, des idées, des techniques ou des objets nouveaux ou ils révèlent une nouvelle attitute vis-à-vis des problèmes de tous les jours. Si la langue est le miroir de la société, les mots nouveaux reflètent les changements qui se produisent dans le monde et dans la conception du monde par les hommes. Cela est vrai aussi pour les changements sémantiques: un mot qui a existé depuis toujours change de sens pour désigner une nouvelle réalité, p.ex. le mot «navette» designait à l'origine

une partie du métier à tisser et désigne aujourd'hui une sorte de vaisseau spatial.

4. Le titre «Le français – miroir des Français» veut dire que la langue française donne une image réaliste de la société française et des rêves, mais aussi des angoisses de chaque Français.

Texte 82 – Le combat pour le français

Qu'on le veuille ou non, les éditoriaux du «Monde» sont souvent considérés, à l'étranger notamment, comme exprimant la voix de la France. Ainsi, écrire en première page que l'Europe «a besoin d'un outil minimum de communication qui ne peut être que l'anglais», langue désignée plus loin comme la «lingua franca du monde moderne», malgré les *précautions* contradictoires prises pour rappeler qu'«il faut se battre pour le français», revient à *accréditer* l'idée que la France pourrait renoncer à la vocation internationale de sa langue.

Certes, il ne s'agit pas de nier les réalités qui mettent en évidence le rôle éminent de l'anglais dans le monde. Mais la réalité du monde moderne est profondément contrastée et laisse sa place à chacune des grandes langues de culture et de communication, au premier rang desquelles le français tient une fonction que M. Perez de Cuellar, Secrétaire général des Nations unies, qualifie d'irremplaçable pour la communauté internationale tout entière.

A ce titre, le combat pour le français, langue de communication internationale, s'identifie largement à l'action menée avec *persévérance* par notre pays en faveur de la *sauvegarde* des identités nationales et culturelles, consubstantielles à la mémoire et à l'âme des peuples qui refusent de *revêtir* le manteau d'uniformité que la langue anglaise, inévitablement, *traîne à sa suite*.

Toutes ces idées, et quelques autres, aussi fortes, et pourtant déjà injustement *dénigrées,* furent développées dans un article prophétique d'Alfred Sauvy publié dans «le Monde» du 8 juin 1971 sous le titre: «La *servitude* culturelle est plus humiliante que la servitude économique».

Les sommets francophones de Paris (1986) puis de Québec (1987), dans l'attente de celui de Dakar (1989), ont manifesté avec éclat que la langue française n'appartenait pas à la France seule. Elle est la langue dont usent chaque jour pour s'exprimer 130 millions d'hommes environ, 70 millions supplémentaires s'en servant d'ordinaire comme d'un moyen pour communiquer avec le monde. Elle est l'une des deux langues de travail des Nations unies et elle est l'une des langues officielles dont l'usage diplomatique est en progression. C'est *au moins autant* parce que le français a pour vocation d'exprimer un certain idéal de fraternité dont le sport est l'une des manifestations privilégiées *que* par respect des *dispositions* de la charte de l'olympisme rénové par le baron de Coubertin, que l'ouverture des Jeux de Calgary a été proclamée en français, de même qu'était prononcé en français, par un athlète, le *serment* rituel. La France, unie à tous ses partenaires de la francophonie, veille à ce qu'il soit fait usage de notre langue à Séoul, dans les mêmes conditions, ainsi que pour l'annonce des résultats des diverses épreuves olympiques.

Outrecuidance? Inconscience? Plutôt juste affirmation de soi reposant sur une ancienne et longue tradition que continue de servir le réseau *serré* et efficace des postes et établissements culturels français présents partout dans le monde; conscience aussi des exigences actuelles d'un combat qui nous rend *comptables* d'intérêts plus vastes que celui de notre propre cause puisque c'est de la sauvegarde du dialogue des cultures qu'il s'agit.

L'éditorial du "Monde" insiste justement sur la nécessité pour nous, Français, de mieux parler notre langue et d'apprendre les langues étrangères. C'est ce que je n'ai cessé de répéter depuis ma prise de fonctions. Mais trop souvent cette invitation est entendue, exclusivement, comme un appel *en faveur de l'anglais,* alors que nous avons le devoir, au moins aussi pressant, d'apprendre la langue de nos autres partenaires, l'italien, l'espagnol, l'allemand.

Alors que nous sommes engagés avec l'Allemagne fédérale dans une coopération exemplaire, notamment depuis le traité de l'Elysée de 1963 dont les deux pays viennent de *commémorer* l'événement *fondateur,* il n'est pas admissible que l'anglais serve le plus souvent de *truchement* entre Français et Allemands. C'est pourquoi il est indispensable de former, des deux côtés du Rhin, le plus grand nombre possible de bilingues pour permettre à nos hommes d'affaires, nos fonctionnaires, nos ingénieurs, nos commerçants, nos soldats aussi, engagés dans des manœuvres communes, *affectés* demain dans une brigade intégrée, de se comprendre et de s'entendre dans la langue du partenaire, Pendant des *décennies* on a appris, pour *parer* à toute éventualité, la langue de l'adversaire; il serait inconcevable que l'on ignore aujourd'hui la langue de l'ami.

Ce raisonnement ne vaut pas pour l'Allemagne seulement. Grâce à la réciprocité qu'on peut attendre de semblables efforts, devraient s'instaurer les conditions de relations croisées et mieux *équilibrées* entre les diverses langues européennes, ce qui permettra d'interrompre le glissement apparemment *irréversible* vers le bilinguisme, lequel établit la *suprématie* de l'anglais!

Questions

1. Pourquoi ce combat pour le français est-il nécessaire?
2. Comment doit-il être mené?
3. Quel est le but de ce combat?

Solutions

1. Ce combat est nécessaire pour défendre le français contre la suprématie de l'anglais, pour sauvegarder l'identité nationale de la France et pour éviter sa servitude culturelle.
2. Pour conserver au français són rôle dans les affaires internationales, il faut d'abord que les Français le parlent mieux, mais aussi qu'ils apprennent des langues étrangères, surtout celles de leurs voisins et amis. C'est ainsi qu'on peut éviter le bilinguisme français-anglais qui est la cause de la prédominance de l'anglais dans le monde.
3. Le but de ce combat est d'assurer au français son rôle de langue de communication internationale, de perpétuer sa vocation qui est celle d'exprimer un certain idéal de fraternité, de renforcer l'idée de la francophonie, de préparer les Français aux exigences du marché européen et surtout de diminuer la suprématie de l'anglais.

Texte 83 – Principes nouveaux pour l'enseignement du français

A une heure où le monde se transforme avec une vitesse prodigieuse, trop de Français vivent sur des concepts périmés en ce qui concerne la diffusion de leur langue. Ils s'imaginent qu'elle jouit d'une primauté unanimement reconnue, que l'univers cultivé lui aurait conférée pour prix de ses qualités de clarté et de finesse. Ils se croient donc en droit d'exiger de l'étranger qui veut l'apprendre un effort particulier: il doit s'assimiler toutes les subtilités de la grammaire, toutes les finesses de son vocabulaire. S'il ne le fait pas, tant pis pour lui! il n'était pas digne de l'apprendre.

De plus, il est bien entendu que cet effort doit être gratuit, s'accomplir non pour de misérables fins pratiques, mais pour l'acquisition de la clé qui ouvre l'accès de toute culture digne de ce nom. Pouvoir lire les grands écrivains français dans le texte, comprendre une pièce française ou une conférence donnée en français par un écrivain éminent, voilà la récompense suprême à laquelle on peut aspirer. Mais est-il besoin de parler d'une récompense quand le monde entier aspire à apprendre notre langue, à faire joyeusement l'effort ardu qui lui est demandé?

On pourra croire que nous caricaturons à plaisir. Point du tout. Ces idées, nous les avons entendues dans les propos publics, nous les avons lues dans des articles signés de noms illustres. Nous sommes prêts d'ailleurs à reconnaître la grandeur de cette conception orgueilleuse.

Le malheur est qu'elle est périmée. Le monde où nous vivons n'est plus l'Europe du XVIIIe siècle, où une petite élite mondaine régissait la vie intellectuelle (la seule qui comptât). Il n'est même plus l'Europe du XIXe siècle où l'aristocratie de quelques pays préférait le français à sa langue maternelle. Partout la langue nationale a triomphé. En même temps le monde s'est élargi dans toutes les dimensions: l'Europe a perdu son hégémonie; la culture a cessé d'être le privilège d'une classe sociale peu nombreuse, elle se répand dans des masses innombrables; la vie économique, les techniques se sont taillé une place à côté de la culture traditionnelle.

Dans ce monde nouveau la langue française a gardé d'immenses possibilités, mais sa diffusion doit être adaptée à l'état de choses actuel. Le monde ne redeviendra plus ce qu'il était jadis. Au lieu de s'attarder à poursuivre des rêves, il faut regarder le présent et, dans la mesure du possible, l'avenir.

La diffusion du français à l'étranger doit viser une clientèle singulièrement plus large, plus avide de résultats pratiques. Dans cette clientèle les techniciens de tout ordre occupent une place éminente: bon nombre d'entre eux son appelés à faire des stages dans nos installations industrielles. Ne serait-ce pas une politique absurde que de chercher à répandre à l'échelle mondiale les créations de l'industrie française et de ne rien faire pour faciliter les relations humaines qui conditionnent les rapports techniques et économiques? Allons-nous rebuter ces hommes, leur refuser le *dignus es intrare* parce que les subtilités de l'accord des participes ne les intéressent pas, parce qu'ils veulent apprendre vite, sans s'attarder aux finesses grammaticales? Il va sans dire que nous n'excluons nullement de nos objectifs la culture littéraire et artistique. Mais cette forme de culture ne sera pas la seule.

On se trouve ainsi amené à mettre au premier plan la notion d'*efficacité*.

Georges Gougenheim: «Principes nouveaux pour l'enseignement du française»; dans: Esprit, novembre 1962

Questions

1. Quelle est, d'après l'auteur, l'opinion d'une majorité des Français en ce qui concerne leur langue?
2. Pourquoi, selon l'auteur, cette opinion est-elle périmée?
3. Quelle est, d'après Gougenheim, la place du français dans le monde d'aujourd'hui?
4. D'après quels principes la diffusion du français à l'étranger doit-elle être pratiquée?

Solutions

1. D'après l'auteur, trop de Français ont une idée périmée quant à la diffusion de leur langue. Ils croient toujours que le français occupe une place privilégiée dans le monde, qu'il est parlé et apprécié par tous les gens cultivés et qu'on peut donc exiger des étrangers d'en apprendre toutes les finesses. Les Français sont toujours persuadés de la grandeur de leur langue, de sa beauté exceptionnelle et de sa mission culturelle.
2. Gougenheim est d'avis que cette idée n'est plus valable. Aujourd'hui, le français n'est plus la langue d'une élite mondaine, il a perdu son rôle de moyen d'expression des intellectuels, et cela pour plusieurs raisons:
   – partout les langues nationales ont triomphé
   – l'Europe a perdu son hégémonie dans le monde
   – la culture n'est plus le privilège d'une élite sociale
   – la culture traditionnelle a cédé la place à la vie économique et technique
3. Selon l'auteur, la place du français dans le monde actuel est dans les domaines technique et économique et moins dans la culture littéraire et artistique. Le français est devenu un moyen de communication au service d'objectifs pratiques. Il doit être diffusé parmi les techniciens et les hommes d'affaires pour permettre à l'industrie française de vendre ses produits sur le marché mondial.
4. Pour diffuser le français dans le monde d'aujourd'hui, il faut qu'il s'adapte aux besoins de ceux qui doivent l'utiliser. Cela signifie surtout qu'on attache moins d'importance aux finesses grammaticales et qu'on l'enseigne sous une forme simplifiée afin d'augmenter son efficacité.

Texte 84 – Du jogging au parking

Du «jogging» pour combattre le «stress» ... Francophonie par çi., francophonie par là. La francophonie est à la mode, on en parle dans les journaux, dans les dîners en ville, sur tous les tons. D'un ton *grognon*: «on ne sait plus parler le français, non, mais avez-vous vu toutes ces *enseignes*, dans la rue, shopping, design ... c'est à désespérer.» Mais on peut aussi entendre sur un ton émerveillè: «Rendez-vous compte que maintenant il y a plus de francophones hors de France qu'en France même ...»

Bien sûr, on peut toujours interpréter les choses à sa façon, pessimiste ou optimiste. Mais *de grâce* évitons les lamentions, ne nous *arrachons pas les cheveux* de désespoir. Notre langue est en effet sans cesse en évolution, c'est le propre de toute langue. N'est-elle pas le produit de la confrontation du gaulois, du latin et du francique, *parler* germanique des Francs installés en Gaule? Elle ne cesse de se transformer, de se créer, de s'inventer. Cependant il faut prendre garde de ne pas céder à la facilité et accepter tous les mots à la mode, anglais pour la plupart, entendus à la radio ou lus dans les journaux. La guerre contre le franglais (ce mélange de français et d'anglais) a été déclarée depuis longtemps par le professeur Etiemble qui *tempête avec verve* contre l'invasion du *«sabir atlantick»* dans la presse, la technique et notre environnement tout entier. La vague du franglais, même si elle a été freinée par ses cris d'alarme, n'en continue pas moins de menacer la langue de Villon. Molière et ... *Piere Perret.*

Depuis plus d'une vingtaine d'années les «snacks, les night-clubs, les pubs (faux), les hair-dressers» que vous appelez drôlement Friseur, le «blue jeans», le «sweat-shirt» et le «jogging» ont pris racine. On ne fait plus tout bêtement de la course à pied dans les bois, non, on fait du «jogging», mais pour pratiquer son sport favori, il faut trouver une place de «parking» et c'est mauvais pour la «relaxation», c'est «stressant». Dans les bistrots on vous sert des «cheeseburger, du mixed grill», vous pouvez acheter des «hot dogs» dans la rue ... Le franglais est là et bien là.

Mais, au fait, il existe nombre de mots bien français dont nous ne *«soupçonnons pas»* l'origine anglaise. Par exemple la redingote ... bien peu savent que cette sorte de manteau est en fait un riding coat, un manteau pour faire du cheval que la prononciation française a transformé. Tout le monde connaît les bouledogues, ces gros chiens à l'air peu aimable, mais paraît-il, charmants. Or les bouledogues sont des bull-dogs, ceux qu'on appele en allemand des boxers. Il est donc impossible d'exclure ou d'éliminer les mots étrangers mais on peut toujours les adapter, c'est ce qui donne à la langue sa vitalité.

On s'efforce de toutes parts de lutter contre le franglais et le mauvais français mais il ne suffit pas de créer commissions et offices divers chargés de veiller sur la santé de la langue. Il ne suffit pas que l'Académie française se réunisse pour débattre des mots qui peuvent *figurer* au dictionnaire ou non. Il faudrait que la population dans son ensemble prenne conscience du danger et non pas seulement une *poignée de* technocrates. Diverses lois ont été votées pour *endiguer* la vague du franglais dans la presse et l'administration, mais il est bien difficile de lutter contre cet *envahissement tenace* des «pressings, self-services et supporters» de «foot-ball». Récemment, j'entendis à la radio un journaliste dire qu'il irait «supporter» (au lieu de soutenir) l'équipe de France au Mexique ... On a du mal à en croire ses oreilles!

Le franglais à l'honneur

L'évolution d'une langue s'est toujours faite par le peuple qui «arrange les mots selon les capacités de son *gosier»* (J. Dutourd), les transforme et leur donne la musique *appropriée au* génie de la langue. Malherbe disait que les *débardeurs* de la Seine étaient les maîtres du langage et Voltaire que c'était la *canaille* qui fait le *fond* du dictionnaire. Mais à présent le peuple ne crée plus la langue, celle-ci évolue *au gré des* technocrates et grands fonctionnaires, selon l'humeur des publicitaires et des marchands de soupe.

La langue de la pub

Alors, même si on ne comprend pas le franglais on fait semblant de entendre (au sens de «comprendre»), sinon on risquerait de passer pour un pauvre *minable.* Le franglais est devenu la langue de la «pub», (publicité) des boutiques à la mode, de la technique et malheureusement de la presse. Et lorsque le franglais est parlé à la radio, il ne tombe malheureusement pas dans l'oreille d'un sourd car des centaines de milliers, voire des millions d'oreilles *s'en repaissent...* Les «top-niveaux», les «meetings», l'«actualité cinéma», les «opportunités» (au lieu d'occasions) reviennent sans cesse. Mais en est-il autrement en Allemagne" N'entend-on pas parler de «softies», de «stress» et de «jogging»?

Une petite consolation dans cet océan de *désolation.* La deuxième chaîne de télévision A 2 s'est mise à défendre la cause de la langue française. En collaboration avec le commissaire général de la langue française (il n'existe pas encore de «Kommissar der deutschen Sprache» à ce que je sache),

Philippe de Saint-Robert, A 2 vient de créer une émission de télévision pour les enfants qui fait appel à l'imagination enfantine pour défendre le français. De quelle manière? Chacun sait que les enfants sont grands consommateurs de «milkshakes, de chewing-gum, de toasts, de hamburgers» croqués dans les «fast-food». Nos gamins mettent des *«baskets»,* un «jogging» et un «sweat-shirt» pour avoir un bon «look», «cool», de préférance. Il est donc naturel de s'adresser aux jeunes consommateurs qui ont à traduire au cours de cette émission des mots venant d'outre-Atlantique ou d'outre-*Manche.* On présente le dessin d'un objet ou d'un aliment qui n'a pas de nom français pour le désigner. Les enfants doivent en inventer un, mais il ne s'agit pas seulement de transformer le hot-dog en chien chaud ou encore le chewing-gum en gomme à mâcher, il *faut faire preuve d*'imagination afin que le mot ait des chances de plaire par sa consonance et son pouvoir *évocateur.* Les réponses sont ensuite sélectionnées par un jury et des prix *décerenés* aux vainqueurs. Que pensez-vous de «saucipain» pour remplacer «hot-dog» ou encore de «mâchouillon» (de *«mâchouiller»*) pour désigner le «chewing-gum», le «milk-shake» devient «mous-lait» («mousse-lait»); le hamburger se transforme en «croque-haché» (n'est-ce pas beaucoup plus joli?), le spot lumineux se *métamorphose* en luminette, combien plus expressive; le sandwich, notre *cassecroûte* national se nommerait «baguisson» de «baguette» et «saucisson», quant au walkman il prend le nom délicieux de «flânophone» (du verbe «flâner»).

Catherine Gebhardt-Bernot: Du jogging ou parking; in: Écoute 5/1986, S. 28 ff.

Questions

1. Quel est le sujet de ce texte et dans quelle intention l'auteur l'a-t-elle écrit?

Solutions

1. Le sujet de ce texte est un phénomène de la langue française d'aujourd'hui, l'utilisation de plus en plus fréquente de mots anglais ce qui donne un mélange de français et d'anglais qu'on appelle «le franglais».

   L'auteur ne condamne pas a priori cette invasion de «sabir atlantick» dans la langue française, car une langue vivante a toujours été influencée par d'autres langues, et le français même n'existerait pas sans la confrontation du gaulois, du latin et du francique. Ce qu'elle déplore et ce qu'elle combat est l'inondation du français par des mots anglais et la trop grande influence que les technocrates et la publicité ont prise sur la langue française. Son intention est de rendre les Français conscients de ce danger et de les inciter à trouver eux-mêmes des solutions à ce problème.

5 La Francophonie

Le Frankreich-Lexikon de Schmidt/Doll/Fekl/Loewe définit le mot «franco-phonie» de la façon suivante: «Bezeichnung für die französische Sprachgemeinschaft sowie für die zumeist von der französischen Regierung kontrollierten sprachpflegerischen Bemühungen um (Rein)-Erhaltung und koordinierte Entwicklung des Französischen im gesamten Sprachgebiet.»
Le mot «francophonie» apparaît pour la première fois en 1890 dans le livre «France, Algérie et colonies» d'Onésime Reclus. Mais ce n'est qu'en 1962 que le mot «francophonie» devient vraiment connu, et cela grâce au numéro spécial «Français, langue vivante» de la revue «Esprit». C'est surtout l'article de L. S. Senghor, alors Président du Sénégal, qui contribua à la propagation de l'idée de la francophonie.
Par francophonie on entend donc l'ensemble des pays francophones ainsi que la conviction que la France et ses anciennes colonies forment une grande famille par leur langue et leur culture communes. Aujourd'hui on pense surtout aux efforts du gouvernement français de propager la langue et la culture françaises dans le monde entier par la voie de cours de langue à L'Alliance française et aux Instituts français. Pour réaliser cette politique linguistique on a créé plusieurs institutions dont la plus importante est le Haut Conseil de la francophonie. Depuis 1986 il existe même un ministre de la francophonie, l'historien bien connu Alain Decaux, qui est attaché au ministère des affaires étrangères et qui a une double mission à remplir: veiller sur l'usage et l'évolution de la langue française, propager la langue française dans le monde entier.
Quand on parle de pays francophones il faut savoir que le statut du français n'est pas le même dans tous les pays. On distingue entre les pays où le français est

- langue maternelle et officielle:
  la France, la Belgique wallonne, la Suisse romande, le Luxembourg, Monaco, le Québec
- langue maternelle mais non pas officielle:
  la Val d'Aoste, la Louisiane
- langue officielle mais non pas maternelle:
  les départements d'outre-mer (DOM): la Guadeloupe, la Guyane française, la Martinique, la Réunion, Saint-Pierre-et-Miquelon
  les territoires d'outre–mer (TOM): la Nouvelle-Calédonie, la Polynésie française, les Terres australes et antartiques françaises, Wallis-et-Futuna
- langue véhiculaire:

Madagascar, le Maghreb (l'Algérie, la Tunisie, le Maroc), les Seychelles, l'Afrique noire francophone (le Sénégal, le Niger, le Cameroun), les Antilles (Haiti)

La francophonie comprend en tout 43 pays avec 404 millions d'habitants dont 140 millions parlent couramment le français. Le français comme langue maternelle est parlé par 90 millions de personnes dont 55 millions habitent en France même. S'y ajoute 280 millions de personnes qui parlent le français comme 2e langue.

Rappelons encore que le français était pendant longtemps la langue de la diplomatie internationale et qu'il joue encore aujourd'hui un rôle important dans la plupart des organisations internationales, comme le démontre Albert Salon dans son livre «Le français aujourd'hui dans le monde»:

«Sa place est importante dans diverses institutions internationales telles l'Organisation internationale de normalisation (ISO, Internationaler Normen-ausschuß) la Croix-Rouge internationale, la Cour internationale de justice ... Il est la seule langue officielle de l'Union postale universelle.

Le Vatican l'a choisi comme langue de sa diplomatie. Il est avec l'anglais et l'arabe l'une des langues de la Conférence islamique et de la Ligue arabe.

Il est, avec l'anglais, langue officielle et langue de travail effective de presque tous les organismes internationaux à vocation mondiale et interrégionale.

Cela vaut pour l'ONU, l'UNESCO, et l'OTAN. (UNO, UNESCO, NATO). Au sein de la Communauté économique européenne (CEE, EWG), le français reste encore, deux ans après l'adhésion de la Grande-Bretagne, la langue de travail la plus fréquemment employée. Au Conseil de l'Europe, à Strasbourg, l'usage du français égale à peu près celui de l'anglais.»

Texte 85 – La langue française dans le monde

«On parle déjà français dans toutes les cours de l'Europe. Tous les étrangers qui ont de l'esprit, *se piquent de* savoir le français ...» affirme le père Dominique Bouhours à la fin du 17e siècle. C'était il y a plus de 300 ans. En 1988, les défenseurs de la langue française crient, à qui veut l'entendre, que cette langue est menacée.

Aujourd'hui 3 % des habitants de la planète parlent français. Face à l'anglais, le français n'est plus depuis longtemps un instrument de communication universel. Et pourtant il existe encore plus de 120 millions de francophones dans près de 40 Etats. Bien sûr, le français n'a pas partout le même statut. En Suisse romande ou en Wallonie, il est langue maternelle, *langue véhiculaire* au Maghreb ou en Afrique noire, voire langue d'élite en Egypte.

Que signifie alors ce terme de «francophonie»? A la fin du 19e siècle, le géographe français Onésime Reclus introduit la notion de francophonie qu'il définit alors comme «solidarité humaine à travers le *partage* culturel». Mais c'était à la grande époque de l'Empire colonial français. De nos jours où les Etats colonisés ont gagné leur indépendance, que se cache-t-il derrière cette fameuse francophonie? Sommes-nous vraiment libérés de cet état d'esprit colonialiste? *Conscient* des problèmes à venir, Jack Lang, l'ancien ministre de la Culture, affirme, en juillet 1982, que les pays avec lesquels la France peut «*nouer* des alliances culturelles fortes ont à *s'opposer à* l'impérialisme financier qui sabote les identités».

La francophonie se verrait-elle alors réduite à des intérêts purement politiques et économiques? Faut-il parler de francophonie ou de «*fricophonie*» comme l'affirme notre collègue Georges Clément dans son article sur les aspects politiques et financiers? Pourquoi faut-il aussi que les romans d'écrivains francophones publiés à Paris soient revendus si chers dans les pays du Maghreb ou d'Afrique noire? L'édition francophone existe réellement mais les obstacles à sa diffusion et sa distribution sont bien lourds de conséquences pour les pays d'origine. Les hommes politiques aiment parler d'appartenance culturelle.

Que font-ils vraiment afin que la diffusion des livres soit facilitée?

Cette *appartenance* culturelle est pourtant bien vivante si l'on considère le succès *croissant* du Festival des francophonies qui se tient chaque année à Limoges où Africains, Belges, Canadiens et Maghrébins présentent leurs créations artistiques. Leur *dénominateur commun?* La langue et la culture françaises avec *en sus* les éléments de leurs cultures et de leurs propres visions du théâtre ou de la chanson. C'est bien à Limoges que l'on peut constater que le français est encore un véhicule de communication entre des peuples venant de cinq continents différents.

La grande famille de la francophonie se rencontre à Paris, à Québec ou, en 1989, à Dakar. La majorité des chefs d'Etat francophones sont présents, discutent et *fondent* des institutions voulant soutenir la langue française dans le monde. Tout est pour le mieux dans le meilleur des mondes. Mais est-ce vraiment le cas?

D. J.: Ecoute, Juni 1988, Seite 46–48

Questions

Commentez les deux dernières phrases.
Est-ce que vraiment «tout est pour le mieux dans le meilleur des mondes» (Voltaire: Candide) en ce qui concerne l'idée de la francophonie?

Solutions

1. A première vue, on pourrait vraiment croire que tout est pour le mieux en ce qui concerne la francophonie. Bien que le français ne soit plus parlé dans toutes les cours de l'Europe (surtout faute de cours), la langue française est toujours un véhicule de communication sur tous les continents du monde. Dans près de 40 pays, il y a 120 millions de francophones qui sont unis par la langue et la culture françaises, et la grande famille de la francophonie se rencontre régulièrement pour le Festival de francophonie.
   D'autre part il ne faut pas oublier que la langue française est menacée, qu'elle ne joue plus le même rôle qu'il y a 300 ans. De plus, il y a le danger de l'impérialisme financier qui sabote les identités des peuples du tiers monde. Il y a le risque que la francophonie culturelle soit sacrifiée à des intérêts politiques et économiques, que la fricophonie l'emporte sur la francophonie. S'y ajoute le fait que les livres d'écrivains francophones sont vendus trop cher en Afrique, ce qui ne facilite pas leur diffusion.
   Disons donc que la francophonie est bien vivante mais qu'elle est menacée par les intérêts politiques et financiers.

Texte 86 – Langue française: la crise?

Au dix-huitième siècle, il était de bon ton de le parler. On célébrait son «universalité» et pourtant il n'était d'usage qu'aux cours royales ou dans les milieux de la diplomatie.

Aujourd'hui, il y a plus de francophones hors de France qu'en France même. Près de cent vingt-cinq millions de *locuteurs* réels se situant particulièrement en Afrique arabe et noire. Jamais le français n'a été si souvent utilisé que de nos jours. Et pourtant ...

Bien que cent vingt-cinq millions de francophones appartenant à une quarantaine de pays utilisent le français comme leur chose, cette langue est loin d'avoir un statut identique partout. Un Rapport sur l'usage du français souligne inévitablement qu'«il y a une certaine *vanité* dans la question parfois *obsédante* du *dénombrement* des francophones, leur influence et la diffusion internationale de leur langue».

L'influence internationale

Propriété exclusive de la France et du Quebec pendant des années, le français s'est nationalisé aux dépens de son influence internationale. Langue officielle et maternelle dans certains pays comme la Suisse romande, langue officielle et de scolarisation comme dans une bonne partie de l'Afrique noire, véhicule de l'enseignement comme au Maghreb, beaucoup pensent que la langue française n'est pas moderne et surtout qu'elle *fait* pas *le poids* devant l'anglais. On commence par introduire des anglicismes et cela se termine par l'adoption de l'anglais dans la communauté scientifique. Comme au Québec, principale enclave francophone sur le continent nord-américain, qui réussit, malgré son environnement anglo-américain, à *sauvegarder* son identité linguistique et culturelle. Au prix d'une lutte continuelle.

Depuis que la colonie du Canada est devenue possession anglaise en 1763, les «Français» veillent à défendre *farouchement* leur langue. Ni la loi 101 du Québec qui a fait du français la langue de l'Etat, de la loi tout aussi bien que la langue normale et habituelle, ni le *recul* électoral des nationalistes québécois, ni la francophonie de Brian Mulronay, chef du gouvernement fédéral depuis 1984, n'ont *affaibli* le problème de la francophonie canadienne.

A l'occasion du récent jugement de la Cour supérieure du Québec, sur l'*affichage* unilingue, certains ont même déclaré que la Charte de la langue française n'était pas respectée et qu'il n'était pas question d'institutionnaliser un bilinguisme de plus en plus menaçant. Soutenus par la Charte, un nombre grandissant de Québécois s'imaginent *à tort* que la langue française est sauvée. Au contraire, la situation linguistique actuelle est des plus *préoccupantes*. La présence constante de la langue anglaise au Québec ne peut rester sans influence. On sait, par exemple, que les francophones du Québec consacrent 29 % de leur temps d'écoute aux chaînes de télévision de langue anglaise et que chez les jeunes, le pourcentage est nettement plus élevé.

Les doutes, les espoirs et les conflits

Certes la connaissance du français a augmenté chez les anglophones et les allophones mais on constate parallèlement que le niveau de langue chez les jeunes est de bien *piètre* qualité et comme le cite un ouvrage du Centre de linguistique de l'entreprise, 23 % et 40 % des étudiants francophones du secondaire estiment que «vivre en français, n'est pas nécessaire à leur *épanouissement* personnel». Et pourtant, lors d'un Congrès sur les rapports entre la langue française et la société, on s'est aperçu que les Québécois étaient d'une vitalité extraordinaire. Ils témoignent d'une production artistique et littéraire *abondante* et d'une passion (au bon sens du terme) pour la langue française. On ne sait que trop bien comment une langue meurt ou survit: à partir du moment où elle cède du terrain ou elle résiste. Les Québécois sont *vigilants*. La preuve: à partir de 1989, les élèves en fin de secondaire subiront au Québec une épreuve spéciale de narration qui *fera barrage aux cancres* linguistiques. Sur les bords du Saint-Laurent, la guerre aux fautes est déclarée. Mais espérons que l'on continuera à tolérer les *savoureux* québecquismes du français local.

Danièl Janovsky dans: Écoute, June 1986, S 18 f.

Questions

1. Quelle est la situation du français dans le monde?
2. Quelle est la situation du français au Québec?
   Commentez, pour y répondre, les trois termes de l'intertitre: les doutes, les espoirs, les conflits.

Solutions

1. Près de 125 millions de francophones vivent dans une quarantaine de pays, mais le français n'a pas le même statut partout. Jamais le français n'a éte si souvent utilisé qu'aujourd'hui, mais il faut dire aussi qu'il est menacé par l'anglais et qu'il a perdu son influence internationale, surtout dans le domaine des sciences.
2. Le Québec au Canada est la principale enclave francophone sur le continent nord-américain. Mais malgré les efforts des Québecois de défendre leur langue et de la sauvegarder, sa situation est aujourd'hui préoccupante à cause de l'influence de l'anglais. Il y a donc des doutes en ce qui concerne l'avenir du français au Québec. Mais il y a aussi de l'espoir. Les Québecois sont d'une vitalité extraordinaire, ils se passionnent pour le français ce qui est prouvé par une production artistique et littéraire très riche. Cela ne va pas sans conflits. Beaucoup de jeunes ont tendance à flirter avec l'anglais parce qu'ils trouvent que le français n'est pas utile à leur épanouissement personnel. Ils regardent souvent les chaînes de télévision en langue anglaise ce qui fait que leur niveau de langue n'est pas très haut. S'y ajoute que le français parlé au Québec est un français local dont beaucoup de Français se moquent.
   Il reste donc la question à savoir si le québecois mourra ou s'il réussira à survivre.

Vocabulaire

s'avérer	sich erweisen
germer	entstehen, sich entwickeln
sceller	besiegeln
débloquer	freigeben
empanacher	schmücken
la cimaise	Gesims
irradier	ausstrahlen
vilipender qc	schmähen
enjôler	betören
le lupanar	Bordell
le beuglant	Tingeltangel
reléguer	verbannen
éparpiller	verstreuen
baliser	markieren
le pastiche	Imitation
délirant, e	berauschend, phantastisch
traiter qn en parent pauvre	stiefmütterlich behandeln
se tailler	sich abschneiden
l'acajou, m	Mahagoniholz
la boiserie	Holztäfelung
la corniche	Gesims
l'orfèvrerie. f	Goldschmiedekunst
la joaillerie	Juwelierkunst, Juwelen
amasser	anhäufen, sammeln
la précaution	Vorsichtsmaßnahme
accréditer	verbreiten
la persévérance	Beharrlichkeit
la sauvegarde	Schutz, Bewahrung
revêtir	anziehen
traîner à sa suite	nach sich ziehen
dénigrer	herabwürdigen
la servitude	Knechtschaft
au moins	wenigstens
autant que	ebensosehr wie
la disposition	Vorschrift
le serment	Eid

l'outrecuidance.f	Anmaßung
l'inconscience.f	Leichtfertigkeit
serré,e	dicht
comptable	verantwortlich
en faveur de	zugunsten
commémorer	feierlich begehen
le fondateur	Gründer
le truchement	Dolmetscher;hier: Vermittlungsprache
affecter	einweisen
la décennie	Jahrzehnt
parer à	vorbeugen
équilibrer	ausbalancieren
irréversible	nicht umkehrbar
la suprématie	Vorrangstellung

La communication, le moyen de communication
la langue
la langue écrite, parlée, orale
la langue vivante, morte
la langue maternelle, minoritaire, véhiculaire, universelle, officielle, littéraire, cultivée, soignée, de travail, de scolarisation, de culture, de communication
l'évolution de la langue
le déclin, la dégradation, l'appouvrissement de la langue
la diffusion de la langue dans le monde
le statut de la langue
le langage
le langage familier, vulgaire, argotique, technique, des jeunes
le dialecte, le patois, le parler, l'argot , le jargon
la lingua franca (Mischsprache, internationale Verkehrssprache)
le sabir (Mischsprache, internat. Verkehrssprache, z.B. Pidgin)
le charabia, le galimatias, le salmigondis (Kauderwelsch)
le barbarisme, la vulgarité, la platitude, le pléonasme, l'obscurité, le cliché, une impropriété, le dérapage linguistique
le style, la syntaxe, la morphologie, la grammaire, le vocabulaire, le dictionnaire, l'orthographe, la faute d'orthographe, la sémantique, l'étymologie, la prononciation, l'intonation, l'articulation
le vocable, le terme, une expression, une tournure, la locution
le mot, le mot étranger, le mot d'emprunt, l'origine d'un mot
le franglais, un anglicisme, un québecquisme, le puriste

la francophonie, unilingue, bilingue, polyglotte
le locuteur, l'interlocuteur, la parole, parler, écrire, lire
l'illettrisme = l'analphabétisme

Stichwortverzeichnis

Literaturverzeichnis

BARRILLON, RAYMOND, et a.: Dictionnaire de la Constitution, Paris [2]1978

DREYFUS, FRANÇOISE; d'Arcy, François: Les institutions politiques et administratives de la France, Paris 1985

DUHAMEL, ALAIN: Les habits neufs de la politique, Paris 1989

FAYOLLE, GÉRARD: Des élus locaux sous la Ve République, Paris 1989

GOGUEL, FRANÇOIS; GROSSER, ALFRED: La politique en France. Nouv. éd. mise à jour. Paris 1984

GROẞE, ERNST ULRICH; LÜGER, HEINZ HELMUT: Frankreich verstehen. Eine Einführung mit Vergleichen zur Bundesrepublik, Darmstadt [2]1989

KIMMEL, ADOLF: Die «cohabitation»: Verfassungsprobleme und politische Praxis, in: Aus Politik und Zeitgeschichte B6–7/1987, S. 14–23

KIMMEL, ADOLF: Das französische Parteiensystem. Von der Bipolarisierung zum Konsens? in: Aus Politik und Zeitgeschichte B39/1989, S. 14–25

LEBRETON, JEAN-PIERRE; LE MIRE, PIERRE: L'Administration territoriale I Le système générale, in: Documents d'études N° 2.02 Droit administratif. La Documentation Française, Paris 1983

LEBRETON, JEAN-PIERRE: L'administration territoriale II Les collectivités locales, in: Documents d'études N° 2.03 Droit administratif. La Documentation Française, Paris 1984

Les Cahiers Français, La décentralisation en marche. N° 220 La Documentation Française, Paris 1985

MENYESCH, DIETER; UNTERWEDDE, HENRIK: Frankreich. Wirtschaft, Gesellschaft, Politik; Opladen 1982

PHILOPPONNEAU, MICHEL: Décentralisation et régionalisation, Paris 1981

POIDEVIN, RAYMOND; BARIÉTY, JACQUES: Les relations franco-allemandes 1815–1975. Paris [2]1979

Quid 1989, Paris 1988

ZIBURA, GILBERT: Wirtschaft und Gesellschaft in Frankreich, in: Aus Politik und Zeitgeschichte B6–7/1987, S. 3–13

Bitte hier abtrennen

Haben Sie Vorschläge zu diesem Buch?

Anregungen zur Verbesserung sind uns immer willkommen.
Bitte informieren Sie uns mit diesem Schein.

Ihr Stark Verlag

Titel-Nr.	Seite	Fehler, Verbesserungsvorschlag

Bitte hier abtrennen

Der Absender ist:

- ☐ Lehrer
- ☐ Fachbetreuer
- ☐ Oberstufenbetreuer
- ☐ Schulleiter
- ☐ Beratungslehrer
- ☐ Regierungsfachberater
- ☐ Sekretariat
- ☐ Schüler

an: **Zutreffendes bitte ankreuzen!**

- ☐ Gymnasium/Gesamtschule
- ☐ Kolleg
- ☐ Berufl. Gymnasium
- ☐ BOS (auch TO/WO)
- ☐ Fachakademie
- ☐ Fachoberschule
- ☐ Fachschule
- ☐ Berufskolleg
- ☐ Realschule
- ☐ Mittel-/Regelschule
- ☐ Wirtschaftsschule
- ☐ Berufsaufbauschule
- ☐ Berufsfachschule
- ☐ Berufsschule
- ☐ Hauptschule
- ☐ Grundschule
- ☐ Fachhochschule
- ☐ Universität
- ☐ Volkshochschule
- ☐ Forschungsinstitut
- ☐ Buchhändler

Unterrichtsfächer: ______________________________

Schule/Schulstempel: (Bitte immer angeben)

Bitte ausfüllen und im frankierten
Umschlag an uns einsenden.
Für Fensterkuverts geeignet.

V4G

Stark Verlag
Postfach 1852
85318 Freising

Absender/Versandanschrift: (Bitte in Druckbuchstaben)

____
Name/Vorname

____
Straße/Nr.

____
PLZ/Ort

____
Bundesland